Arthur Schopenhauer
Metaphysik des Schönen

202 WASSER ALLEGORIE / MENSCHL.
CHARAKTER

207 MENSCHENKENNTNIS

SERIE PIPER
Band 415

Zu diesem Buch

Schopenhauers große Vorlesung von 1820 ist ein herausragendes Glanzstück seines handschriftlichen Nachlasses. Sie stellt die didaktische Fassung seines Hauptwerks »Die Welt als Wille und und Vorstellung« (1819) dar und kann als Königsweg in das Zentrum seiner Philosophie gelten. Mit der »Metaphysik des Schönen«, dem dritten Teil der Vorlesung, setzt der Piper Verlag seine vierbändige Neuedition des seit Jahrzehnten vergriffenen Werks fort, die von dem Tübinger Philosophen Volker Spierling herausgegeben und eingeleitet wird.

»Metaphysik des Schönen«, so Schopenhauer, »untersucht das innre Wesen der Schönheit, sowohl in Hinsicht auf das Subjekt, welches die Empfindung des Schönen hat, als im Objekt, welches sie veranlaßt. Hier werden wir demnach untersuchen, was das Schöne an sich sei, d. h. was in uns vorgeht, wenn uns das Schöne rührt und erfreut; und da ferner dieses hervorzubringen die Wirkung ist, welche die Künste beabsichtigen; so werden wir untersuchen, welches das gemeinsame Ziel aller Künste, der Zweck der Kunst überhaupt sei, und dann zuletzt auch wie jede einzelne Kunst auf einem ihr eigenen Wege zu jenem Ziel gelangt.«

Arthur Schopenhauer, geboren 1788 in Danzig, unternahm als Jugendlicher ausgedehnte Reisen durch Europa, studierte u. a. bei J. G. Fichte, wurde von Goethe in die Probleme der Farbentheorie eingeführt, habilitierte sich 1820 unter Mitwirkung Hegels in Berlin, lebte von 1833 bis zu seinem Tod 1860 meist als unbeachteter Privatlehrer in Frankfurt am Main. Schopenhauer, der »Kaspar Hauser der Philosophieprofessoren« (F. A. Dorguth), begründete in seinem Hauptwerk »Die Welt als Wille und Vorstellung« (Bd. 1: 1819, Bd. 2: 1844) eine »Metaphysik aus empirischen Erkenntnisquellen«. Seine wichtigsten Werke dienen nur noch der Ergänzung und Fundierung: »Über die vierfache Wurzel des Satzes vom zureichenden Grund« (1813/1847), »Über den Willen in der Natur« (1836), »Die beiden Grundprobleme der Ethik« (1841) und »Parerga und Paralipomena« (1851).

Arthur Schopenhauer

Metaphysik des Schönen

Philosophische Vorlesungen
Teil III

Aus dem handschriftlichen Nachlaß

Herausgegeben und eingeleitet
von Volker Spierling

Piper
München Zürich

Textgrundlage: Arthur Schopenhauers handschriftlicher Nachlaß:
Philosophische Vorlesungen, hrsg. von Franz Mockrauer.
In: Arthur Schopenhauers sämtliche Werke, hrsg. von
Dr. Paul Deussen, Bd. X, München: R.Piper & Co. 1913, S. 173–364

ISBN 3-492-00715-5
Mai 1985
© R. Piper GmbH & Co. KG, München 1985
Umschlag: Federico Luci, unter Verwendung
des Gemäldes »Junotempel« von Caspar David Friedrich
(Hamburger Kunsthalle)
Gesamtherstellung: Clausen & Bosse, Leck
Printed in Germany

Vorlesung

über

Die gesammte Philosophie

d. i.

Die Lehre vom Wesen der Welt und von dem menschlichen Geiste.

In vier Theilen

Dritter Theil. Metaphysik des Schönen

1820

Inhalt

Zur Neuausgabe 9

Volker Spierling
Erkenntnis und Kunst 11

Arthur Schopenhauer
Metaphysik des Schönen 35

Cap. 1. Ueber den Begriff der Metaphysik des Schönen . . 37

Cap. 2. Ueber die Ideen 41
   Platons und Kants Lehren verglichen 42

Cap. 3. Ueber das subjektive Korrelat der Idee 51
   Erkenntniß unterworfen dem Satz vom Grunde 51
   Reines Subjekt des Erkennens 54

Cap. 4. Unterschied der Idee von ihrer Erscheinung . . . 59
   Ansicht des Weltlaufs 60

Cap. 5. Gegensatz zwischen Wissenschaft und Kunst . . 64

Cap. 6. Vom Genie 67

Cap. 7. Vom Zweck des Kunstwerks 86

Cap. 8. Vom subjektiven Antheil des ästhetischen
   Wohlgefallens 90

Cap. 9. Vom Eindruck des Erhabenen 102

Cap. 10. Vom objektiven Antheil des ästhetischen
Wohlgefallens: oder, von der objektiven Schönheit . . . 116

Cap. 11. Von der Baukunst und Wasserleitungskunst . . . 123

Cap. 12. Gartenkunst und Landschaftsmalerei 144

Cap. 13. Thiermalerei 148

Cap. 14. Historienmalerei und Skulptur und
zugleich über Schönheit, Karakter und Grazie 150
Von der Grazie 155
Vom Karakter 156

Cap. 15. Vom Verhältnis der Idee zum Begriff,
und demgemäße Beurtheilung der Allegorie 165
Allegorie 169

Cap. 16. Ueber die Dichtkunst 181

Cap. 17. Von der Musik 214

Literatur 229

Zur Neuausgabe

Die Vorlesungen Schopenhauers aus dem Jahre 1820 stellen eine didaktische Fassung des ersten Bandes seines Hauptwerks dar, der »Welt als Wille und Vorstellung« (1819). Unsere sukzessiv erscheinende vierbändige Neuausgabe, die der im Piper Verlag 1913 zum ersten und zum letzten Mal erschienenen Ausgabe folgt, möchte die seit Jahrzehnten vergriffenen Vorlesungen dem interessierten Leser wieder leicht zugänglich machen. Dieses bedeutende Werk – es fehlt in dem von Arthur Hübscher herausgegebenen handschriftlichen Nachlaß Schopenhauers – soll nicht länger unbekannt und auch in Fachdiskussionen nicht länger unberücksichtigt bleiben.

Die Editionsprinzipien sind in dem bereits erschienenen zweiten Teil der Vorlesungen, der »Metaphysik der Natur«, erläutert und begründet worden (dort S. 11 ff.). Insgesamt gilt: Der Grundtext ist ungekürzt und mit der Ausgabe von 1913 identisch. Der vereinfachte Anmerkungsapparat ist in eckige Klammern in den Vorlesungstext eingearbeitet worden, um mühsames Blättern und störende Unterbrechungen des Gedankengangs zu vermeiden. Die originale Orthographie und Interpunktion Schopenhauers wurden beibehalten.

Der vorliegenden »Metaphysik des Schönen« (dritter Teil der Vorlesungen) folgen die Bände »Metaphysik der Sitten« (vierter Teil) und »Theorie des gesammten Vorstellens, Denkens und Erkennens.« (erster Teil)

Tübingen, im Frühjahr 1985   Volker Spierling

Volker Spierling
Erkenntnis und Kunst

> Die noch dastehenden *Ruinen des Alterthums* rühren uns unbeschreiblich, die Tempel zu Pästum, das Koliseum, das Pantheon, Mäcenas' Haus mit dem Wasserfall im Saal; denn wir empfinden die Kürze des menschlichen Lebens gegen die Dauer dieser Werke, die Hinfälligkeit menschlicher Größe und Pracht: das Individuum schrumpft ein, sieht sich als sehr klein, aber die reine Erkenntniß hebt uns darüber hinaus, wir sind das ewige Weltauge, was dieses alles sieht, das reine Subjekt des Erkennens.
>
> Schopenhauer

1. Eine ganz abnorme Begebenheit

Schopenhauer geht von realen Erfahrungen des Ungenügens der Welt gegenüber den menschlichen Ansprüchen aus: von Not und Furcht. Den Schmerz dieser Erfahrungen im Medium des philosophischen Begriffs auszudrücken, zur Sprache auch das Sprachlose zu bringen, ist der Grundtenor seiner Philosophie. Sie versucht – durchaus in der Haltung eines sachlichen Beobachters – die Gründe der Zerrissenheit und Selbstentzweiung des Daseins zu erforschen und Wege möglicher Heilung namhaft zu machen, ohne sie sogleich in der Art eines Imperativs kategorisch vorzuschreiben. Gleichwohl hat Schopenhauer mit dem Problem zu kämpfen, daß abgerundete Systeme philosophischer Reflexionen auch geeignet sein können, durch gewaltsame Abstraktionen, durch stures Darüberhinwegdenken gerade das endgültig zum Verstummen zu bringen, was am brennendsten der Aufmerksamkeit und Hinwendung bedürfte: das konkrete Leid einzelner Menschen und Tiere, die Bedrohung vieler Pflanzen, jetzt und hier; Dringlichkeiten, denen mit Metaphysik nicht beizukommen ist – schon gar nicht mit einer Metaphysik des Schönen.

Es gehört Schopenhauer zufolge zur anthropologischen Grundsituation, daß der Intellekt des Menschen mit seinem Willen entzweit ist und mit ihm im Gegensatz zum Tier keine selbstverständliche Einheit bildet. Der ruhige Blick der Tiere entstammt noch dem engen Band von Wille und Intellekt. Beide haben hier noch teil an der »unbewußten Allwissenheit der großen Mutter«[1] und sind noch nicht weit genug auseinandergetreten, um sich bei ihrer Wiederbegegnung übereinander verwundern zu können:

Erst nachdem das innere Wesen der Natur (der Wille zum Leben in seiner Objektivation) sich durch die beiden Reiche der bewußtlosen Wesen und dann durch die lange und breite Reihe der Thiere, rüstig und wohlgemuth, gesteigert hat, gelangt es endlich, beim Eintritt der Vernunft, also im Menschen, zum ersten Male zur Besinnung: dann wundert es sich über seine eigenen Werke und frägt sich, was es selbst sei. Seine Verwunderung ist aber um so ernstlicher, als es hier zum ersten Male mit Bewußtseyn *dem Tode* gegenübersteht, und neben der Endlichkeit alles Daseyns auch die Vergeblichkeit alles Strebens sich ihm mehr oder minder aufdringt. Mit dieser Besinnung und dieser Verwunderung entsteht daher das dem Menschen allein eigene *Bedürfniß einer Metaphysik:* er ist sonach ein animal metaphysicum [metaphysisches Lebenwesen].[2]

Diese eigenartige Verwunderung beschwört die verschiedensten Arten von Metaphysik herauf – gleichsam als Ersatz für die »verlorene« zweifelsfreie, instinktartige Orientierung der Tiere: Religionen und Philosophien, aber auch naturwissenschaftlich-technisch orientierte Weltanschauungen. Wie es zu dieser anthropologischen Grundgegebenheit »kam«, zu dieser Entfremdung von Wille und Intellekt, entzieht sich dem Wissen. Gerade diese Ungewißheit charakterisiert das fragwürdige »Dasein« des Menschen, in das er, »sich selber überlassen«, »hineingeworfen« ist, erfüllt mit »Sorge« um seine Erhaltung. Schopenhauer greift hier, auch mit seiner Terminologie, dem existentialistischen Denken unseres Jahrhunderts vor.[3]

Die ganze Philosophie Schopenhauers – also auch seine »Metaphysik des Schönen« – dreht sich um die Bestimmung des Verhältnisses von Wille und Intellekt beziehungsweise um das der »Welt als Wille« zur »Welt als Vorstellung«. Der Wille, den Schopenhauer aus zwei sich wechselseitig berichtigenden Perspektiven betrachtet, ist beides zugleich, ohne eines für sich zu sein: empirisch-psychologische Selbsterfahrung des Menschen *und* überempirisch-metyphysisches Urprinzip. Das erstere ist er durch die Brille unserer Erkenntnisausstattung hindurchgesehen, das letztere als kühne Naturdeutung, die über den Rand dieser Brille hinauszusehen versucht – dabei aber von ihren »Gläsern« letztlich doch abhängig bleibt und dies sehr wohl weiß.

Dieser zweifachen Perspektive liegt erkenntnistheoretisch die Notwendigkeit zweier verschiedener, korrelierender Betrachtungsweisen des Intellekts zugrunde, die der transzendentalidealistischen (Kritik der reinen Vernunft, Kant; Berkeley) und der physiologisch-materialistischen (Kritik der reinen Vernunft uminterpretiert als »Kritik der Gehirnfunktionen«[4], Cabanis). Den ständigen Standortwechsel, das Drehen und Wenden von einer Betrachtungsweise des Intellekts zur anderen, habe ich seiner Bedeutsamkeit wegen »Kopernikanische Drehwende« genannt.[5] Sie ist der systematische Dreh- und Angelpunkt von Schopenhauers philosophischem Denken, das Scharniergelenk seiner Philosophie. Das Resultat dieses methodischen Perspektivenwechsels besagt: Der Wille ist nicht das schlechthin Absolute, und der Intellekt ist nichts absolut Ursprüngliches, und beide sind in ihrer Existenz wie in der Möglichkeit ihrer Darstellung auf das engste aufeinander verwiesen.

Die Bestimmung des für Schopenhauers Kunstphilosophie so wichtigen Verhältnisses von Wille und Intellekt stellt sich vom metaphysischen Blickwinkel, der aufgrund der Kopernikanischen Drehwende stets an die Immanenz unseres empirischen Bewußtseins zurückgebunden und relativiert werden muß, wie folgt dar.

Normalerweise beschränkt sich das menschliche Erkennen – wie auch das der Tiere – auf die Befriedigung materieller Bedürfnisse wie »Essen, Trinken und sich Begatten«[6] sowie auf lebenspraktische Erfordernisse jeder Art. Dieser *subjektive,* von Interessen geleitete Gebrauch des Intellekts ist der natürliche. Der Kopf ist in der Regel ein *»Diener des Bauches«,*[7] ein »Sklave der Nothdurft«[8] oder grundsätzlicher gesagt: Der Intellekt ist eine Funktion des Willens zum Leben. In seiner »Metaphysik der Natur« stellt Schopenhauer heraus, daß der an sich selbst erkenntnislose Wille als das primäre und unzerstörbare Wesen des Menschen – wie der ganzen Natur überhaupt – sich zu seinen Diensten den willenlosen Intellekt als bloßes Werkzeug, in seiner Art sekundär und vergänglich, hervorbringt.[9] Wie die verschiedenen Tiergattungen den Zwecken ihres (Gattungs-)Willens gemäß mit Huf, Klaue, Hand, Flügel, Geweih oder Gebiß auftreten, so auch mit einem der Komplexität der Bedürfnisse Schritt haltenden Zerebralsystem: der »Werkstätte der Vorstellungen«.[10] »Demzufolge ist der Intellekt allein zum Dienste des Willens bestimmt und diesem überall genau angemessen. Die Raubtiere brauchten und haben offenbar dessen viel mehr, als die Grasfresser.«[11]

Der unverhältnismäßig große Schritt, den die Natur, der Wille zum Leben, bei der Erkenntnisausstattung des Menschen getan hat, vervollkommnet bei ihm die bei den Tieren schon vorhandene anschauende Vorstellungskraft (Verstand) und erweitert sie erstmals um den Radius des abstrakten begrifflichen Denkens: um die Vernunft. Das Sekundäre, der Intellekt, wird dadurch bedeutend gesteigert und erhält gegenüber dem Primären, dem Willen, ein vordergründiges Übergewicht, insofern er unablässig mit Vorstellungen beschäftigt ist. Diese relative Vorrangigkeit macht Schopenhauer für den »Grundirrthum der Philosophie«[12] verantwortlich, der das erkennende Bewußtsein gegenüber dem begehrenden Willen sowohl der Macht als auch dem Rang nach als das substantiell Wesentlichere auffaßt. Gleichsam als folge das Wollen dem Erkennen als dessen Ergebnis nach, als wäre das Wollen nur ein Akt des Urteilens. Diesem Grundirrtum stellt Schopenhauer die »paradox klingende Grundwahrheit seiner Lehre«[13] entgegen. Frauenstädt hat sie im Anschluß an ein Gespräch mit Schopenhauer kurz umrissen:

Schopenhauer rühmte von seiner Philosophie, daß sie mit der Zerfällung der Welt in *Wille* und *Vorstellung* die Durchschnittslinie zwischen dem Realen und Idealen an der allein rechten Stelle gezogen; der Schnitt sei hier derselbe, wie der Kant'sche zwischen Ding an sich und Erscheinung. Frühere Philosophen hätten wohl auch Durchschnittslinien gezogen, aber an ganz falscher Stelle, wie Cartesius zwischen *Geist* und *Materie;* da falle der Wille sammt dem Denken (Vorstellen) auf die Seite des Geistes, und die Materie bleibe als ein todtes Wesen, von dem man nicht recht wisse, was es ist, auf der andern Seite.[14]

Insgesamt ermittelt Schopenhauer zwei Schnittlinien. Die erste teilt den Willen vom Intellekt, die zweite teilt den Intellekt noch einmal in sich selbst, in die einander entgegengesetzten Vorstellungshälften Subjekt und Objekt. Darüber hinaus zersplittert das individuelle Subjekt durch seine Erkenntnistätigkeit, bei der es seine apriorischen Formen Zeit, Raum und Kausalität (das »blaue Glas«[15]) – beziehungsweise seine Gehirnfunktionen – anwendet, die Welt in das Kaleidoskop der Einzelobjekte. Mit diesem Grundriß und der erwähnten Kopernikanischen Wende versucht Schopenhauer, den Komplex der Entzweiung der Welt begreifbar zu machen und damit, soweit dies möglich ist, zu überbrücken. Freilich erhebt er mit dieser *begrifflichen* Analyse nicht den Anspruch, die Risse zu überwinden oder gar das Leid, das sie bewirken, »heilen« zu können.

Der metaphysische Grundzug von Schopenhauers Philosophie, in dem auch sein Pessimismus angelegt ist, tritt nun deutlich hervor: Das Rationale, also die Oberfläche des vorstellenden Bewußtseins, ist von Grund auf bedingt und abhängig von etwas *Nicht-Rationalem*, dem unbegreiflichen, *letztlich unbewußten* »Willen«. Anders gesagt: Die Vorstellungswelt mit ihrer Subjekt-Objekt-Struktur ist lediglich die gegenständlich-dinghafte Erscheinung der nicht-gegenständlichen Willenswelt. »Der grundlose erkenntnißlose Wille«, so umreißt der junge Nietzsche formelhaft Schopenhauers Denken, »offenbart sich, unter einen Vorstellungsapparat gebracht, als Welt.«[16]

Der Primat des Willens rückt den Intellekt in das klägliche Licht, »ein bloßer Sklave und Leibeigener des Willens«[17] zu sein. Der Herr ist der Wille, der Diener der Intellekt. In immer stärkeren, eindringlicheren Bildern sucht Schopenhauer dieses letztlich begrifflich nicht erklärbare (nicht kausal ableitbare), anthropologisch vorgegebene Herrschaftsverhältnis anschaulich zu machen. Etwa: »Der *Intellekt* ist ein sauer beschäftigter Manufakturarbeiter den sein vielfordernder Herr (der Wille) vom Morgen bis in die Nacht beschäftigt [...]«[18] Oder: »Versucht man das Verhältniß umzukehren und den Willen als Werkzeug des Intellekts zu betrachten; so ist es, als machte man den Schmidt [Schmied] zum Werkzeug des Hammers.«[19] Oder als Paraphrase einer Parabel von Gellert: »In Wahrheit aber ist das treffendeste Gleichniß für das Verhältniß Beider der starke Blinde, der den sehenden Gelähmten auf den Schultern trägt.«[20]

Wird bei diesen Darlegungen des Verhältnisses von Wille und

Intellekt noch die Kopernikanische Drehwende berücksichtigt, so zeigt sich, daß Schopenhauer weniger dogmatisch Behauptungen aufstellt und vorsichtiger denkt, als es auf den ersten Blick vielfach scheinen mag. Das methodische Drehen und Wenden von einem Standort zum anderen und zurück deckt die paradoxe Struktur der Welt als Vorstellung auf: Die Welt ist im Kopf, und der Kopf ist in der Welt. Genauer gesagt: Die materialistische »*Werkstätte* der Vorstellungen« (physiologische Bedingungen des Gehirns) muß zugleich als transzendentalidealistische *Vorstellung* der Werkstätte *vorgestellt* werden (apriorische Formen des Intellekts). Der Wille verkörpert sich als materielles Gehirn, das den Intellekt mit seinen Vorstellungen (»Ich denke«) bedingt – aber diese metaphysisch-materialistische Ableitung des Intellekts aus dem Willen ist ihrerseits eine Vorstellung und als solche durch die transzendentalidealistische Tatsache bedingt, daß sie logisch das voraussetzen muß, was sie abzuleiten beabsichtigt: das »Ich denke«.[21]

Wer dieser eigentümlichen, in sich gedrehten methodischen Denkschleife wie den Stufen einer Wendeltreppe nachgeht, erkennt, daß es in Schopenhauers Denken kein ursprungsphilosophisches absolut Erstes gibt: weder ein geistig Erkennendes noch ein gegenständlich Seiendes, noch ein metaphysisch Wollendes. Selbst der Wille ist nicht das schlechthin Absolute, sondern nur das Ding an sich, »relativ« in seinem Verhältnis zur Erscheinung. In einem Brief an Adam von Doß schreibt Schopenhauer am 22.7.1852:

Sie müssen nie aus den Augen verlieren, was unser Intellekt eigentl ist: ein bloßes Werkzeug zu den armsäligen Zwecken individueller Willenserscheinungen: was er außerdem leistet, ist schon bloß *abusive* [mißbräuchlich]. Und der sollte die Urverhältnisse alles Daseyns ergründen, verstehn und erschöpfen?! Dazu ist er so unfähig, daß wenn uns eine wirkliche Offenbarung jener Probleme würde, wir gar nichts davon verstehn würden und so klug bleiben wie vorher.[22]

Schopenhauers Philosophie ist daher weder dogmatische Ursprungsphilosophie noch Transzendentalphilosophie – gleichwohl sie bedeutende traditionelle Elemente dieser Arten des Philosophierens beizubehalten und neu zu systematisieren sucht.

Aus dem skizzierten metaphysischen Verhältnis von Wille und Intellekt gewinnt Schopenhauer auch wichtige, originelle

Einsichten in die psychologische Seite dieses Sachverhalts. Er kann jetzt grundsätzlich herausstellen, daß *natürlicherweise* unsere Erkenntnisse von – oft verborgenen – Interessen geleitet werden, von denen her sie erst wirklich verstehbar sind. Erkenntnisse verkörpern zunächst Interessen und repräsentieren keine objektiven Wahrheiten. Von den Wissenschaften und der Philosophie gilt ähnliches, so daß die Erfüllung ihrer Aufgaben zum Problem wird und nicht mehr naiv im unterstellten Rahmen einer vermeintlichen Wertfreiheit angegangen werden kann.

Im Blickwinkel dieses erkenntniskritischen Modus der durchgängigen Interessengebundenheit der Erkenntnis wird es Schopenhauer auch möglich, Grundlagen einer seiner Zeit vorauseilenden *Psychologie des Unbewußten* zu entwerfen. Im zweiten Band seines Hauptwerks »Die Welt als Wille und Vorstellung« entwirrt er in dem aufschlußreichen 19. Kapitel »Vom Primat des Willens im Selbstbewußtsein« einzelne Fäden, aus denen das psychologische Netz geknüpft ist, das die eigentlichen Motive von Erkenntnis und Handlung abfängt, bevor sie bewußt und bedacht werden könnten. Beispielsweise läßt der Wille bestimmte Gedankenreihen gar nicht erst aufkommen, hält sie gewissermaßen gewaltsam zurück, oder er verändert ihre ursprüngliche Gestalt, bis sie logisch kohärente und moralisch akzeptable Lösungen vorspiegeln, oder er verleugnet eigene individuelle Eigenschaften, die er dem Willen anderer Personen unterstellt. Bisweilen auch verrät der Wille seine geheimen Absichten durch lächerliche Versehen, etwa beim Sichversprechen. Dieselben Mechanismen – Schopenhauer deckt noch weitere auf – nennt Freud später Verdrängung, Rationalisierung, Projektion und Fehlleistung. Populär faßt Schopenhauer diese Sachverhalte in dem Satz zusammen: »Was dem Herzen widerstrebt, läßt der Kopf nicht ein.«[23] – Allerdings hat Schopenhauer versäumt, seine radikalen Einsichten von Erkenntnis *und* Interesse ebenso radikal auf seine eigene Philosophie anzuwenden, etwa auf die Möglichkeit einer eigenen Beeinflussung durch die gesellschaftspolitischen Motive seiner Zeit. Zu sehr war er davon überzeugt, daß seine finanzielle Unabhängigkeit schon ausreichend Objektivität garantieren würde und daß das historische Denken in jedem Falle nur eine philosophische Marotte der Hegelianer sei.

Vor diesem Hintergrund der Philosophie Schopenhauers wird der Stellenwert erkennbar, den seine Theorie der Kunst in seinem System einnimmt, und es wird deutlich, daß es sich bei ihr um eine Metaphysik *und* Psychologie des Schönen handelt. Denn Schopenhauers Kunstauffassung eröffnet allererst *unter Voraussetzung* seiner »Theorie des Erkennens« (erster Teil der Vorlesung) und seiner »Metaphysik der Natur« (zweiter Teil der Vorlesung) die Perspektive einer zeitweilig gelingenden Emanzipation des Intellekts vom Willen, wie seine »Metaphysik der Sitten« den Weg einer endgültigen Befreiung aufweist (vierter Teil der Vorlesung).

In der Kunst vermag der Intellekt sich ausnahmsweise seiner natürlichen Bestimmung zu verweigern. Statt sich der Sorge um die notwendigen und nützlichen Dinge zu unterwerfen, verhält er sich hier rein *objektiv anschauend*. In den Augenblicken der Kontemplation ist er ganz und gar von dem ästhetischen Gegenstand ausgefüllt:

Demnach ist es eine ganz abnorme Begebenheit, wann, in irgend einem Menschen, der Intellekt seine natürliche Bestimmung, also den Dienst des Willens und demgemäß die Auffassung der bloßen Relationen der Dinge, verläßt, um sich rein objektiv zu beschäftigen. Aber eben dies ist der Ursprung der Kunst, der Poesie und der Philosophie, welche also durch ein Organ hervorgebracht werden, das ursprünglich nicht für sie bestimmt ist.[24]

Der Intellekt entledigt sich des Gängelbandes der erkenntnisleitenden Interessen und taucht aus dem »schweren Erdenäther der Bedürftigkeit«[25] in einer veränderten Welt ohne Mangel und Leid auf. Die Welt als Vorstellung löst sich für eine kurze Feierstunde von der Welt als Wille: »wir [...] feiern den Sabbath der Zuchthausarbeit des Wollens.«[26] Nunmehr ist nicht mehr der Wille, das Besitzergreifen und Habenwollen maßgebend, sondern das interesselose Vorstellungssein.

Der geniale Künstler wie auch in verschiedenen Graden der Kunstbetrachter treten geradezu aus der Welt der alltäglichen Zwänge und Leidenschaften heraus und tanzen über sie in eigener Regie hinweg:

Der Intellekt des Normalmenschen, streng an den Dienst seines Willens gebunden, mithin eigentlich bloß mit der Aufnahme der Motive beschäftigt, läßt sich ansehn als der Komplex von Drahtfäden, womit jede dieser Puppen auf dem

Welttheater in Bewegung gesetzt wird. [...] Dagegen könnte man das Genie, mit seinem entfesselten Intellekt, einem unter den großen Drahtpuppen des berühmten Mailändischen Puppentheaters mitspielenden, lebendigen Menschen vergleichen, der unter ihnen der Einzige wäre, welcher Alles wahrnähme und daher gern sich von der Bühne auf eine Weile losmachte, um aus den Logen das Schauspiel zu genießen: – das ist die geniale Besonnenheit.[27]

Doch wo das Band zwischen Intellekt und Wille zugunsten des Intellekts gelöst ist, ja, wo das ästhetische Erkennen gar zur Hauptsache, zum Zweck des ganzen Lebens wird,[28] da wird der Intellekt aufgrund seines wirklichkeitsfremden Modus – Erkenntnis *ohne* Interesse – seine Lebensbelange vernachlässigen. Von dem natürlichen Standpunkt der Interessengebundenheit aus gesehen muß dies als dumm und leistungsunfähig erscheinen, wenn nicht gar als »wahnsinnig«.[29] Der vom Willen in Dienst genommene, begehrende Intellekt und der ästhetisch-kontemplative – Einflüsse auch der indischen Philosophie auf das Denken Schopenhauers werden hier offenkundig – betrachten die Welt mit verschiedenen Augen, beziehungsweise ihre Augen sehen verschiedene Welten:

Man kann Beide vergleichen mit zwei Schachspielern, denen man, in einem fremden Hause, ächt chinesische, überaus schön und künstlich gearbeitete Schachfiguren vorgesetzt hätte. Der Eine verliert, weil die Betrachtung der Figuren ihn stets abzieht und zerstreut; der Andere, ohne Interesse für so etwas, sieht in ihnen bloße Schachfiguren und gewinnt. –[30]

2. Der Platonische Ruhepunkt

> Eine der frühesten deutschen Deutungen der Liebe sagt, sie binde nur das fest zusammen, was vom Wesen her schon geeint ist: »Minne eneiniget niht, enkeine wîs niht; daz geeiniget ist, daz heftet si zesamen und bindet es zuo.«
>
> Meister Eckhart

Die Begeisterung der Liebe verwandelt in der Umarmung Liebendes und Geliebtes. Ihre »Wahrheit«, die sich definitiven begrifflichen Formeln entzieht, ist so grenzenlos wie zerbrechlich.

Bisweilen tritt sie überraschenderweise hervor, wo sie nicht vermutet wird: Die »Metaphysik des Schönen« ist der fast heimliche, verborgene Ort des innig liebenden, des vornehmlich jungen Schopenhauer, auch wenn er hier beinahe schamhaft den schillernden Ausdruck »Liebe« vermeidet. Mit dem sexuellen Eros hat diese Liebe nur entfernter zu tun, kaum etwas mit der mit-leidenden Agápe seiner Ethik, aber viel mit der enthusiastisch-erotischen Sehnsucht nach der schönen Wahrheit, der Weisheit, von der Platon oft gleichnishaft kündet. Sie drückt ein Verlangen nach Transzendenz aus: Die Welt, wie sie in ihren Unzulänglichkeiten faktisch und unmittelbar gegeben ist, möchte nicht alles sein; sie möchte beglücken. Für diese Liebe, die sich dem unbedingt Besseren zuwendet, ist es daher unmöglich, sich den vorfindbaren Erscheinungen anzumessen, die Dinge so zu nehmen, wie sie sich geben. – Meines Erachtens eröffnet sich der Interpretation von Schopenhauers Ästhetik ein tieferes Verständnis, wenn sein eigentlicher Begriff der Liebe nicht völlig auf das ethisch Gute, das Mit-Leiden (ἀγάπη, caritas) eingeengt wird, wie dies üblicherweise geschieht, sondern erweitert wird um die Liebe zum Wahren und Schönen.

Die ästhetische Anschauung ist ein Erfahrungszustand der die – für uns – in Subjekt und Objekt entzweite Vorstellungswelt soweit wie möglich zu vereinigen sucht. Das temporäre Überwiegen des Intellekts über den Willen ermöglicht es, die *Grenze* der Weltspaltung zu überschreiten, das heißt den Satz vom zureichenden Grund zu überwinden, also die auf Dinglichkeit reduzierte und reduzierende Erkenntnisart außer Kraft zu setzen, was für Schopenhauer die »tiefste und wahrste Erkenntniß vom eigentlichen Wesen der Welt«[31] eröffnet.

In dieser Erkenntnis findet eine doppelte Verwandlung statt. Einmal erweitert sich das individuelle Subjekt gleichsam zu einem überindividuell entgrenzten »reinen Subjekt des Erkennens«. Das Individuum tritt hinter den Gegenstand zurück, betrachtet ihn nicht mehr als Ding, das sich berechnen und beherrschen ließe, sondern bietet sich jenseits von egoistischen Interessen als »klares Weltauge« an, sein »Bild« zu tragen. Zum anderen hört das auf diese Weise Angeschaute auf, ein vereinzeltes, abhängiges Ding unter Dingen zu sein. Es ist nicht mehr bedeutsam, was es in bezug auf andere Dinge ist – vorher oder nachher, größer oder kleiner, verursacht oder verursachend –, sondern es darf als Bild außerhalb dieser relativierenden Relationen *für sich selbst* zum Vorschein kommen: als Platonische Idee – getragen von der genialen Sicht des Künstlers beziehungsweise der mittelbaren des Kunstbetrachters. Subjekt und Objekt heben sich aus ihrer Umgebung der Trennungen und Verflechtungen heraus und streifen ihre dinghafte Relativität, ihre Unterscheidbarkeit weitgehend ab. Der »Gegenstand«, der auf diese Weise auf seine Idee hin angesehen wird, darf er selber sein – in der Vereinigung mit der nicht-egoistischen Anschauung, der jede Art von Vereinnahmung fremd ist. Das Besondere wird in seinem *eigenen* Allgemeinen geborgen. Anschauungssubjekt und Anschauungsobjekt fallen zusammen, werden eins im *erlösenden Akt* der ästhetischen Erkenntnis. Die Weltspaltung heilt für Augenblicke, die »Urschuld« ist in dieser *zärtlichen Umarmung* gesühnt. Die gebrochene, ursprünglich unbewußte Weisheit der Natur wird im Medium der Kunst versöhnt.

Die Rede des Aristophanes in Platons »Symposion« kann das von Schopenhauer gemeinte enthusiastische Einswerden von Subjekt und Objekt, die sublim erotische Heilung der Natur, sinnbildlich veranschaulichen:

Allerdings, habe also Aristophanes gesagt, habe ich im Sinne, ganz anders zu reden [...] Denn mir scheinen die Menschen durchaus der wahren Kraft des Eros nicht innegeworden zu sein. Denn wären sie es: so würden sie ihm die herrlichsten Heiligtümer und Altäre errichten und die größten Opfer bereiten, und es würde nicht wie jetzt gar nichts dergleichen für ihn geschehen, dem es doch ganz vorzüglich geschehen sollte. Denn er ist der menschenfreundlichste unter den Göttern, da er der Menschen Beistand und Arzt ist in demjenigen, aus dessen Heilung die größte Glückseligkeit für das menschliche Geschlecht erwachsen würde. Ich also will versuchen, euch seine Kraft zu erklären, und ihr sollt dann die Lehrer der übrigen sein. Zuerst aber müßt ihr die menschliche Natur und deren Begegnisse recht kennenlernen. Nämlich unsere ehemalige Natur war nicht dieselbe wie jetzt, sondern eine ganz andere. [...] Die ganze Gestalt eines jeden Menschen war rund, so daß Rücken und Brust im Kreise herumgingen. Und vier Hände hatte jeder und Schenkel ebensoviel wie Hände, und zwei Angesichter auf einem kreisrunden Halse einander genau ähnlich, und einen gemeinschaftlichen Kopf für beide einander gegenüberstehende Angesichter, und vier Ohren, auch zweifache Schamteile, und alles übrige wie es sich hieraus ein jeder weiter ausdenken kann. Er ging aber nicht nur aufrecht wie jetzt, nach welcher Seite er wollte, sondern auch, wenn er schnell wohin strebte, so konnte er, wie die Radschlagenden jetzt noch, indem sie die Beine gerade im Kreise herumdrehen, das Rad schlagen, ebenso auf seine acht Gliedmaßen gestützt sich sehr schnell im Kreise fortbewegen. [...] An Kraft und Stärke nun waren sie gewaltig und hatten auch große Gedanken, und was Homeros vom Ephialtes und Otos sagt, das ist von ihnen zu verstehen, daß sie sich einen Zugang zum Himmel bahnen wollten, um die Götter anzugreifen.

Zeus also und die anderen Götter ratschlagten, was sie ihnen tun sollten, und wußten nicht, was. Denn es war weder tunlich, sie zu töten und, wie die Giganten sie niederdonnernd, das ganze Geschlecht wegzuschaffen, denn so wären ihnen auch die Ehrenbezeugungen und die Opfer der Menschen mit weggeschafft worden, noch konnten sie sie weiter freveln lassen. Mit Mühe endlich hatte sich Zeus etwas ersonnen und sagte: Ich glaube nun ein Mittel zu haben, wie es noch weiter Menschen geben kann und sie doch aufhören müssen mit ihrer Ausgelassenheit, wenn sie nämlich schwächer geworden sind. Denn jetzt, sprach er, will ich sie jeden in zwei Hälften zerschneiden, so werden sie schwächer sein und doch zugleich uns nützlicher, weil ihrer mehr geworden sind, und aufrecht sollen sie gehen auf zwei Beinen. Sollte ich aber merken, daß sie noch weiter freveln und nicht Ruhe halten wollen, so will ich sie, sprach er, noch einmal zerschneiden, und sie mögen dann auf einem Beine fortkommen wie Kreisel. Dies gesagt, zerschnitt er die Menschen in zwei Hälften, wie wenn man Früchte zerschneidet, um sie einzumachen, oder wenn sie Eier mit Haaren zerschneiden. Sobald er aber einen zerschnitten hatte, befahl er dem Apollon, ihm das Gesicht und den halben Hals herumzudrehen nach dem Schnitte hin, damit der Mensch, seine Zerschnittenheit vor Augen habend, sittsamer würde, und das übrige befahl er ihm auch zu heilen. Dieser also drehte ihm das Gesicht herum, zog ihm die Haut von allen Seiten über das, was wir jetzt den Bauch nennen, herüber, und wie wenn man einen Beutel zusammenzieht, faßte er es in eine Mündung zusammen und band sie mitten auf dem Bauche ab, was wir jetzt den Nabel nennen. Die übrigen Runzeln glättete er meistenteils aus und fügte die Brust einpassend zusammen, mit einem solchen Werkzeuge, wie womit die Schuster über dem Leisten die Falten aus dem Leder ausglätten, und nur wenige ließ er stehen um den Bauch und Nabel, zum Denkzeichen des alten Unfalls. Nachdem nun die Gestalt entzweigeschnitten war, sehnte sich jedes nach seiner andern Hälfte, und so kamen sie zusammen, umfaßten sich mit den Armen und schlangen sich ineinander, und über dem Begehren zusammenzuwachsen starben sie aus Hunger und sonstiger Fahrlässigkeit, weil sie nichts getrennt voneinander tun wollten. [...] Von so langem her also ist die Liebe zueinander den Menschen angeboren, um die ursprüngliche Natur wiederherzustellen, und versucht aus zweien eins zu machen und die menschliche Natur zu heilen.[32]

Die Welt als Vorstellung schließt sich in der ästhetischen Anschauung liebend zu einem idealen »Kugelwesen« zusammen. Die in Subjekt und Objekt zerschnittenen Vorstellungshälften, die Schopenhauer in seiner Erkenntnistheorie als Korrelata scharf voneinander unterscheidet und sie wechselseitig aufeinander bezieht, werden wieder eins – in der *schönen* Vorstellung. Jede Ideenschau ist ein Versuch, zurückgedrängte Liebe zu befreien. Zur vollen Befriedigung gelangt das Glück dieser Erfahrung in der »Ruhe des Herzens«.[33] Das Schöne der Vorstellungswelt beglückt in erotischer Begeisterung. Sie gewährt, wie es bei Platon heißt, »unter den Menschen Fried' und spiegelnde Glätte dem Meere, Schweigen der Stürm' und erfreuliches Lager und Schlaf für die Sorgen«.[34]

Dies ist der zentrale Ort von Schopenhauers Ästhetik, den ich »Platonischen Ruhepunkt« nennen möchte. Zur rastlosen Methode der »Kopernikanischen Drehwende« bildet er den Kontrapunkt. Die Kopernikanische Drehwende mit ihren methodisch unabschließbaren Standortwechseln transzendental-idealistischer und empirisch-materialistischer Erklärungen[35] versucht, der paradoxen Komplexität der Welt als Vorstellung im Bereich der begrifflich zergliedernden Analyse gerecht zu werden. Im Platonischen Ruhepunkt dagegen fällt die methodische Drehwende mit ihren antinomischen Gegensätzen in einem idealen Punkt der Anschauung zusammen, wie ein Kreisel bei starker Bewegung zu stehen und zu ruhen scheint.[36]

Allerdings ist der Preis dieser wiedergewonnenen ursprünglichen Erfahrung des Nunc stans, des beharrenden Jetzt, der Verzicht auf jede Art von kritisch distanzierter rationaler Analyse, denn das Kunsterlebnis selbst wie sein »Objekt«, die Platonische Idee, stehen außerhalb von Erklärung und Wunsch. Die Erfahrung des Ewigen, die lebendige Liebeserfüllung in der Kunst, bedeutet bei Schopenhauer wortlose Nähe zum Tod, ist eine Art momentaner philosophischer Tod.

3. Mit der kältesten abstrakten Reflexion

Etwas freilich muß hier unterschieden werden: die »Lebendigkeit« der ästhetischen Augenblickserfahrung, die Schopenhauer zufolge jenseits begrifflicher Reflexionen gemacht wird, und sein Versuch, sie in seiner Theorie der Ästhetik, der »Metaphysik des Schönen«, doch noch begrifflich mitzuteilen und ihren Gehalt ein für allemal begrifflich dingfest zu machen. Die Erfahrung der Kunst und ihre Interpretation sind zweierlei, auch wenn es ein interpretatives Vorverständnis gibt, das die Erfahrung selbst beeinflußt. Diese hermeneutische Differenz sollte im Auge behalten werden, wenn es darum geht, Schopenhauers Ästhetik innerhalb der Architektur seines philosophischen Systems kritisch zu beurteilen. Wie der Philosoph in Kafkas Parabel »Der Kreisel« sucht Schopenhauer schon von seinem Ansatz her, Unmögliches möglich zu machen, Nicht-Begriffliches in Begriffen definitiv einzufangen, das ausgeschlossene Denken gedanklich wieder einzuholen:

Ein Philosoph trieb sich immer dort herum, wo Kinder spielten. Und sah er einen Jungen, der einen Kreisel hatte, so lauerte er schon. Kaum war der Kreisel in Drehung, verfolgte ihn der Philosoph, um ihn zu fangen. Daß die Kinder lärmten und ihn von ihrem Spielzeug abzuhalten suchten, kümmerte ihn nicht, hatte er den Kreisel, solange er sich noch drehte, gefangen, war er glücklich, aber nur einen Augenblick, dann warf er ihn zu Boden und ging fort. Er glaubte nämlich, die Erkenntnis jeder Kleinigkeit, also zum Beispiel auch eines sich drehenden Kreisels, genüge zur Erkenntnis des Allgemeinen. Darum beschäftigte er sich nicht mit den großen Problemen, das schien ihm unökonomisch. War die kleinste Kleinigkeit wirklich erkannt, dann war alles erkannt, deshalb beschäftigte er sich nur mit dem sich drehenden Kreisel. Und immer wenn die Vorbereitungen zum Drehen des Kreisels gemacht wurden, hatte er Hoffnung, nun werde es gelingen, und drehte sich der Kreisel, wurde ihm im atemlosen Laufen nach ihm die Hoffnung zur Gewißheit, hielt er aber dann das dumme Holzstück in der Hand, wurde ihm übel und das Geschrei der Kinder, das er bisher nicht gehört hatte und das ihm jetzt plötzlich in die Ohren fuhr, jagte ihn fort, er taumelte wie ein Kreisel unter einer ungeschickten Peitsche.[37]

In dem Augenblick, in dem Schopenhauer das Zerbrechliche seiner Kunsterfahrung in Beziehung zur dinghaften Welt als Vorstellung setzt und reflektiert, es also nötigt, in der begrifflichen Werkzeuggestalt des instrumentellen Denkens mit seiner Subjekt-Objekt-Struktur, die in der authentischen Erfahrung selbst ja gerade überwunden worden war, ein zweites Mal – nämlich in Gestalt eines philosophischen Textes – in Erscheinung zu treten, *muß er* – und sei es auch nur ansatzweise – den Platonischen Ruhepunkt im methodischen Rahmen der Kopernikanischen Drehwende ausdrücken. Die im Verlauf der Schopenhauer-Rezeption beanstandeten »Widersprüchlichkeiten« seiner Ideenlehre[38] werden durch diese schwierige, alles andere als selbstverständliche Transformation, in der sich die antinomische Struktur der Erkenntnis – die »*Antinomie* in unserm Erkenntnißvermögen«[39] – auf die ursprüngliche Erfahrung der Ideen zwangsläufig überträgt, wenigstens teilweise verständlich. Wer also in jenen »Widersprüchen« sogleich bloße Denkfehler zu sehen glaubt, der macht es sich zu leicht und berücksichtigt nicht die von Schopenhauer selbst in Rechnung gestellte »Maschinerie und Fabrikation des Gehirns«.[40]

In Wirklichkeit handelt es sich hier um die bedeutsame, schon von Platon in seinem »Siebten Brief« aufgeworfene und von ihm allerdings verneinte Frage, ob die Darstellung philosophischer Erkenntnis überhaupt möglich sei.[41] Schopenhauer selbst läßt an einer Stelle seines handschriftlichen Nachlasses diese Problematik der philosophischen Transkription anklingen, ohne ihr aber selbstkritisch weiter nachzugehen:

Mein Kniff ist, das lebhafteste Anschauen oder das tiefste Empfinden, wann die gute Stunde es herbeigeführt hat, plötzlich und im selben Moment mit der kältesten abstrakten Reflexion zu übergießen und es dadurch erstarrt aufzubewahren. Also ein hoher Grad von Besonnenheit.[42]

Das Zarte der Erfahrung erstarrt zu Eiskristallen, gefriert zu handhabbaren Bausteinen des philosophischen Systems – wie auch die *Resultate* von Schopenhauers Ideenlehre solche sich über alle Zeiten hinwegsetzenden Verhärtungen der Abstraktion zeigen. Wohlverstanden: Gemeint sind hier die späteren Abstraktionen, die der Ideenschau folgen, die sie erst im nachhinein umschließen wie der Bernstein die Fliege. Schopenhauer zufolge gehen die Ideen den einzelnen Anschauungen als Musterbilder voraus, gleichsam als universalia ante rem, und haben selbst mit Abstraktionen, mit universalia post rem nichts zu tun.[43]

Die Ideen sind ihrem *dogmatischen* Lehrgehalt nach mit Hilfe der Phantasie vorgestellte, anschaubare Erscheinungsstufen des Willens. Der Wille als Ding an sich – so die philosophische Vorstellung Schopenhauers – objektiviert sich den unveränderlichen Grundgestalten der Ideen gemäß in mehreren Stufen: Sie steigen von der leblosen unorganischen Natur zur organischen auf, von den Pflanzen zu den Tieren und gipfeln schließlich im Menschen. Den Objektivationen des Willens, der Welt als Vorstellung also, liegen eine Vielheit idealer gestaltgebender Grundtypen zugrunde, die empirisch gesehen zum Beispiel als Tiergattung erscheinen:

Wie die zerstäubenden Tropfen des tobenden Wasserfalls mit Blitzesschnelle wechseln, während der Regenbogen, dessen Träger sie sind, in unbeweglicher Ruhe fest steht, ganz unberührt von jenem rastlosen Wechsel; so bleibt jede *Idee*, d. i. jede *Gattung* lebender Wesen, ganz unberührt vom fortwährenden Wechsel ihrer Individuen.[44]

Die Löwen beispielsweise, die geboren werden und sterben, sind wie die Tropfen des Wasserfalls, aber die *Idee* oder die Gestalt des Löwen, die leonitas als *eīdos*, als vorbildhaftes *exemplar*, gleicht dem Regenbogen auf dem Sprühregen.

Die Ideen werden durch die »Brille« des an einen individuellen Leib gebundenen Vorstellungsapparats – durch die erkenntnisanthropologisch vorgegebenen »blauen Gläser« Zeit, Raum und Kausalität – angeschaut beziehungsweise gedacht und erscheinen dadurch in der Weise gesetzmäßig zusammenhängender, unendlich vieler Mosaikaspekte in dem Vorstellungskaleidoskop des Nacheinanderseins, Nebeneinanderseins und Bedingtseins. Die Platonische Idee ist demzufolge das,

was wir vor uns haben würden, wenn die Zeit, diese formale und subjektive Bedingung unsers Erkennens, weggezogen würde, wie das Glas aus dem Kaleidoskop. Wir sehn z. B. die Entwicklung von Knospe, Blume und Frucht, und erstaunen über die treibende Kraft, welche nie ermüdet, diese Reihe von Neuem durchzuführen. Dieses Erstaunen würde wegfallen, wenn wir erkennen könnten, daß wir, bei allem jenem Wechsel, doch nur die eine und unveränderliche Idee der Pflanze vor uns haben, welche aber als eine Einheit von Knospe, Blume und Frucht anzuschauen wir nicht vermögen, sondern sie mittelst der Form der *Zeit* erkennen müssen, wodurch unserm Intellekt die Idee auseinandergelegt wird, in jene successiven Zustände.[45]

Die Ideen haben die untergeordneten Formen der Erscheinung

abgelegt, die durch den erfahrungskonstitutiven Satz vom Grunde mit seinen »blauen Gläsern« bedingt sind, dabei aber die erste und allgemeinste Form aller Erfahrung – das Objektsein für ein Subjekt – beibehalten.[46] Wir halten hier fest: Die »lebendige« ästhetische Erfahrung der Ideen vereinigt auch Subjekt und Objekt, die mit der »kältesten abstrakten Reflexion« übergossene ästhetische Erfahrung der Ideen – die Theorie der Ideenerfahrung – trennt sie wieder.

Die geniale Anschauung der Kunst sieht einheitsstiftend durch das Kaleidoskop der Welt als Vorstellung hindurch und erkennt in ihren veränderlichen Erfahrungssplittern die unwandelbaren Ideen, deren *Ganzheit* sie mitzuteilen sucht. Der Zweck der Kunst ist – die Musik spielt eine Sonderrolle –, die Erkenntnis der Idee durch Darstellung einzelner, exemplarischer Gegenstände anzuregen und zu erleichtern.

Da in den Ideen stufenweise der metaphysische Wille erscheint, bilden auch die schönen Künste eine Stufenfolge entsprechend der Ordnung ihrer Ideen, ihrer einzig darstellungswürdigen Gegenstände. Die Pyramide der einzelnen Künste beginnt mit der Architektur, die die unterste Stufe der Ideen anschaulich darstellt, indem sie die Zwietracht des Willens mit sich selbst als Kampf zwischen Schwere und Starrheit thematisiert. Malerei, Skulptur und Dichtkunst wenden sich mit ihren Mitteln vornehmlich der organischen Natur zu, den Pflanzen, Tieren und Menschen. Den höchsten Rang unter allen Künsten aber nimmt die Musik ein. Ihr Ziel ist nicht die Nachbildung der Ideen, sondern sie selbst ist unmittelbares Abbild des metaphysischen Willens. Zwar muß auch sie noch in der dem Willen fremden Form des zeitlichen Nacheinander in Erscheinung treten, aber sie erzählt am tiefsten die Geheimnisse des menschlichen Wollens und Empfindens, sie spricht in der direkten Sprache des Gefühls von der metaphysischen Entzweiung und Versöhnung des Dings an sich; in einer Sprache, die nicht einmal mehr des Mediums der Anschauung bedarf. Diese Stufenleiter der einzelnen Künste ist das große ausführliche Thema der zweiten Hälfte der Vorlesung »Metaphysik des Schönen« (Kapitel 11–17), wie die erste Hälfte der theoretisch-metaphysischen Grundlegung gewidmet ist (Kapitel 1–10).

Diese Resultate sind wie gesagt geprägt durch die Bedingungen des begrifflichen Denkens. Die Ideen-Schau, die ideale Anschauung, die sich auch von diesen Begrenzungen zu lösen sucht, unterliegt ihnen wieder in der nachträglichen Reflexion. Dann wird die Erfahrung der ästhetischen »Umarmung« von Subjekt und Objekt, von Genie und Idee, begrifflich erneut zerbrochen, denn diese Vereinigung ist nur in der Form *denkbar*, daß dem Subjekt die Idee als *Objekt entgegen*-steht. In der nachträglichen Reflexion erst entsteht zwangsläufig jener Schopenhauer häufig vorgeworfene Widerspruch, daß die Ideen in ihrer Pluralität eine Vielheit seien, Vielheit aber die Gestaltungen des Satzes vom zureichenden Grund voraussetze, die auf dieser Ebene der Vorstellung gerade keine Geltung mehr haben sollen.[47]

Eine weitere Kritik ist die in der Schopenhauer-Literatur beanstandete schwankende Stellung der Ideen zwischen dem metaphysischen Ding an sich und den empirischen Vorstellungen.[48] Hier handelt es sich um einen Kritikpunkt, der eng mit der Kritik an der vermeintlich schwankenden Stellung des Willens zusammenhängt.[49] Wie Schopenhauer den Willen als Ding an sich letztlich aufgrund seiner methodischen Drehwende – in seinem ganzen philosophischen Werk *doppelt* betrachtet, einmal aus der Perspektive kritischer phänomenalistischer Einschränkungen, zum anderen aus der Perspektive eines metaphysischen Urprinzips, so auch seine Ideen.

Einmal sind sie metaphysisches Bindeglied zwischen dem Ding an sich und seinen Erscheinungen (zwischen Wille, Idee und Erscheinung gibt es kein Kausalverhältnis!), zum anderen bleibt die Erkenntnis dieses Bindeglieds grundsätzlich gebunden an unseren Vorstellungsapparat, an unseren Intellekt also beziehungsweise an unser materielles Gehirn und »entspringt [...] aus einer starken Erregung der anschauenden Gehirnthätigkeit«.[50] Beide Perspektiven – die Ideen ontologisch gesehen als vorstellungsbedingend und erkenntnistheoretisch gesehen als vorstellungsbedingt – gehören zusammen. Schopenhauer verhärtet seine ursprüngliche Ideenschau in seinen philosophischen Reflexionen dogmatisch, aber er wirkt dieser Verhärtung innerhalb seiner Reflexionen mit durchaus skeptischen Relativierungen entgegen. Mag sein, daß selbst diese Gegensteuerungen wieder Verhärtungen aufweisen und die ursprüngliche Authentizität nicht wiederherstellen können, aber sie tragen dazu bei, sie nicht völlig auszulöschen. Der Perspektivenwechsel in Schopenhauers gesamtem Werk evoziert auch in seiner »Metaphysik des Schönen« freie, nicht verdinglichende Erfahrungen, die von jedem einzelnen für sich selbst *lebendig* weitergeführt werden können. Vielleicht auch ist der Platonische Ruhepunkt in Wirklichkeit – auch wenn Schopenhauer hier heftig widersprechen würde – ein historisch *sich wandelnder Ruhepunkt,* und die Trennung von Leben und Kunst muß nicht gänzlich unüberwindbar bleiben?[51]

Schopenhauer wagt sich im Rahmen seiner Voraussetzungen und Möglichkeiten einen großen Schritt vor, aber er weiß, daß es nicht der letzte sein kann: »Wenn es [das Genie] auch nicht die ewigen Verhältnisse fassen kann, so sieht es doch schon etwas tiefer in die Dinge dieser Welt, *attamen est quadam prodire tenus* [aber dennoch ist's recht, bis zur Grenze zu gehen (wenn weiter kein Weg ist); Horaz, Epistulae, I,I,32].«[52]

Anmerkungen

Folgende Siglen werden verwendet:
Arthur Schopenhauer: Sämtliche Werke. Hrsg. von Arthur Hübscher, 7 Bände. Wiesbaden ³1972 (= Werke);
Arthur Schopenhauer: Sämtliche Werke. Hrsg. von Wolfgang Frhr. von Löhneysen, 5 Bände. Stuttgart / Frankfurt am Main 1960 [= Werke]

G	= Ueber die vierfache Wurzel des Satzes vom zureichenden Grunde (Werke Bd. I) [Werke Bd. III]
WI	= Die Welt als Wille und Vorstellung Bd. I (Werke Bd. II) [Werke Bd. I]
WII	= Die Welt als Wille und Vorstellung Bd. II (Werke Bd. III) [Werke Bd. II]
N	= Ueber den Willen in der Natur (Werke Bd. IV) [Werke Bd. III]
E	= Die beiden Grundprobleme der Ethik (Werke Bd. IV) [Werke Bd. III]
PI	= Parerga und Paralipomena Bd. I (Werke Bd. V) [Werke Bd. IV]
PII	= Parerga und Paralipomena Bd. II (Werke Bd. VI) [Werke Bd. V]

Arthur Schopenhauer: Philosophische Vorlesungen. Aus dem handschriftlichen Nachlaß. Hrsg. und eingel. von Volker Spierling, 4 Bände. München 1984 ff.

VN II	= Metaphysik der Natur. Vorlesung über die gesammte Philosophie, 2. Theil (Bd. II)

Arthur Schopenhauer: Der Handschriftliche Nachlaß. Hrsg. von Arthur Hübscher, 5 Bände in 6. Frankfurt am Main 1966–1975

HN I	= Die frühen Manuskripte 1804–1818 (Bd. I)
HN III	= Berliner Manuskripte 1818–1830 (Bd. III)
HN IV(1)	= Die Manuskripte der Jahre 1830–1852 (Bd. IV, 1)

GBr	= Arthur Schopenhauer: Gesammelte Briefe. Hrsg. von Arthur Hübscher. Bonn 1978
Gespr	= Arthur Schopenhauer: Gespräche. Hrsg. von Arthur Hübscher. Stuttgart–Bad Cannstatt ²1971
Jb	= Schopenhauer-Jahrbuch (mit vorangesetzter Ziffer und folgender Jahreszahl)
Bibliogr	= Arthur Hübscher: Schopenhauer-Bibliographie. Stuttgart–Bad Cannstatt 1981
Mat	= Volker Spierling (Hrsg.): Materialien zu Schopenhauers »Die Welt als Wille und Vorstellung«. Frankfurt am Main 1984

Die Zitate aus Schopenhauers sämtlichen Werken sind doppelt belegt. Sie folgen der historisch kritischen Ausgabe von Arthur Hübscher und in eckigen Klammern der von Wolfgang Frhr. von Löhneysen.
1 W II, Kap. 17, S. 175 [206].
2 W II, Kap. 17, S. 175 f. [206 f.].
3 Vgl. W I, § 57, S. 366–368 [426–428]; ferner V. Spierling: Die Drehwende der Moderne. Schopenhauer zwischen Skeptizismus und Dogmatismus. In: ders., Mat, S. 17.
4 W II, Kap. 1, S. 14 [22].
5 Vgl. V. Spierling: Die Drehwende der Moderne. In: ders., Mat, S. 37–55; bes. S. 53. Vgl. auch V. Spierling: Erkenntnis und Natur. In: VN II, S. 36. – Schopenhauer erläutert die Notwendigkeit des methodischen Standortwechsels z. B. in P II, § 27, S. 35–39 [43–47].
6 P II, § 50, S. 73 Anm. [84 f.].
7 P II, § 50, S. 72 Anm. [84].
8 P II, § 50, S. 74 [85].
9 Vgl. VN II, S. 181–186.
10 W II, Kap. 19, S. 229 [264].
11 N, S. 48 [370]. – Arnold Gehlen (1904–1976) sieht in dieser »Harmonie von Instinktausstattung, Organbau und Umwelt« (vgl. V. Spierling: Mat, S. 309–326) eine von Schopenhauers anthropologischen Grundwahrheiten, die die Aktualität seiner Philosophie bekunden. Jene moderne, seit Uexküll geläufige Einsicht der Biologie habe Schopenhauer zuerst formuliert. Zu beachten ist allerdings, daß Gehlen ausdrücklich von Schopenhauers Philosophie die Erkenntnistheorie (Kants Apriorismus) und die Metaphysik (»Phantasie-Physik«) ausklammert, um als Kern seine epochemachende »anthropologische Wendung der Philosophie« übrigzubehalten. Damit aber verzichtet Gehlen, wie übrigens auch Konrad Lorenz (vgl. V. Spierling: Erkenntnis und Natur. In: VN II, S. 37–39), auf die erkenntnistheoretische Reflexion von Schopenhauers Kopernikanischer Drehwende.
12 W II, Kap. 19, S. 230 [265]. – Vgl. W I, § 55, S. 345 [402 f.].
13 N, S. 3 [322]. Das Zitat heißt exakt: »paradox klingende Grundwahrheit meiner Lehre.« – Vgl. N, S. 19 [339 f.].
14 Gespr., Nr. 159, S. 110. – Vgl. V. Spierling: Die Drehwende der Moderne. In: ders., Mat, S. 23–30.
15 Vgl. V. Spierling: Erkenntnis und Natur. In: VN II, S. 25–31.
16 V. Spierling: Mat, S. 255.
17 W II, Kap. 19, S. 238 [274].
18 HN III, Quartant, Nr. 104, S. 237.
19 W II, Kap. 19, S. 253 [291].
20 W II, Kap. 19, S. 233 [269].
21 Vgl. V. Spierling: Erkenntnis und Natur. In: VN II, S. 32–39.
22 GBr, Nr. 278, S. 286.
23 W II, Kap. 19, S. 244 [281]. – Darüber hinaus ruft Schopenhauer in Erinnerung, »wie sehr jeder Affekt, oder Leidenschaft, die Erkenntniß trübt und

verfälscht, ja, jede Neigung oder Abneigung, nicht etwan bloß das Urtheil, nein, schon die ursprüngliche Anschauung der Dinge entstellt, färbt, verzerrt. Man erinnere sich, wie, wann wir durch einen glücklichen Erfolg erfreut sind, die ganze Welt sofort eine heitere Farbe und eine lachende Gestalt annimmt; hingegen düster und trübe aussieht, wann Kummer uns drückt; sodann, wie selbst ein lebloses Ding, welches jedoch das Werkzeug zu irgend einem von uns verabscheuten Vorgang werden soll, eine scheußliche Physiognomie zu haben scheint: z. B. das Schafott, die Festung, auf welche wir gebracht werden, der Instrumentenkasten des Chirurgus, der Reisewagen der Geliebten u. s. w., ja, Zahlen, Buchstaben, Siegel, können uns furchtbar angrinsen und wie schreckliche Ungeheuer auf uns wirken. Hingegen sehn die Werkzeuge zur Erfüllung unserer Wünsche sogleich angenehm und lieblich aus, z. B. die bucklichte Alte mit dem Liebesbrief; der Jude mit den Louisd'ors, die Strickleiter zum entrinnen u. s. w. Wie nun hier, bei entschiedenem Abscheu oder Liebe, die Verfälschung der Vorstellung durch den Willen unverkennbar ist; so ist sie in minderem Grade vorhanden bei jedem Gegenstande, der nur irgend eine entfernte Beziehung auf unsern Willen, d. h. auf unsere Neigung oder Abneigung, hat.« (W II, Kap. 30, S. 426 f. [481 f.])

24 P II, § 50, S. 72 [84].
25 W II, Kap. 31, S. 444 [500].
26 S. u., S. 92.
27 W II, Kap. 31, S. 442 [498].
28 Schopenhauer hat wiederholt betont, daß für ihn selbst das bedingungslose Erkennen das Wichtigste sei. Am 3. 9. 1815 schreibt er an Goethe:
»Ich weiß von Ihnen selbst, daß Ihnen das literarische Treiben stets Nebensache, das wirkliche Leben Hauptsache gewesen ist. Bei mir aber ist es umgekehrt: was ich denke, was ich schreibe, das hat für mich Werth und ist mir wichtig: was ich persönlich erfahre und was sich mit mir zuträgt, ist mir Nebensache, ja ist mein Spott.« (GBr, Nr. 28, S. 16)
29 S. u., S. 79 ff.
30 P II, § 50, S. 73 Anm. [85].
31 S. u., S. 39.
32 Platon: Symposion, 189 c 3–191 d 3.
33 W II, Kap. 30, S. 423 [478].
34 Platon: Symposion, 197 c 5.
35 Z. B. sowohl Apriorität als auch zerebraler Ursprung des Kausalitätsgesetzes. Vgl. G, § 23, S. 89–91 [112–114] und GBr, Nr. 405, S. 408.
36 Vgl. Nikolaus von Cues: Gespräch über das Seinkönnen. Stuttgart 1969, S. 16–20.
37 Franz Kafka: Sämtliche Erzählungen. Frankfurt am Main/Hamburg 1976, S. 367.
38 Vgl. z. B. Johannes Volkelt: Arthur Schopenhauer. Seine Persönlichkeit, seine Lehre, sein Glaube. Stuttgart ⁵1923, S. 190–199, auch Anm. 334 auf S. 416.
39 W I, § 7, S. 36 [66].

40 W I, § 7, S. 33 [63].
41 Vgl. V. Spierling: 00000000000000000000000000 (26 Nullen). In: 65.Jb. 1984, S. 102. Zu unserem Zusammenhang heißt es dort u. a.: »000000 000000000000000000000000000000000000000000000000000000000000000 0000000000000000000000000000000000000000000000 [...]«
42 HN IV (1), Cogitata I, Nr. 91, S. 59. – Vgl. P II, § 141, S. 296–300 [329–333].
43 Vgl. W II, Kap. 29, S. 418 f. [472 f.].
44 W II, Kap. 41, S. 552 [617]. – S. u., S. 117.
45 P II, § 207, S. 447 [496].
46 S. u., S. 49.
47 Vgl. z. B. Heinrich Hasse: Schopenhauers Erkenntnislehre als System einer Gemeinschaft des Rationalen und Irrationalen. Leipzig 1913, S. 99 Anm. 2.
48 = 38.
49 Vgl. die rezeptionsgeschichtliche Skizze dieser Problematik von V. Spierling: Mat, S. 285–287 (weitere Literaturangaben).
50 W II, Kap. 30, S. 419 [474].
51 Gegen Ende seines Lebens muß Schopenhauer die strikte Trennung von Leben und Kunst als schmerzlich empfunden haben. In seinen »Parerga« (1851) schreibt er:
»Wie den zarten, angehauchten Thau über blaue Pflaumen, hat die Natur über alle Dinge den Firniß der *Schönheit* gezogen. Diesen abzustreifen, um ihn dann aufgehäuft zum bequemen Genuß uns darzubringen, sind Maler und Dichter eifrig bemüht. Dann schlürfen wir, schon vor unserm Eintritt ins wirkliche Leben, ihn gierig ein. Wann wir aber nachher in dieses treten, dann ist es natürlich, daß wir nunmehr die Dinge von jenem Firniß der Schönheit, den die Natur darüber gezogen hatte, entblößt erblicken: denn die Künstler haben ihn gänzlich verbraucht und wir ihn vorgenossen. Demzufolge erscheinen uns jetzt die Dinge meistens unfreundlich und reizlos, ja, widern oft uns an. Demnach würde es wohl besser seyn, jenen Firniß darauf zu lassen, damit wir ihn selbst fänden: zwar würden wir dann ihn nicht in so großen Dosen, aufgehäuft und auf ein Mal in Form ganzer Gemälde, oder Gedichte, genießen; dafür aber alle Dinge in jenem heitern und erfreulichen Lichte erblicken, in welchem jetzt nur noch dann und wann ein Naturmensch sie sieht, der nicht, mittelst der schönen Künste, seine ästhetischen Freuden und den Reiz des Lebens vorweg genossen hat.« (P II, § 393, S. 689 [763 f.]).
52 P II, Anhang zu Kap. 3, S. 95 [108].

Arthur Schopenhauer
METAPHYSIK DES SCHÖNEN

CAP. 1.
Ueber den Begriff der Metaphysik des Schönen.

Mit einem allgemein verständlichen Namen Metaphysik des Schönen: – eigentlich die Lehre von der Vorstellung sofern sie nicht dem Satz vom Grund folgt, unabhängig von ihm ist: – d. h. die Lehre von der Auffassung der *Ideen,* die eben das Objekt der Kunst sind.

Was ich hier vortragen werde, ist nicht *Aesthetik;* sondern Metaphysik des Schönen, daher bitte ich nicht etwa die Regeln der Technik der einzelnen Künste zu erwarten. Hier so wenig als in der Logik oder nachher in der Ethik ist unsre Betrachtung gradezu auf das Praktische gerichtet, in Form von Anweisung zum Thun oder Ausüben; sondern wir philosophiren überall, d. h. verhalten uns rein theoretisch. Aesthetik verhält sich zur Metaphysik des Schönen, wie Physik zur Metaphysik der Natur. Aesthetik lehrt die Wege auf welchen die Wirkung des Schönen erreicht wird, giebt den Künsten Regeln, nach welchen sie das Schöne hervorbringen sollen. Metaphysik des Schönen aber untersucht das innre Wesen der Schönheit, sowohl in Hinsicht auf das Subjekt, welches die Empfindung des Schönen hat, als im Objekt, welches sie veranlaßt. Hier werden wir demnach untersuchen, was das Schöne an sich sei, d. h. was in uns vorgeht, wenn uns das Schöne rührt und erfreut; und da ferner dieses hervorzubringen die Wirkung ist, welche die Künste beabsichtigen; so werden wir untersuchen, welches das gemeinsame Ziel aller Künste, der Zweck der Kunst überhaupt sei, und dann zuletzt auch wie jede einzelne Kunst auf einem ihr eigenen Wege zu jenem Ziel gelangt.

Diese ganze Betrachtung des Schönen aber, nehmen wir nicht müßig vor, nicht so *ex nunc,* weil es uns eben beifällt, daß es auch ein Schönes und Künste giebt; sondern diese Betrachtung ist ein nothwendiger Theil des Ganzen der Philosophie, ist ein Mittelglied zwischen der abgehandelten Metaphysik der Natur und der folgenden Metaphysik der Sitten: sie wird jene viel heller beleuchten und diese sehr vorbereiten. Wir betrachten nämlich das Schöne als eine Erkenntniß in uns, eine ganz besondere Erkenntnißart und fragen uns welche Aufschlüsse diese uns über das Ganze unsrer Weltbetrachtung ertheilt.

Nämlich der Genuß des Schönen ist von allen übrigen Genüssen augenscheinlich sehr weit verschieden, ja gleichsam nur metaphorisch oder tropisch ein Genuß zu nennen.

Alle andern Genüsse, worin sie auch bestehn, haben das Gemeinsame, daß sie Befriedigungen des Willens des Individuums sind, also in direkter Beziehung zum Willen stehn. Daher kann man sie auch denken durch den Begriff des *Angenehmen:* im engsten Sinn gilt dieses nur da wo die Sinne, der Leib, *unmittelbar* des Genusses theilhaft sind: wo der Genuß mehr in der *Voraussehung* der unmittelbaren Genüsse liegt, denken wir ihn durch die Begriffe des *Nützlichen:* wie wenn man sich freut über Geschenke des Glücks im Großen, zugefallnen Reichthum, verschwundne Gefahr, Besiegung seiner Feinde, angeknüpfte Verhältnisse, von denen Vortheil zu erwarten, Vortheil überhaupt u. s. w. Ueberall aber entspringt hier die Freude doch zuletzt daraus daß der Wille befriedigt wird.

Die Freude am *Schönen* aber ist offenbar ganz andrer Art: sie liegt stets in der bloßen *Erkenntniß,* ganz allein und rein; ohne daß die Objekte dieser Erkenntniß einen Bezug auf unsre persönlichen Zwecke, d. h. auf unsern *Willen* hätten: also ohne daß unser Wohlgefallen mit unserm persönlichen *Interesse* verknüpft sei: also die Freude über das Schöne ist völlig *uninteressirt.* Daher auch kommt es, daß hier alles Individuelle aufhört und das Schöne objektiv Schön ist, d. h. für Jedermann; während das Angenehme oder Nützliche subjektiver, d. h. individuell-subjektiver Natur sind: dem Einen ist diese Speise, Farbe, Geruch, Person des andern Geschlechts, *angenehm:* dem Andern jene andre: und da ist nicht zu streiten. *Chaq'un a son goût.* [Jeder hat seinen Geschmack. (sprichwörtlich)] Eben so ist dem Einen Dieses *nützlich,* dem Andern Jenes: die Zwecke sind individuellsubjektiv. Was dem Einen großen Nutzen bringt, das bringt dem Andern großen Schaden. Aber weil die Freude am Schönen eine Sache der bloßen *Erkenntniß* als solcher ist; so ist das Schöne, wie alle Erkenntniß etwas *objektives*, etwas nicht in Bezug auf ein *Individuum*, sondern in Bezug auf *das Subjekt* überhaupt, also für die *Erkenntniß* als solche bestehendes, gleichviel welchem Individuum diese Erkenntniß angehört: darum nun eben weil das Schöne etwas Objektives d. h. für das Subjekt überhaupt vorhandenes ist, weil es Sache der Erkenntniß als solcher ist und in Allen, der Form nach, wenn auch nicht dem Grade nach, dieselbe ist; so verlangen wir, daß das von uns als Schön Erkannte, auch von Jedem dafür erkannt werde, oder wir sprechen ihm die Empfänglichkeit für das Schöne überhaupt als eine Fähigkeit der Erkenntniß ab, mit Herabsetzung: wir sprechen ihm in gewissem Grade das Subjektseyn überhaupt, d. h. das Erkennen überhaupt ab. Statt daß wir zugeben, daß dem Einen dieses, dem Andern jenes *angenehm* oder *nützlich* sei, weil dies Sache der Individualität ist, d. h. des individuellen Wollens. Nun ist aber dennoch das Schöne nicht in dem Sinn objektiv, daß es sich, wie jede empirisch erkennbare Eigenschaft, den Sinnen oder dem Verstande unmittelbar und unleugbar nachweisen lasse. Es ist also zwar objektiv, aber nur unter Voraussetzung einer gewissen eigenthümlichen Erkenntnißweise oder auch Erkenntnißgrades im Subjekt, wie uns dies weiterhin deutlich werden wird.

Auf jeden Fall also ist die Freude am Schönen eine Sache der bloßen *Erkenntniß*. Darum werden wir sie eben als *Erkenntniß* betrachten und fragen, was es eigentlich sei, das wir erkennen, wenn die Betrachtung irgend eines Objekts uns auf jene besondere Weise erfreut und festhält, die wir dadurch ausdrücken, daß wir es *schön* nennen: und auch was dabei in uns vorgeht.

Und weil sich nun zuletzt ergeben wird, daß die ästhetische Anschauungsweise, oder diejenige Erkenntniß welche nicht durch Lehren und Worte sondern allein durch Kunstwerke mitgetheilt werden und nicht *in abstracto* sondern bloß anschaulich aufgefaßt werden kann, die tiefste und wahrste Erkenntniß vom eigentlichen Wesen der Welt ist; so werden wir um uns dieses philosophisch deutlich zu machen, etwas weit ausholen müssen, werden ehe wir auf die Betrachtung der einzelnen Künste kommen, sehr gründlich die ästhetische Erkenntniß, oder das Schöne im Allgemeinen untersuchen müssen: und um dieses thun zu können, werde ich vorher noch manche Betrachtungen vornehmen müssen, die zwar mit dem früher Vorgetragnen in Verbindung stehn, deren Zweck aber in Beziehung auf die folgende Untersuchung des Schönen Ihnen nicht sehr deutlich werden kann, als bis die Metaphysik des Schönen vollendet ist. Ich bitte also mir eine Zeit lang in mancherlei Betrachtungen zu folgen, deren Verbindung unter einander Sie eben so wenig als das gemeinschaftliche Ziel dahin sie führen, zum Voraus sogleich absehn können. Diese Betrachtungen sind eben die Propädeutik zur später folgenden gründlichen Erörterung derjenigen Erkenntniß deren Auffassung das Schöne ist, und deren Mittheilung der Zweck der Kunst. Da die überwiegende Fähigkeit zu dieser Erkenntniß das Genie ist; so werden wir auch das Wesen des Genies ausführlich untersuchen, zumal da eben diese Untersuchung das größte Licht zurückwirft auf die ästhetische Auffassung überhaupt. [Hier folgte ursprünglich, später mit Tinte wieder durchgestrichen:] (Und bei dieser Untersuchung des Genies, wird wegen einer allezeit erkannten Aehnlichkeit in der Individualität genialer Menschen mit dem Wahnsinn; grade hier die Erörterung des Wahnsinns ihre unerwartete und paradoxe Stelle finden.) [Sie war auch ursprünglich für diesen III. Teil der Vorlesung geschrieben (s. u., S. 83), hat dann aber ihren Platz in Kapitel 3 des I. Teils erhalten.]

CAP. 2.
Ueber die Ideen.

Wir betrachteten zuerst die Welt als bloße Vorstellung, Objekt des Subjekts; sodann ergänzten wir diese Betrachtung durch Erkenntniß der andern Seite der Welt, welche wir fanden im *Willen;* dieser ergab sich als das was die Welt noch außer der Vorstellung ist, als das Ding an sich. Demgemäß nannten wir die Welt als Vorstellung, sowohl im Ganzen als in ihren Theilen die *Objektität des Willens.* Endlich hatte die Objektivation des Willens, d. h. sein Eingehn in die Objektität, viele, wiewohl bestimmte Stufen, auf welchen mit gradweise steigender Deutlichkeit und Vollendung das Wesen des Willens in die Vorstellung tritt, d. h. sich als Objekt darstellt. Ich erinnerte daß diese Stufen grade das sind, was Platons Ideen: Platons Ideen nämlich sind die unveränderlichen, nie gewordnen und unvergänglichen Formen, aller entstehenden, veränderlichen und vergehenden Dinge: das aber eben sind unsre Stufen der Objektivation des Willens, nämlich alle bestimmten Species im Organischen und Unorganischen, die ursprünglichen nicht wechselnden Formen und Eigenschaften aller natürlichen Körper, auch die nach Naturgesetzen sich offenbarenden allgemeinen Kräfte. – Was uns in dieser Abtheilung beschäftigen wird, sind eigentlich diese Ideen.

Alle die Ideen stellen sich nun in unzähligen Individuen und einzelnen Erscheinungen dar: zu diesen verhalten sie sich als Vorbilder zu den Nachbildern. – Die Vielheit solcher Individuen entsteht allein durch das *principium individuationis* – Zeit und Raum; das Entstehn und Vergehn derselben ist vorstellbar allein durch Kausalität: – alle diese sind Gestaltungen des Satzes vom Grund: – dieser eben ist das letzte Princip aller Endlichkeit und Individuation: er aber auch ist die allgemeine Form der Vorstellung, wie solche in die Erkenntniß des Individuums fällt. – Die

Idee hingegen geht in dieses Princip nicht ein: daher kommt ihr weder Vielheit noch Wechsel zu. – Während die Individuen, in denen sie sich darstellt, unzählige sind, und unaufhaltsam werden und vergehn, bleibt die Idee unverändert als die eine und selbe stehn und der Satz vom Grund hat für sie keine Bedeutung. – Andrerseits aber wissen wir daß der Satz vom Grund der allgemeine Ausdruck ist aller der Formen an welche die Erkenntniß des Subjekts, sofern es Individuum ist, gebunden ist. Daher liegt die Idee als solche ganz außerhalb der Erkenntnißsphäre des Individuums, und ist nicht Objekt der Erfahrung. – Sollte dennoch die Idee irgendwie Objekt der Erkenntniß werden, und vom Subjekt erkannt werden; so könnte dies nur geschehn unter *Aufhebung der Individualität* im erkennenden Subjekt: auch würde die Idee nicht im Zusammenhang der Erfahrung sich darstellen.

Die Erkenntniß der Idee ist eigentlich unser ganzes Thema im 3ten Theil.

Platons und Kants Lehren verglichen.

Dieserhalb nun muß ich zuvörderst eine Erörterung der *Platonischen Idee* vornehmen, und eben um diese berühmte, dunkle Lehre des Platon aufzuklären, will ich zeigen, wie eigentlich die Kantische Philosophie der beste Kommentar dazu ist.

Platon und Kant waren die zwei größten Philosophen des Occidents. In der Philosophie eines jeden ist ein hauptsächliches großes Paradoxon. Bei Kant das Ding an sich: bei Platon die Idee. Kant hat leider sein Dinganssich auf eine falsche Art eingeführt und dargestellt, so daß es ein Stein des Anstoßes und die völlig schwache Seite seiner Philosophie ward, gegen welche die Skepsis sogleich siegreiche Angriffe machte. Wir aber haben nicht auf seinem Wege, sondern auf einem ganz andern, als das Ding an sich, als das unabhängig von aller Vorstellung Seiende, den *Willen* erkannt, in der angegebenen Erweiterung und Bestimmung dieses Begriffs. –

Platons Ideen wurden von jeher als das dunkelste und paradoxeste Dogma seiner Philosophie erkannt, waren, in der langen Reihe von Jahrhunderten von ihm auf uns der Gegenstand des

Nachdenkens, des Streites, des Spottes, der Verehrung, so vieler verschieden gesinnter Köpfe.

Hauptstellen [Schopenhauer zitiert nach der Bipontiner Ausgabe 1781–1784]:

Philebus, p 216–19; 305–312. [14e–16d; 57c–62c]
De Republica: Vol. VII p 57–67. – p 114–136. – p 152–167. p 284–89. [475e–480a; 506a–519b; 526d–534c; 595b–598c]
Parmenid. p 80–90. [130e–135c]
Timaeos: p 301, 302. – p 341–349. [27c–28c; 48e–52d]
Epist. 7ma: p 129–136. [340d–344d]
Sophista: p 259–275. [245e–254a]
Phaedo: p 148–152. p 168–175. p 178–182. p 188–191. p 226–238. [65b–67b; 74a–77a; 78b–80b; 82d–83e; 99d–105b]
Politicus: p 63, 64. [285a–286a]
Cratylus: p 345–47. [439c–440d]
Phaedrus: p 322,323. [247a–247e]
Theaetet. p 143. [186a–186c]
Sympos. p 237–249. [206b–212a]

Cicero: Orator: c 2. –
Plutarch: physicor. decreta I, c. 10.
Galenus, hist. philosophiae c 6.
Alcinoi Isagoge in Platonis dogmata c. 9.
Aristoteles: Metaph. I, 6.
Stobaeus, ed. Heeren [1801]: p 212, p 712, p 714, 724.
Plotin: Enneades V, 5.

Bruckeri hist. doctrinae de Ideis [Augsburg 1723].

Platons Ideenlehre läuft darauf hinaus, daß alle individuelle, vergängliche Dinge, Objekte der Erfahrung, kein wahres Seyn haben, sondern nur ein stetes Werden, und Vergehn: daher sowohl nicht seyend als seyend: daher von ihnen keine wahre Erkenntniß möglich ist; indem diese nur vom Unveränderlichen seyn kann: – sondern nur ein Wähnen und Meinen: sie sind das αει γιγνομενον μεν, και απολλυμενον, οντως δε ουδεποτε ον [das immer Entstehende und Vergehende, aber niemals wahrhaft Seiende (Platon, Timaeus, 27 d, nicht wörtlich)]. – Wahrhaft seiend, οντος ον, nie geworden, nie vergehend (το ον μεν αει, γενεσιν δε ουκ εχον) [das ewig Seiende, aber keine Entstehung habende (Platon, Timaeus, 27 d)], stets dieselben sind die ewigen Urbilder aller jener endlichen Dinge: die bleibenden Formen derselben, die Musterbilder, von denen jene die unvollkommnen Nachbilder sind: nur von diesen giebt es ächte und wahre Erkenntniß, weil sie nicht heute so, morgen anders; sondern stets dieselben sind. Diese sind ιδεα, ειδος; Gestalt, Anschaulichkeit. Das Wort ιδεα zuerst von Platon in der Philosophie und vielleicht überhaupt.

Nach dem was ich Ihnen im 2ten Theil vorgetragen werden Sie erkannt haben, daß diese Platonischen Ideen, eben sind *die bestimmten Stufen der Objektivation jenes das Ansich der Welt ausmachenden Willens*. Nun sollen Sie einsehn, wie Platon und Kant in der Hauptsache ganz übereinstimmen, das Wesentliche ihrer Weltansicht dasselbe ist. Denn ihre beiden dunkeln und paradoxen Hauptlehren treffen ganz zusammen, und sind sogar jede der beste Kommentar der andern, eben weil die ganz außerordentliche Verschiedenheit der Individualität Kants und Platons machte, daß sie auf die verschiedenste Weise dasselbe sagten; gleichsam auf zwei entgegengesetzten Wegen zum selben Ziel kamen.

Als das *Ding ansich* haben wir den *Willen* erkannt: als *Idee* aber die unmittelbare (d. h. noch nicht in Zeit und Raum eingegangne) Objektität des Willens auf einer bestimmten Stufe. Sonach sind beide zwar nicht dasselbe, aber doch sehr nahe verwandt: bloß verschieden durch *eine* Bestimmung: nämlich die Idee ist der Wille sobald er Objekt geworden, aber noch nicht eingegangen ist in Raum und Zeit und Kausalität. Raum, Zeit und Kausalität kommen der Idee so wenig zu als dem Willen. Aber ihr kommt schon das Objektseyn zu: ihm nicht. – Eigentlich also ist die Lehre Platons von den Ideen und ihrem ewigen, d. h. vom Werden und Vergehn unberührten Seyn, identisch mit Kants Lehre von der Idealität des Raumes, Zeit und Kausalität. Das sollen Sie jetzt deutlich sehn. Ich will Kant und Platon einmal jeden auf seine Weise reden lassen, und jeder wird dasselbe, aber auf höchst verschiedne Weise sagen.

Kants Lehre ist im Wesentlichen folgende: »Raum, Zeit, Kausalität sind nicht Bestimmungen des Dinges an sich; sondern gehören nur seiner Erscheinung an, indem sie nichts als bloße Formen unsrer Erkenntniß sind. Da nun aber alle Vielheit, und alles Entstehn und Vergehn eben nur möglich sind mittelst Zeit, Raum und Kausalität; so folgt, daß auch jene allein der Erscheinung, keineswegs dem Ding ansich anhängen. Weil nun aber unsre Erkenntniß durch jene Formen bedingt ist; so ist die gesammte Erfahrung nur Erkenntniß der Erscheinung, nicht des Dinges an sich: daher können auch ihre Gesetze nicht auf das Ding an sich geltend gemacht werden. Selbst auf unser eigenes Ich erstreckt sich das Gesagte und wir erkennen es nur als Erscheinung, nicht nach dem, was es an sich seyn mag.« – Dieses ist, in der betrachteten wichtigen Rücksicht, der Sinn und Inhalt von Kants Lehre. –

Platon nun aber sagt etwa so: »Die Dinge dieser Welt, welche unsre Sinne wahrnehmen, haben gar kein wahres Seyn: *sie werden immer, sind aber nie:* sie haben nur ein relatives Seyn; sind insgesammt nur in und durch ihr Verhältniß zu einander: man kann daher ihr ganzes Daseyn eben sowohl ein Nichtseyn nennen. Sie sind folglich auch nicht Objekt einer eigentlichen Erkenntniß, επιστημη: denn nur das was an und für sich und immer auf gleiche Weise ist, kann eine solche geben: sie hingegen sind nur das Objekt eines durch Empfindung veranlaßten Dafürhaltens, δοξα μετ' αισθησεως αλογου [Annahme auf Grund nicht begrifflich geprüfter Wahrnehmung (Platon, Timaeus, 28 a)]. So lange wir nun auf ihre Wahrnehmung beschränkt sind, gleichen wir Menschen, die in einer finstern Höhle so festgebunden säßen, daß sie auch den Kopf nicht drehen könnten, und nichts sähen, als beim Licht eines hinter ihnen brennenden Feuers, an der Wand ihnen gegenüber, die Schattenbilder wirklicher Dinge, welche zwischen ihnen und dem Feuer vorübergeführt würden, und auch sogar von einander, ja jeder von sich selbst eben nur die Schatten auf jener Wand. Ihre Weisheit aber wäre, die aus Erfahrung erlernte Succession jener Schattenbilder vorherzusagen. Was nun hingegen allein wahrhaft seiend, οντως ον, genannt werden kann, weil es *immer ist, aber nie wird noch vergeht:* das sind die realen Urbilder jener Schattenbilder: es sind die ewigen Ideen, die Urformen aller Dinge. Ihnen kommt *keine Vielheit* zu: denn jedes ist seinem

Wesen nach nur *eines,* indem es das Urbild selbst ist, dessen Nachbilder oder Schatten alle ihm gleichnamige, einzelne, vergängliche Dinge derselben Art sind. Ihnen kommt auch *kein Entstehn und Vergehn* und Veränderung zu: denn sie sind wahrhaft seiend, nie aber werdend, noch untergehend wie ihre hinschwindenden Nachbilder. (In diesen beiden verneinenden Bestimmungen ist aber nothwendig als Voraussetzung enthalten, daß Zeit, Raum und Kausalität für sie keine Bedeutung und Gültigkeit haben und sie nicht in diesen sind.) Von ihnen allein daher giebt es eine eigentliche Erkenntniß, da das Objekt einer solchen nur das seyn kann, was immer und in jedem Betracht ist, also an sich ist und unveränderlich; nicht das was ist, aber auch wieder nicht ist, je nachdem man es ansieht.« Das ist Platons Lehre. –

Sie sehn deutlich, daß der innere Sinn beider Lehren ganz derselbe ist. Beide erklären die sichtbare Welt, die Welt der Erfahrung, für eine bloße Erscheinung die an sich nichtig ist, und nur durch das *in ihr sich ausdrückende* Bedeutung und geborgte Realität hat. Dieses ist also der Gegensatz jener Erscheinung: bei Kant ist es das Dingansich: bei Platon die Idee. Diesem allein sprechen beide wahrhaftes Seyn zu; sprechen ihm aber alle Formen der Erscheinung, auch die wesentlichsten und allgemeinsten gänzlich ab. Der Unterschied der Darstellung kommt daher, daß Kant dieses direkt thut, Platon indirekt. Nämlich Kant, diese Formen der bloßen Erscheinung dem Ding an sich abzusprechen, faßt sie selbst unmittelbar in abstrakte Ausdrücke, Zeit, Raum, Kausalität, und sagt: diese gehören allein der Erscheinung an; in Bezug auf das Ding ansich, haben sie gar keine Bedeutung, sind nichts. – Platon ist nicht bis zu diesem obersten Ausdruck gelangt; sondern kann nur mittelbar jene Formen von den Ideen (dem Gegensaz der Erscheinung) leugnen: nämlich er thut dies dadurch, daß er das, was allein durch jene Formen möglich ist, von den Ideen verneint, nämlich die Vielheit des Gleichartigen, das Entstehn und Vergehn, Verändern.

Damit Ihnen das ganz klar und geläufig werde, will ich es an einem *Beispiel* erläutern. Denken Sie sich es ständeein Pferd vor uns, und es würde gefragt: was ist das? Platon würde sagen: »Dieses Thier hat keine wahrhafte Existenz, sondern nur eine scheinbare, ein beständiges Werden, ein relatives Daseyn, das ebensowohl ein Nichtseyn als ein Seyn heißen kann. Wahrhaft seiend ist allein die Idee, die sich in jenem Pferd abbildet, das Pferd an sich selbst (αυτος ὁ ἱππος) welches von nichts abhängt, nicht durch ein andres geworden ist, sondern an und für sich ist (καθ' ἑαυτο, αει ὡς αυτως), nicht geworden, nicht endend, sondern immer auf gleiche Weise (αει ον, και μηδεποτε ουτε γιγνομενον, ουτε απολλυμενον). Sofern wir nun in diesem Pferd seine *Idee* erkennen, ist es ganz einerlei und ohne alle Bedeutung, ob wir jetzt *dieses* Pferd hier vor uns haben, oder seinen vor tausend Jahren lebenden Vorfahr, ferner auch ob es hier oder in einem fernen Lande ist, endlich ob es in dieser oder jener Weise, Stellung, Handlung, sich darbietet, ob es endlich dieses oder irgend ein andres Pferd ist: das alles ist nichtig und diese Unterschiede bedeuten bloß in der Erscheinung etwas: die Idee des Pferdes allein hat wahrhaftes Seyn und ist Gegenstand wirklicher Erkenntniß.« – So Platon. Jetzt lassen wir Kant antworten:

»Dieses Pferd ist eine Erscheinung in Zeit, Raum und Kausalität; welche sämmtlich die in unserm Erkenntnißvermögen liegenden Bedingungen *apriori* der möglichen Erfahrung sind, nicht Bestimmungen des Dinges an sich. Daher ist dieses Pferd, wie wir es zu dieser bestimmten Zeit, an diesem gegebenen Ort, als ein im Zusammenhang der Erfahrung, d. h. an der Kette von Ursachen und Wirkungen gewordenes und eben so nothwendig wieder vergehendes Individuum wahrnehmen, kein Ding an sich, sondern eine nur in Beziehung auf unsre Erkenntniß gültige Erscheinung. Um es nach dem, was es an sich seyn mag, folglich unabhängig von allen in der Zeit, dem Raum, und der Kausalität liegenden Bestimmungen zu erkennen, wäre eine andre Erkenntnißweise, als die uns allein mögliche, durch Sinne und Verstand, erfordert.«

Ich hoffe daß Sie die völlige Identität des Sinnes und der Ansicht, bei der großen Verschiedenheit des Ausdrucks fassen. Aber denken Sie nicht, daß man das schon eingesehn hat. Die allgemeine Meinung der Weisen des 19ten Jahrhunderts ist, daß Platon und Kant die verschiedensten Philosophen sind. Nämlich diese Weisen hielten sich, wie sie gewöhnlich thun, an die Worte: sie fanden bei Kant diese Ausdrücke: »Vorstellungen *apriori;*

Formen des Anschauens und Denkens die unabhängig von der Erfahrung in uns liegen; Urbegriffe des reinen Verstandes«; – bei Platon fanden sie die Rede von Ideen, welche Urbegriffe sind, Erinnerungen seyn sollen aus einer dem Leben einst vorhergegangenen Anschauung der wahrhaft seienden Dinge: nun fragten sie, ob diese beiden nicht etwa dasselbe wären, Platons Ideen und Kants Formen *apriori*? – Also diese zwei ganz heterogenen Lehren, die Kantische von den Formen, welche die Erkenntniß des Individuums auf die Erscheinung beschränken, und die Platonische von den Ideen, deren Erkenntnis eben jene Formen ausdrücklich verneint, – diese insofern diametral entgegengesetzten Lehren, wurden, weil sie in ihren Ausdrücken sich etwas ähneln, aufmerksam verglichen: man berathschlagte und stritt, ob sie einerlei wären oder nicht: zuletzt fand man denn doch glücklich daß sie nicht einerlei wären, und nun schloß man daß Platons Ideenlehre und Kants Vernunftkritik gar keine Übereinstimmung hätten. Eben weil man bei den Worten stehn blieb, nicht eindrang in den Sinn und Gehalt der Lehren beider großen Meister, nicht sich ihnen hingab und treu und ernst ihrem Gedankengange folgte: hätte man das gethan, hätte man jemals Kant und seit Kants Erscheinung den Plato eigentlich verstanden, so hätte man unfehlbar finden müssen wie die beiden großen Weisen übereinstimmen, wie der Geist, der Zielpunkt beider Lehren durchaus derselbe ist. Aber statt dessen griff man Kants Ausdrücke auf und warf 20 Jahre lang damit um sich, um sich ein Ansehn zu geben: und von Platos Manier machte man jämmerliche Parodien, z.E. Bruno [Gemeint ist offenbar Schellings Schrift: Bruno oder über das göttliche und natürliche Princip der Dinge, Berlin 1802]. – Statt Platon mit Kant zu vergleichen, verglich man ihn mit Leibnitz und Jacobi!! –

Obgleich, dem Dargelegten zufolge, Kant und Platon eine innere Übereinstimmung haben in der Weltansicht, die sie zum Philosophiren aufregte und leitete, auch im Ziel, das ihnen vorschwebte; so sind dennoch *Idee*, welche Plato, und *Ding an sich*, welches Kant der Erscheinung entgegensetzt, nicht schlechthin Eins und dasselbe. Die *Idee* ist schon die *Objektität* des Willens, aber die *unmittelbare* und daher adäquate Objektität: das *Ding an sich* aber ist der *Wille* selbst, sofern er noch nicht objektivirt, noch nicht Vorstellung geworden ist. Denn das Ding an sich soll, eben nach Kant selbst, von allen, dem Erkennen als solchem anhängenden Formen frei seyn. Zu diesen Formen hätte er daher zu allererst das Objekt für ein Subjekt seyn zählen müssen, da eben dieses die allgemeinste Form aller Erscheinung, d. i. Vorstellung ist: deshalb hätte er seinem Ding an sich das Objektseyn ausdrücklich absprechen sollen; dann wäre er nicht in die großen Inkonsequenzen und Fehler gerathen, die seiner Philosophie gleich anfangs sehr den Kredit schwächten. Also die Idee, ist schon Objekt. Das Ding an sich also ist nicht Objekt; hingegen die Idee ist nothwendig Objekt, ein Erkanntes, eine Vorstellung: diese Bestimmung ist die einzige wodurch sich beide unterscheiden. – Die Idee hat bloß die untergeordneten Formen der Erscheinung abgelegt, alle die welche der Satz vom Grund ausdrückt; oder richtiger: sie ist noch nicht in diese Formen eingegangen. Aber die erste und allgemeinste Form hat sie beibehalten, die der Vorstellung überhaupt, des Objektseyns für ein Subjekt. Die dieser untergeordneten Formen (Satz vom Grund) sind es, welche die Idee zu einzelnen und vergänglichen Individuen vervielfältigen, deren Zahl, in Beziehung auf die Idee, völlig gleichgültig ist. Der Satz vom Grund ist also wieder die Form, in welche die Idee eingeht, indem sie in die Erkenntniß des Subjekts als Individuums fällt. Das einzelne Ding, ist also nur eine *mittelbare* Objektivation des Dinges ansich d. h. des Willens; zwischen beiden steht noch die Idee: diese also ist allein die unmittelbare Objektität des Willens, indem sie keine andre, dem Erkennen als solchem eigene Form angenommen hat, als die der Vorstellung überhaupt, d. i. des Objektseyns für ein Subjekt. Sie allein ist die möglichst *adäquate Objektität* des Willens, oder Dings ansich, ist das ganze Ding an sich nur unter der Form der Vorstellung: daher also stimmen Platon und Kant so sehr überein, obgleich das wovon jeder redet, doch genau genommen, nicht dasselbe ist.

Die einzelnen Dinge sind aber nicht mehr die adäquate Objektität des Willens; sondern diese ist hier schon getrübt durch jene Formen, deren gemeinschaftlicher Ausdruck der Satz vom Grund ist, welche aber die Bedingungen der Erkenntniß sind, wie sie dem Individuo als solchem möglich ist. Denken wir uns einmal, daß wir *nicht* Individuen wären, d. h. daß unsre Anschauung nicht vermittelt wäre durch einen Leib, von dessen Affektionen sie ausgeht, welcher Leib selbst nur konkretes Wollen, Objektität des Willens ist, und der sich darstellt als Objekt unter Objekten und dieses nur kann unter der Form des Satzes vom Grund, wodurch er die Zeit und alle andern Formen jenes Satzes schon voraussetzt und einführt, – denken wir uns daß dies nicht wäre; so würden wir alsdann nicht mehr bloß durch das Medium von Raum, Zeit, und Veränderung erkennen, würden also nicht mehr einzelne Dinge erkennen, noch Begegenheiten, noch Wechsel, noch Vielheit; sondern wir würden nur Ideen, Stufen der Objektivation jenes einen Willens, des alleinigen Dinges ansich in reiner ungetrübter Erkenntniß auffassen: unsre Welt wäre dann ein *Nunc stans* [beständige Gegenwart (Albertus Magnus, Summa theologiae, pars prima, tractatus V, quaest. XXII)]. Dann hätten wir von der Objektivation des Willens eine ganz adäquate Erkenntnis.

CAP. 3.
Ueber das subjektive Korrelat der Idee.

Da wir nun also als Individuen keine andre Erkenntniß haben, als die dem Satz vom Grund unterworfen ist, diese Form aber die Erkenntniß der Idee ausschließt; so ist gewiß, daß wenn wir uns von der Erkenntniß einzelner Dinge zu der der Idee erheben, solches nur geschehn kann dadurch, daß *im Subjekt eine Veränderung vorgeht,* welche jenem großen Wechsel der ganzen Art des Objekts entsprechend und analog ist und vermöge welcher das Subjekt, sofern es die Idee erkennt, nicht mehr Individuum ist. Wir wollen jetzt sehn ob, und wie es dahin kommen könnte.

Erkenntniß unterworfen dem Satz vom Grunde.

Sie erinnern sich, wie die Erkenntniß selbst zur Objektivation des Willens auf seinen höheren Stufen gehört, aus dieser entsprang als ein Mittel (μηχανη) zur Erreichung seiner dort komplicirteren Zwecke: weil die Bewegung auf Reize nicht mehr zureichend war, sondern die auf Motive eintreten mußte. Wie jede andre Manifestation des Willens objektivirte sich die Erkenntniß durch körperliche Organe: Nerven, Gehirn. Also ist die Erkenntniß ihrem Ursprung und Wesen nach dem Willen durchaus dienstbar. Und wie das unmittelbare Objekt, das mittelst Anwendung des Gesetzes der Kausalität der Ausgangspunkt aller Anschauung ist, nur objektivirter Wille ist, so bleibt auch alle dem Satz vom Grund nachgehende Erkenntniß stets in näherer oder entfernterer Beziehung zum Willen. Denn das Individuum findet seinen Leib als Objekt unter Objekten, zu denen allen derselbe mannigfaltige Beziehungen und Verhältnisse gemäß dem Satz vom Grunde hat; deren Betrachtung führt also immer, auf näherem oder fernerem Wege, zu seinem Leibe, also seinem Willen zurück. Da es der Satz vom Grund ist, der die Objekte in diese Beziehung zum Leibe, also zum Willen setzt; so wird die dem Willen dienende Erkenntniß auch stets bestrebt seyn von den Objekten eben die durch den Satz vom Grund gesetzten Verhältnisse kennen zu lernen: sie wird also den mannigfaltigen Beziehungen der Objekte in Raum, Zeit und Kausalität nachgehn. Denn nur durch diese Beziehungen ist das Objekt dem Individuo *interessant,* d. h. hat eine Beziehung zu seinem Willen. Daher erkennt denn auch die dem Willen dienende Erkenntniß von den Objekten eigentlich nichts weiter als ihre *Relationen:* sie erkennt die Objekte nur sofern sie zu dieser Zeit, an diesem Ort, unter diesen Umständen, aus diesen Ursachen, mit diesen Wirkungen dasind, mit Einem Wort, als einzelne Dinge: und höbe man alle Relation auf; so wären ihr auch die Objekte verschwunden, eben weil sie übrigens nichts an ihnen erkannte. – Ja was die Wissenschaften an den Dingen betrachten, ist im Wesentlichen gleichfalls nichts andres als alles jenes, nämlich ihre Relationen, die Verhältnisse des Raums, der Zeit, die Ursachen natürlicher Veränderungen, die Vergleichung der Gestalten, Motive der Begebenheiten, also lauter Relationen. Was die Wissenschaften von der gemeinen Erkenntniß unterscheidet ist bloß ihre Form, das Systematische, die Erleichterung der Erkenntniß durch Zusammenfassung alles Einzelnen, mittelst Unterordnung der Begriffe, ins Allgemeine, und dadurch erlangte Vollständigkeit derselben. Alle Relation hat aber nur ein relatives Daseyn: z. B. alles Seyn in der Zeit ist auch wieder ein Nichtseyn: – denn die Zeit ist das wodurch dem Dinge entgegengesetzte Bestimmungen zukommen: daher ist jede Erscheinung in der Zeit auch wieder nicht: denn was ihren Anfang vom Ende trennt ist bloß Zeit ein wesentlich hinschwindendes, bestandloses und relatives, hier Dauer genannt. Die Zeit ist aber die wesentliche Form aller Objekte der im Dienste des Willens stehenden Erkenntniß: der Urtypus der andern. Also die dem Satz vom Grund nachgehnde Erkenntniß, sieht nichts als Relationen. Alle dem Willen dienende Erkenntniß geht aber dem Satz vom Grunde nach. Alle Erkenntniß aber die das Individuum als Individuum hat, steht im Dienste des Willens, da sie eben nur zur Objektivation desselben auf den höhern Stufen gehört.

Wie nun die Erkenntniß zum Dienste des Willens hervorgegangen ist, ihm gleichsam so entsprossen ist, wie der Kopf dem Rumpf, so bleibt sie ihm auch in der Regel immer unterworfen. Bei den Thieren ist diese Dienstbarkeit der Erkenntniß unter dem Willen gar nie aufzuheben. – Bei den Menschen tritt solche Aufhebung nur als Ausnahme ein; wie sogleich näher zu zeigen. Dieser Unterschied zwischen Mensch und Thier ist äußerlich ausgedrückt durch die Verschiedenheit des Verhältnisses zwischen Kopf und Rumpf. Bei den Thieren niedrer Art sind Kopf und Rumpf noch ganz zusammen verwachsen: Bei allen Thieren ist der Kopf zur Erde gerichtet, wo die Objekte des Willens liegen. Selbst bei den Thieren der höchsten Gattungen sind Kopf und Rumpf noch viel mehr Eins als beim Menschen: diesem ist das Haupt dem Leibe frei aufgesetzt, erscheint als von ihm getragen, nicht ihm dienend. Diesen menschlichen Vorzug macht im höchsten Grade der Apoll von Belvedere sichtbar. Das weit umher blickende Haupt des Musengottes steht so frei auf den Schultern, daß es dem Leibe ganz entwunden, der Sorge für ihn nicht mehr unterthan erscheint. Also von Natur und ursprünglich ist die Erkenntniß zum Dienste des Willens da und bleibt in steter Beziehung zum Willen des Individuums. Allein wenn die Erkenntniß als solche vollkommen rein und deutlich hervortreten soll, d. h. rein objektiv, dem Erkannten völlig adäquat seyn soll, d. h. eben wenn die Idee erfaßt werden soll; so muß der Wille des Individuums gänzlich beschwichtigt seyn. Denn obwohl die Erkenntniß aus dem Willen urständet, ihm entsprossen ist und in der Erscheinung dieses Willens, dem Leibe, wurzelt; so wird sie dennoch stets durch ihn verunreinigt und getrübt; gleich wie die Flamme in ihrer Klarheit verunreinigt wird durch das Holz selbst aus welchem sie Daseyn und Nahrung hat. Wenn wir das wahre Wesen irgend eines Dinges, die Idee, die in ihm sich ausspricht, auffassen sollen, so dürfen wir nicht das mindeste Interesse an dem Dinge haben, d. h. es muß in gar keiner Beziehung zu unserm Willen stehn.

Reines Subjekt des Erkennens.

Wie gesagt, es ist ein *Uebergang* möglich von der gemeinen Erkenntniß, die bloß einzelne Dinge auffaßt zur Erkenntniß der *Idee.* Aber er ist Ausnahme. Derselbe geschieht plötzlich, die Erkenntniß reißt sich vom Dienste des Willens los: eben dadurch hört das Subjekt solcher Erkenntniß, in derselben, auf, Individuum zu seyn, hört auf, dem Satz vom Grund gemäß, bloße Relationen zu erkennen, hört auf in den Dingen nur die Motive seines Willens zu erkennen, es wird nun *reines, willenloses Subjekt der Erkenntniß:* als solches faßt es das dargebotene Objekt auf in fester Kontemplation, außer seinem Zusammenhang mit irgend andern, ruht in dieser Kontemplation, geht darin auf. Dies bedarf einer ausführlichen Auseinandersetzung, die Ihnen anfangs befremdend seyn wird. Es ist die ästhetische Anschauung der Dinge.

Es kann nämlich geschehn (durch Bedingungen die im Subjekt und im Objekt liegen) daß man durch die Kraft des Geistes gehoben, die gewöhnliche Betrachtungsart der Dinge fahren läßt, aufhört nur ihren Relationen, am Leitfaden des Satzes vom Grunde, nachzugehn, welche zuletzt immer auf den eigenen Willen eine Beziehung haben. Man betrachtet alsdann nicht mehr das Wo, Wann, Warum, Wozu an den Dingen; sondern einzig und allein das *Was.* (Das ist die Idee.) Auch darf nicht das abstrakte Denken, die Begriffe der Vernunft das Bewußtseyn einnehmen. Sondern, statt alles diesen, ist die ganze Macht des Geistes auf die Anschauung gerichtet, ist ganz in diese versenkt: das ganze Bewußtseyn wird ausgefüllt durch die ruhige Kontemplation des grade gegenwärtigen natürlichen Gegenstandes, es sei eine Landschaft, Baum, Fels, Gebäude, oder was immer: es ist eine sinnvolle Teutsche Redensart, daß man sich ganz in einen Gegenstand *verliert:* d. h. eben man verliert sein eignes Individuum, seinen Willen, aus dem Gesicht: die Stimmung wird *rein objektiv:* das ganze Bewußtseyn ist nur noch der klare Spiegel des dargebotenen Objekts, ist das Medium darin dieses in die Welt als Vorstellung tritt: man weiß von *sich* nur insofern man von dem Objekt weiß: man bleibt dabei nur noch bestehn als *reines Subjekt des Erkennens:* man weiß, für den Augenblick, nur noch daß hier angeschaut wird; aber nicht mehr *wer* der Anschauende ist: das ganze Bewußtseyn ist durch ein einziges anschauliches Bild gänzlich erfüllt und eingenommen.

Wenn also in solcher Auffassung das Objekt außer aller Relation zu etwas außer ihm; das Subjekt außer aller Relation zu einem individuellen Willen getreten ist; dann ist, was so erkannt wird, nicht mehr das einzelne Ding, sondern *die Idee,* die ewige Form, die unmittelbare Objektität des Willens auf dieser Stufe: und eben dadurch ist zugleich der in solcher Anschauung Begriffene nicht mehr das Individuum (denn das hat sich eben in die Anschauung verloren): sondern er ist *reines*, willenloses, schmerzloses, zeitloses, Subjekt der Erkenntniß. – Dies eben ist die ästhetische Auffassung. In Bezug auf diese Erkenntnißweise schrieb Spinoza: *mens aeterna est, quatenus res sub aeternitatis specie concipit.* [Der Geist ist ewig, sofern er die Dinge unter dem Gesichtspunkt der Ewigkeit auffaßt. (Spinoza, Eth. V, prop. 31, schol.)] Ueberhaupt ist das was ich Ihnen darstelle als den subjektiven Theil des ästhetischen Genusses, der Zustand des reinen Erkennens, die willenlose Kontemplation, eben dasjenige was Spinoza nennt die *cognitio tertii generis, sive intuitiva* [die Erkenntnis der dritten Art, oder die intuitive]: er beschreibt solche in der Ethik B. II, *prop. 40, schol. 2;* – sodann B. *V, prop. 25* bis *38;* ganz besonders *prop. 29, schol.;* – *prop. 36; schol.; prop. 38, demonstr. et schol.* – In solcher Kontemplation also wird mit einem Schlage das einzelne Ding zur Idee seiner Gattung, und das so anschauende Individuum, zum *reinen Subjekt des Erkennens.*

[Daneben am Rand verweist Schopenhauer auf eine Notiz in seinem Handexemplar der 1. Auflage der »Welt als Wille und Vorstellung«:]

Das reine Erkennen durch welches allemal die Idee erfaßt wird, ist in Hinsicht auf das Subjekt Freyseyn vom Wollen, in Hinsicht auf das Objekt Freyseyn vom Satze des Grundes in allen seinen Gestaltungen. So lange die Erkenntniß noch am Leitfaden des Satzes vom Grunde fortschreitet ist sie keine Kontemplation und die Idee bleibt von ihr ausgeschlossen. Dies näher zu erläutern an den vier Gestalten des Satzes vom Grund:

1) Es ist keine Kontemplation möglich so lange die Objekte der Vernunft, die Begriffe, das Bewußtseyn beschäftigen, sondern da ist abstraktes Denken, stets weiter getrieben durch den Satz vom Erkenntnißgrunde der stets das *Weswegen* erneuert.

2) So lange der Verstand dem Kausalgesetze nachgeht und die Ursachen des betrachteten Objekts sucht, kontemplirt er nicht; ihm läßt das *Warum* keine Ruhe.

3) Das Subjekt des Wollens muß, wie schon ausgeführt, gänzlich gebannt seyn, also auch alle *Motivation.*

4) Das kontemplirte Objekt muß herausgerissen seyn aus dem Strome des Weltlaufs, sein Wo und sein Wann gemäß dem Grunde des Seyns muß vergessen seyn: der Kontemplirende muß seine Person vergessen haben, nicht wissen wer der Anschauende ist, also auch nicht des Zeitpunkts sich bewußt seyn, in welchem

sowohl er als das angeschaute Objekt sich gemeinschaftlich befinden: nur dadurch wird seine Anschauung befreit von der letzten und am festesten haftenden Gestaltung des Satzes vom Grunde, der Zeit.

[Eine zweite nicht durchgestrichene Notiz, die auch hierher gehören könnte, lautet:]

Das *Stillleben* feiert eigentlich das Phänomen *der Apperception*, dieses so wichtige, ja welterlösende Phänomen, und bleibt dabei stehn.

Das Individuum als solches erkennt nur einzelne Dinge; das reine Subjekt des Erkennens nur Ideen. –

Denn das Individuum ist das Subjekt des Erkennens in seiner Beziehung auf eine bestimmte einzelne Willenserscheinung, die Person, und dieser dienstbar. Diese einzelne Willenserscheinung ist als solche dem Satz vom Grunde unterworfen: alle auf die Person sich beziehende Erkenntniß folgt daher dem Satz vom Grunde: und zum Behuf des Willens taugt auch keine als eben diese, welche immer nur Relationen zum Objekt hat. Das erkennende Individuum als solches und das von ihm erkannte einzelne Ding sind immer irgendwo, irgendwann und Glieder in der Kette von Ursachen und Wirkungen. Hingegen das reine Subjekt der Erkenntniß und sein Korrelat die Idee sind aus allen jenen Formen des Satzes vom Grund herausgetreten. Die Zeit, der Ort, das Individuum das erkennt, und das Individuum das erkannt wird, haben für diese keine Bedeutung.

Allererst indem auf die beschriebene Weise ein erkennendes Individuum sich erhebt zum reinen Subjekt des Erkennens und eben damit ein betrachtetes Objekt zur Idee seiner Gattung, tritt die *Welt als Vorstellung* ganz und rein hervor, geschieht die *vollkommene Objektivation des Willens*. Denn die Idee allein ist die adäquate Objektität des Willens. Die Idee schließt Objekt und Subjekt auf gleiche Weise in sich: denn diese sind ihre alleinige Form (die untergeordneten Formen der einzelnen Dinge fallen weg): in der Idee halten Subjekt und Objekt sich völlig das Gleichgewicht: das Objekt (wie überall) ist nichts andres als die Vorstellung des Subjekts: und das Subjekt, indem es ganz aufgeht im angeschauten Gegenstande, ist dieses Objekt selbst geworden, das ganze Bewußtseyn enthält nichts weiter als dessen deutliches Bild: ist das bloße *medium* des Eintritts des Objekts in die Welt der Vorstellung. –

Denkt man sich durch ein solches kontemplatives Bewußtseyn alle Stufen der Objektität des Willens der Reihe nach hindurchgehend, so würde dies die eigentliche ganze Welt als Vorstellung seyn.

Denn die einzelnen Dinge aller Zeiten und Räume sind nur die durch den Satz vom Grund vervielfältigten und dadurch in ihrer reinen Objektität getrübten Ideen.

Solche Auffassung der Ideen der Reihe nach, ist die eigentliche Selbsterkenntniß des Willens überhaupt. Denn das solcher Kontemplation als Objekt dienende Individuum; und das ihr als Subjekt dienende; sind, abgesehn von der Welt als Vorstellung, an sich dasselbe, der Wille, dessen Objektität eben die Welt ist. Wie sie also in der ästhetischen Kontemplation Eines werden, zusammenfließend in dem Bewußtseyn der so gegenwärtigen Idee: so sind sie auch an sich Eines, der Wille. [Vgl. WI, § 34]

Indem die Idee hervortritt, sind in ihr Subjekt und Objekt nicht mehr zu unterscheiden: denn erst indem diese beiden sich gegenseitig vollkommen erfüllen und durchdringen, ist die Idee da, als die vollkommen adäquate Objektität des Willens auf dieser Stufe. Solche Idee ist ein Theil der eigentlichen Welt als Vorstellung. Wie nun Subjekt und Objekt in der Idee Eins geworden sind; so sind auch das dieser Erkenntniß als Subjekt dienende Individuum, der Anschauende, und das ihr als Objekt dienende Individuum, der angeschaute Gegenstand, an sich Eins, sind als Dinge an sich nicht unterschieden. Denn, wenn wir von jener eigentlichen *Welt als Vorstellung* gänzlich absehn, so bleibt nichts übrig denn die *Welt als Wille*. Das Ansich, welches sich in der Idee vollkommen objektivirt, ist dieser Wille: derselbe Wille aber ist auch das Ansich des einzelnen Dinges und des an ihm die Idee erkennenden Individuums. Denn außer aller Vorstellung und allen ihren Formen ist nichts da als eben der Wille und dieser ist das Ansich sowohl des kontemplirten Objekts als des betrachtenden Individuums, das an dieser Kontemplation sich emporschwingend sich seiner nur noch bewußt ist als des reinen Subjekts des Erkennens. Dieser Wille also ist es, der sich hier selbst erkennt: und dazu bedarf er des Objekts und des Subjekts, und diese beiden sind nur in Beziehung auf einander da. Ich, der Betrachtende, bin ohne das Objekt, die Vorstellung, auch nicht Subjekt, sondern bloßer Wille, blinder Drang: eben so ist das erkannte Ding, ohne mich als Subjekt, auch nicht Objekt, sondern bloßer Wille, blinder Drang: Dieser Wille ist aber in beiden derselbe, nur in der Welt als Vorstellung ist, vermöge ihrer Form, die Verschiedenheit der Individuen, von denen Eines hier als Subjekt erkennt und das andre als Objekt erkannt wird. Heben wir das Erkennen auf, d. h. heben wir die Welt als Vorstellung auf; so bleibt überhaupt nichts übrig als bloßer Wille, blinder Drang. Soll dieser Wille sich erkennen, d. h. Objektität erhalten; so setzt dieses mit Einem Schlage sowohl Objekt als Subjekt. Soll aber diese Objektität eine ganz reine, vollkommne, dem eigentlichen Wesen des Willens adäquate, dieses ganze Wesen als Vorstellung wiedergebende seyn; so setzt dieser Grad von Objektivation mit Einem Schlage das Objekt als Idee, frei von allen Formen des Satzes vom Grund, und das Subjekt als reines Subjekt der Erkenntniß, frei von Individualität und Dienstbarkeit dem Willen.

CAP. 4.
Unterschied der Idee von ihrer Erscheinung.

Um eine tiefere Einsicht in das Wesen der Welt zu erhalten, ist unumgänglich nöthig, daß man unterscheiden lerne den Willen als Ding an sich, von den Ideen, d. i. den bestimmten Abstufungen seiner adäquaten Objektität; sodann auch wieder die Ideen von ihren bloßen Erscheinungen, deren Form der Satz vom Grund ist, die befangene Erkenntnißweise der Individuen. Nur die Ideen sind adäquate Objektität des Willens; daher haben nur sie eigentliche Realität. Nur wenn Sie dahin kommen, werden Sie einsehn lernen worin eigentlich das Wesentliche liegt, im Mannigfaltigen der Erscheinungen aller Art die sich Ihnen aufdrängen: nur so werden Sie nicht wie der thörigte Haufe an der Erscheinung hängen und diese für das Wesentliche halten. So endlich werden Sie einsehn was Platon meinte, da er nur den Ideen eigentliches Seyn beilegte, hingegen den Dingen in Raum und Zeit, dieser für das Individuum realen Welt, nur eine scheinbare, traumartige Existenz zuerkannte. Sie müssen eine lebendige Erkenntniß davon erhalten, wie in unzähligen Erscheinungen das Wesentliche, das darin sich Offenbarende, nur *eine Idee* ist, die sich den erkennenden Individuen stückweise, eine Seite nach der andern, darbietet; aber das Ganze derselben muß gefaßt werden, wenn man das Wesen der Dinge erkennen will. Ich will suchen den Unterschied zwischen der Idee und ihrer Erscheinung, ja auch zwischen der Idee und der Art und Weise wie diese ihre Erscheinung in die Beobachtung des Individuums fällt durch Beispiele deutlich zu machen, die dem freilich seltsam erscheinen müssen, der nicht das faßt, worauf sie deuten. – [Dazu mit Bleistift: *NB*. dies alles sehr *ad libitum* und abgekürzt vorzutragen.]

Wann die Wolken ziehn, sind die Figuren, welche sie bilden,

ihnen nicht wesentlich, sind für sie gleichgültig: aber daß sie als elastischer Dunst vom Stoße des Windes zusammengepreßt, weggetrieben, ausgedehnt, zerrissen werden; das ist ihre Natur, ist das Wesen der Kräfte, die sich in ihnen objektiviren, ist die Idee. Die jedesmaligen Figuren sind allein für den individuellen Beobachter da. – Wenn ein Bach über Steine abwärts rollt; so sind für sein Wesen die Wellen, Strudel, Schaumgebilde, die er sehn läßt, gleichgültig und unwesentlich: aber daß er der Schwere folgt, sich als unelastische, gänzlich verschiebbare, formlose Flüssigkeit verhält; das ist sein Wesen, das ist, *wenn anschaulich erkannt,* die *Idee:* nur für uns, so lange wir als Individuen erkennen, sind jene Gebilde. – Das Eis schießt an der Fensterscheibe an, nach den Gesetzen der Krystallisation, die das Wesen der hier hervortretenden Naturkraft offenbaren, die Idee darstellen: aber die Bäume und Blumen die das Eis dabei zum Vorschein bringt, sind unwesentlich und nur für die Erkenntniß des Individuums da. – Von jeder Baumspecies sehn Sie vielerlei Gestalten, jedes Individuum ist anders gewachsen: aber diese Gestalt ist unwesentlich: nur der Gattungskarakter ist wesentlich und spricht die Idee aus. – Eben so jedes Pferd sieht anders aus; aber diese Verschiedenheit trifft nur die Erscheinung, nicht die Idee.

Was in Wolken, Bach und Krystall erscheint ist der schwächste Nachhall jenes Willens der vollendeter in der Pflanze, noch vollendeter im Thier, am vollendetsten im Menschen hervortritt.

Ansicht des Weltlaufs.

Aber nur das *Wesentliche* aller jener Stufen seiner Objektivation macht die *Idee* aus. Hingegen die Entfaltung dieser, indem sie in den Gestaltungen des Satzes vom Grund auseinandergezogen wird zu mannigfaltigen und vielseitigen Erscheinungen: dies ist der Idee unwesentlich und liegt bloß in der Erkenntnißweise des Individuums, hat auch nur für dieses Realität. Dasselbe gilt nun nothwendig auch von der Idee, welche die vollendeste Objektität des Willens ist. Folglich ist die Geschichte des Menschengeschlechts, das Gedränge der Begebenheiten, der Wechsel der

Zeiten, die vielgestalteten Formen des menschlichen Lebens in verschiedenen Ländern und Jahrhunderten, – dies alles ist nur die zufällige Form der Erscheinung der Idee, gehört nicht dieser selbst, in der allein die adäquate Objektität des Willens liegt, sondern nur der Erscheinung an, die in die Erkenntniß des Individuums fällt, und ist der Idee selbst so fremd, unwesentlich und gleichgültig, wie den Wolken die Figuren, die sie bilden, dem Bache die Gestalt seiner Strudel und Schaumgebilde, dem Eise seine Bäume und Blumen. Wer dieses wohl gefaßt hat und die Idee von ihrer Erscheinung zu unterscheiden weiß, dem werden die Weltbegebenheiten nur noch Bedeutung haben, sofern sie die Buchstaben sind, aus denen die Idee des Menschen sich lesen läßt. So wird er die Geschichte und den Weltlauf ansehn. Dann wird er nicht mehr, mit den Leuten, glauben, daß die Zeit etwas wirklich Neues und Bedeutsames hervorbringe, daß durch die Zeit oder in ihr etwas schlechthin Reales zum Daseyn gelange, oder gar daß die Zeit und ihr Inhalt, die Weltgeschichte, als ein Ganzes Anfang und Ende, Plan und Entwickelung habe, und etwa zum letzten Ziel die höchste Vervollkommnung des Menschengeschlechts, deren dann nur die letzte Generation theilhaft würde, welche dreißig Jahre lebt, und zu der alle früheren nur das Mittel gewesen. Wer [Von »Wer« bis »kindisch erscheinen« Korrektur für die mit Bleistift ausgestrichene frühere Lesart: Wer die Idee von der Erscheinung sondern kann, wird einsehn, daß es eben so kindisch ist, nach Weise des Homer, zur Lenkung jener Zeitbegebenheiten, jener Schattenbilder der Idee des Menschen, einen ganzen Olymp voll Götter zu bestellen, als mit Ossian, die Figuren der Wolken für individuelle Wesen zu halten: denn beides hat, in Bezug auf die darin erscheinende Idee, gleich viel Bedeutung.] das Wesentliche der Erscheinung, das in ihr sich manifestirende zu unterscheiden weiß von der zufälligen Form in der es sich manifestirt, dem werden die Mythen von Göttern und Dämonen die sich die Lenkung der Begebenheiten im Menschengeschlecht zur Sorge machten, sehr klein und kindisch erscheinen. In den mannigfaltigen Gestalten des Menschenlebens in verschiedenen Zeiten und Ländern, im unaufhörlichen Wechsel der Begebenheiten ist das Bleibende und Wesentliche und der unmittelbare Abdruck der eigentlichen Realität nur die Idee, die

Idee des Menschen in welcher der Wille zum Leben seine vollkommenste Objektität erreicht: diese Idee des Menschen zeigt nun ihre verschiedenen Seiten in den Eigenschaften des Menschengeschlechts, in seinen Vorzügen und Fehlern, in Leidenschaften, Irrthümern, in Eigennutz, Haß, Liebe, Furcht, Kühnheit, Leichtsinn, Stumpfheit, Schlauheit, Witz, Genie u. s. w.; diese Eigenschaften eben laufen in der Zeit zusammen, gerinnen zu tausendfältigen Gestalten, d. i. Individuen, deren Thun nun fortwährend die große und kleine Weltgeschichte aufführt; es ist dabei gleichviel, ob das, was die Individuen in Bewegung setzt, Nüsse oder Kronen sind. Ja, wer das Wesen an sich und die Idee zu trennen weiß von der Erscheinung, wird finden, daß es in der Welt ist, wie in den Dramen des Gozzi. *(Illustr.)* In diesen Dramen treten immer dieselben Personen auf, haben immer dieselbe Absicht und dasselbe Schicksal. Die Motive und Begebenheiten sind freilich in jedem Stücke andre, aber der Geist der Begebenheiten ist derselbe. Die Personen des einen Stücks wissen auch nichts von den Vorgängen im andern, in welchem doch sie selbst agirten. Daher ist, nach allen Erfahrungen der früheren Stücke, doch Pantalone nicht behender oder freigebiger, Tartaglia nicht gewissenhafter, Brighella nicht beherzter und Kolombine nicht sittsamer geworden.

Wenn man dem Spiel des Zufalls nachdenkt, überlegt wie er mit dem Wichtigsten und Vortrefflichsten das die Erde aufzeigen kann, eben so leichtsinnig und unbarmherzig spielt wie mit dem Schlechtsten und Unbedeutendesten; wenn man es berechnet, wie oft die vortrefflichsten Individuen, Welterleuchter und Helden vor der Zeit ihrer Wirksamkeit durch das blinde Ungefähr zerstört seyn mögen, wie wohl große Begebenheiten, welche die Weltgeschichte geändert und Perioden der größten Kultur, blühende Zeitalter, schöne Entfaltungen des Menschengeschlechts wie zu Athen, wie das Alles oft durch unbedeutende Zufälle, durch das blindeste Ungefähr das ein Kind vertilgte, gehemmt und aufgehoben seyn mag: wenn man endlich sich vor Augen bringt und deutlich macht, wie große und seltne Individuen dagewesen seyn mögen, mit herrlichen Kräften ausgestattet, welche ganze Weltalter befruchtet haben würden, welche Individuen aber in eine Zeit oder ein Land fielen, wo sie nicht gedeihen konnten, oder auch wohl selbst durch irgend eine Nothwendigkeit gezwungen oder durch Irrthum und Leidenschaft verleitet, nicht zur Ausbildung und Wirksamkeit kamen, sondern ihre Kräfte entweder an unfruchtbaren und unwürdigen Gegenständen nutzlos verschwendeten, oder gar, im Dienste einer Leidenschaft, sie spielend vergeudeten; – so ist dies ein Gedanke, welchem nachhängend man schaudern könnte oder ausbrechen in eine Wehklage über die verlornen Schätze ganzer Weltalter: immer aber nur so lange man auf einem niedern Standpunkte steht und an der Erscheinung klebt: Hat man aber im Gegensatz derselben die Idee gefaßt, welche allein die wahre Realität ausdrückt; so sieht man ein, daß in der Welt der Erscheinung so wenig wahrer Verlust, als wahrer Gewinn möglich ist. Man sieht ein, daß die Quelle, aus der für die Erscheinung, die Individuen und ihre Kräfte fließen, unerschöpflich ist und unendlich wie Zeit und Raum: denn wie diese nur die Form der Erscheinung sind, so sind alle Individuen auch nur Erscheinung, Sichtbarkeit des Willens. Jene unendliche Quelle kann kein endliches Maaß erschöpfen: daher steht jeder Begebenheit, jedem Werk, das im Keim erstickt wurde, noch immer zur Wiederkehr die unverminderte Unendlichkeit offen. Der Wille allein ist, er, das Ding an sich, er die Quelle aller jener Erscheinungen. Seine Selbsterkenntniß und darauf sich entscheidende Bejahung oder Verneinung ist die einzige Begebenheit.

CAP. 5.
Gegensatz zwischen Wissenschaft und Kunst.

(Wissenschaft und Kunst.)

Kunst und Wissenschaft haben, wenn man auf das letzte geht, denselben Stoff, nämlich eben die Welt wie sie vor uns liegt, oder vielmehr irgend einen ausgesonderten Theil derselben: das Ganze der Welt betrachtet bloß die Philosophie. – Aber die große Verschiedenheit zwischen Wissenschaft und Kunst liegt in der Art und Weise wie sie die Welt betrachten und den Stoff verarbeiten. Mit einem Wort läßt der Gegensatz sich so bezeichnen: die Wissenschaft betrachtet die Erscheinungen der Welt am Leitfaden des Satzes vom Grund: die Kunst mit gänzlicher Beiseitesetzung des Satzes vom Grund, unabhängig von ihm, wo dann die Idee hervortritt. Aber dies bedarf der Erläuterung.

Ich sprach soeben vom Weltlauf und seinem Verhältniß zur Idee der Menschheit, zu deren Erkenntniß er gleichsam nur die Buchstaben giebt, aus denen das Wort, die Idee, sich lesen läßt. Die Idee ist der Gegenstand der Kunst, als Poesie, als Malerei. Aber eben dieser Weltlauf ist Gegenstand der Wissenschaft, nämlich der Geschichte. – Dem Faden der Begebenheiten geht die Geschichte nach: sie ist pragmatisch sofern sie solche nach dem Gesetz der Motivation ableitet; welches Gesetz die Erscheinungen des Willens da bestimmt, wo der Wille von der Erkenntniß beleuchtet ist. – Auf den niedrigeren Stufen seiner Objektität, wo er ohne Erkenntniß wirkt, betrachtet die Geseze der Veränderungen seiner Erscheinungen die Naturwissenschaft als Aetiologie: das Bleibende an ihnen als Morphologie, welche ihr fast unendliches Thema sich durch Hülfe der Begriffe erleichtert, das Allgemeine zusammenfassend, um das Besondre daraus abzuleiten. Endlich die bloßen Formen, in welchen für die Erkenntniß des Subjekts als Individuums, die Ideen zur Vielheit auseinander gezogen erscheinen, also Zeit und Raum betrachtet die Mathematik.

Diese alle, deren gemeinsamer Name *Wissenschaft* ist, gehn also dem Satz vom Grund nach, in seinen verschiedenen Gestalten, sie suchen alles als Folge eines Grundes faßlich zu machen, für alles ein Warum zu geben, eine Rechenschaft, aber ihr Thema bleibt die Erscheinung, deren Gesetze, Zusammenhang und daraus entstehende Verhältnisse.

Nun fassen Sie den Gegensaz der *Kunst* gegen die Wissenschaft. Das außer und unabhängig von aller Relation bestehende, allein eigentlich Wesentliche der Welt, der wahre Gehalt aller Erscheinungen, das keinem Wechsel Unterworfne und daher für alle Zeit mit gleicher Wahrheit Erkannte, mit einem Wort, die *Ideen*, die unmittelbare und adäquate Objektität des Dinges an sich: das ist der Inhalt, der Gegenstand der *Kunst*.

Sie wiederholt in ihren Werken, die durch reine Kontemplation aufgefaßten ewigen Ideen, das Wesentliche und Bleibende aller Erscheinungen der Welt: je nachdem nun der Stoff ist, in dem sie wiederholt, ist sie bildende Kunst, Poesie oder Musik. Ihr einziger Ursprung ist Erkenntniß der Idee: ihr einziger Zweck, Mittheilung dieser Erkenntniß. – Die Wissenschaft geht dem endlosen und rastlosen Strom vierfach gestalteter Gründe und Folgen nach: bei jedem erreichten Ziel wird sie immer wieder weiter gewiesen *(illustr.):* und ein letztes Ziel, eine völlige Befriedigung kann sie nie finden; so wenig als man durch Laufen den Punkt erreichen kann, wo die Wolken den Horizont berühren: dagegen die Kunst ist überall am Ziel. Denn sie reißt das Objekt ihrer Kontemplation heraus aus dem Strom des Weltlaufs und hat es isolirt vor sich: und dieses Einzelne, was in jenem Strom ein verschwindend kleiner Theil war, wird ihr ein Repräsentant des Ganzen, ein Aequivalent des in Raum und Zeit unendlich Vielen: sie bleibt daher bei diesem Einzelnen stehn: das Rad der Zeit hält sie an: die Relationen verschwinden ihr; nur das Wesentliche, die Idee, ist ihr Objekt.

Wir können die Kunst gradezu bezeichnen als die Betrachtungsart der Dinge unabhängig vom Satze des Grundes: im Gegensatz der grade diesem nachgehenden Betrachtung welche der

Weg der Erfahrung und Wissenschaft ist. Diese letztre Art der Betrachtung ist einer unendlichen horizontal laufenden Linie zu vergleichen: die erstre aber der sie in jedem beliebigen Punkt schneidenden senkrechten. Die dem Satz vom Grund nachgehende Betrachtungsart, ist die *vernünftige,* welche im praktischen Leben und in der Wissenschaft allein gilt und hilft: die vom Inhalt jenes Satzes absehende ist die *geniale,* welche in der Kunst allein gilt und hilft. Man kann beide Betrachtungsarten auch noch so karakterisiren: die erstere ist die Betrachtungsart des Aristoteles, die zweite im Ganzen die des Platon. Die erstere gleicht dem gewaltigen Sturm, der ohne Anfang und Ziel dahin fährt, alles beugt, bewegt, mit sich fortreißt; die zweite dem ruhigen Sonnenstrahl, der den Weg dieses Sturms durchschneidet, von ihm ganz unbewegt. – Die erstre gleicht den unzähligen, gewaltsam bewegten Tropfen des Wasserfalls, die stets wechselnd, keinen Augenblick rasten: die zweite dem auf diesem Gewühl stille ruhenden Regenbogen.

CAP. 6.
Vom Genie.

Nur durch die oben beschriebene, im Objekt ganz aufgehende reine Kontemplation, wird die Idee aufgefaßt. Die überwiegende Fähigkeit zu dieser ist das *Genie,* von dem allein ächte Kunstwerke ausgehn können. Jene Kontemplation verlangt reine objektive Stimmung, d. h. völliges Vergessen der eignen Person und ihrer Beziehungen: daher ist *Genialität* nichts andres als vollkommne *Objektivität,* d. h. objektive Richtung des Geistes; im Gegensatz der subjektiven, auf die eigene Person, d. i. den Willen gehende.

Demnach besteht *Genialität* in der Fähigkeit sich rein anschauend zu verhalten, sich in die Anschauung zu verlieren, und die Erkenntniß, welche ursprünglich nur zum Dienste des Willens da ist, diesem Dienste zu entziehn, d. h. sein Interesse, sein Wollen, seine Zwecke, ganz aus den Augen zu lassen, sonach seiner Persönlichkeit sich auf eine Zeit völlig zu entäußern, um nur noch übrig zu bleiben als *rein erkennendes Subjekt,* klares Weltauge: und zwar dieses alles nicht auf Augenblicke; sondern so anhaltend und mit so vieler Besonnenheit, als nöthig ist, um das Aufgefaßte durch überlegte Kunst zu wiederholen, und (wie Göthe sagt [Faust I, Verse 348–349]) »was in schwankender Erscheinung schwebt zu befestigen in dauernden Gedanken«: das ist die Besonnenheit des Genies, welche Jean Paul mit Recht als einen Hauptpunkt angiebt.

Um uns die Möglichkeit des Genies faßlich zu machen und eben durch das Begreifen seiner Möglichkeit auch sein Wesen besser zu verstehn, müssen wir es uns folgendermaßen denken: Damit in einem Individuo das *Genie* hervortrete, muß diesem ein Maaß der Erkenntnißkräfte zugefallen seyn, welches das zum Dienste eines individuellen Willens erforderliche Maaß weit übersteigt: dieser Ueberschuß der Erkenntniß wird nun frei (frei vom Dienste des Willens), bleibt daher übrig als reines Subjekt der Erkenntniß, als heller Spiegel des Wesens der Welt. Diese Ansicht erklärt zugleich vollkommen alle die Eigenheiten und Karakter-Fehler welche man stets an der Individualität genialer Menschen wahrgenommen hat. Z. B. man findet an genialen Individuen häufig eine Ueberspanntheit jeder Stimmung, welcher Art sie auch sei, Heftigkeit aller Affekten, schnellen Wechsel der Laune, vorherrschende Melancholie, welches Alles bis zum Anstrich des Wahnsinns gehn kann: wir besitzen von diesen Fehlern und daraus hervorgehenden Leiden der genialen Individualität eine unvergleichliche Schilderung im Tasso von Göthe. – Aus unsrer Ansicht des Wesens des Genies ist dies leicht erklärlich: nämlich wenn das Genie in seiner genialen Thätigkeit ist, operirt eben jener Überschuß seiner Erkenntnißkraft, dieser ist auf das Wesen der Welt gerichtet, und die eigne Person ist vergessen. Dies ist die Zeit der Konception der Kunstwerke, die Zeit der Begeisterung. Die Erkenntniß, in ihrer ganzen Energie hat die rein objektive Richtung genommen und das Objekt wird seinem innersten Wesen nach klar aufgefaßt. Zu andern Zeiten aber, wo das geniale Individuum mit seiner eignen Person, deren Zwekken und Schicksal beschäftigt ist, da nimmt nun auch dieser ganze Überschuß der Erkenntniß die subjektive Richtung, und muß nun zum Dienste des individuellen Willens dessen Zwecke und Schicksale beleuchten: da zeigt nun das übermäßig energische Erkenntnißvermögen dem genialen Individuum Alles übertrieben lebhaft, mit zu grellen Farben, und ins Ungeheure vergrößert, und läßt ihn daher überall Extreme sehn: dadurch wird denn eben durch diese übertriebnen Vorstellungen der Wille übermäßig bewegt, jede Stimmung wird überspannt, jede Willensbewegung wird zum Affekt: da nun aber des Widrigen und Ungelegnen im Leben mehr ist, als des Günstigen und Erwünschten, so wird Melancholie vorherrschend: eine lebhafte Vorstellung wird aber bald die andre verdrängen, daher die Laune sehr schnell wechseln, von einem Extrem zum andern überspringen: alles wie es im Tasso vortrefflich dargestellt ist.

Unsre Ansicht vom Wesen des Genies erklärt auch die große Lebhaftigkeit genialer Individuen, die bis zur Unruhe geht: alles affizirt sie stark weil es in lebhaften Bildern erscheint: die *Gegenwart* genügt ihnen selten, weil sie meistens ihr Bewußtseyn nicht ausfüllt, indem sie zu unbedeutsam ist: daher jene rastlose Strebsamkeit, jenes unaufhörliche Suchen neuer und der Betrachtung würdiger Objekte: dazu kommt noch jenes fast nie befriedigte Verlangen nach Wesen die ihres Gleichen, die ihnen gewachsen wären: ganz anders sehn wir dagegen den gewöhnlichen Erdensohn durch die gewöhnliche Gegenwart ganz ausgefüllt und befriedigt: er geht in ihr auf, findet auch überall seines Gleichen, fühlt sich im Leben recht zu Hause, und hat jene besondre Behaglichkeit am Alltagsleben die dem Genialen versagt ist. Es ist ein großer Abstand zwischen der eigentlichen Vernünftigkeit, ruhigen Fassung, abgeschlossenen Übersicht, völligen Sicherheit und Gleichmäßigkeit des Betragens wie sie ein gewöhnlicher vernünftiger Mann zeigt, und der bald träumerischen Versunkenheit, bald unruhigen Bewegung des genialen Menschen. Aber man könnte sagen, daß jene Ruhe und Sicherheit des gewöhnlichen Menschen, der Sicherheit zu vergleichen ist mit welcher ein Nachtwandler mit geschlossenen Augen gefährliche Wege geht. Der Mensch ohne Genie, erkennt (wie ich bald ausführlicher zeigen werde) bloß die Relationen der Dinge, in diesen gewinnt er einen vollständigen Ueberblick einer geschlossenen Totalität: dagegen nimmt er das in den Erscheinungen sich eigentlich aussprechende Wesen, die Ideen der Erscheinungen gar nicht wahr: diese letztern aber sind es eben die dem Genialen sich beständig aufdringen und die Erkenntniß der Relationen bald verdrängen, bald verwirren.

Man hat als einen wesentlichen Bestandteil der Genialität die *Phantasie* erkannt, mit Recht: aber man hat auch bisweilen gemeint, Phantasie und Genie wären Eins; was sehr irrig ist. – Daß das Genie Stärke der Phantasie zum Bestandtheil hat beruht auf folgendem. Die Objekte des Genies als solchen, d. h. die Objekte der genialen Auffassung sind die Ideen, die ewigen, unveränderlichen, wesentlichen Formen der Objektivation des Willens, d. h. der Welt und aller ihrer Erscheinungen: nun ist aber die Auffassung der Ideen eine *anschauliche* Erkenntniß, keine abstrakte. Daher würde die Auffassung des Genies beschränkt seyn auf die Ideen der seiner Person im Weltlauf wirklich vorkommenden Objekte, und würde daher abhängig seyn von der Verkettung der Umstände die ihm jene Objekte zuführten; – wenn nicht die Phantasie seinen Horizont viel weiter machte, ihn ausdehnte weit über das was in der Wirklichkeit und seiner persönlichen Erfahrung ihm vorkommt: also die Phantasie setzt das Genie in den Stand, aus dem Wenigen, was in seine wirkliche Apperception gekommen ist, auch alles übrige zu konstruiren und so fast alle möglichen Lebensbilder an sich vorübergehn zu lassen. So erweitert folglich die Phantasie den Gesichtskreis des Genies der Quantität nach. Nun aber auch der Qualität nach. Nämlich die wirklichen Objekte sind fast immer nur sehr mangelhafte Exemplare der in ihnen sich darstellenden Idee: darum bedarf das Genie der Phantasie auch, um in den Dingen nicht das zu sehn, was die Natur wirklich gebildet hat, sondern was sie zu bilden sich bemühte, aber nicht zu Stande brachte, wegen des in der Metaphysik dargestellten Kampfes ihrer Formen unter einander. Ich werde dies bei Betrachtung der Bildhauerei näher erläutern. Also die *Phantasie* dient dem Genie, um seinen Gesichtskreis zu erweitern über die seiner Person sich in der Wirklichkeit darbietenden Objekte hinaus; sowohl der Qualität als der Quantität nach. Dieserwegen ist ungewöhnliche Stärke der Phantasie Begleiterin, und sogar Bedingung des Genies.

[Daneben am Rand verweist Schopenhauer auf eine Notiz in seinem Handexemplar der 1. Auflage der »Welt als Wille und Vorstellung«:]

Selbst zum Verständniß der Philosophie ist Phantasie erforderlich. Nur wer mit ihr begabt ist, kann die längst vergangenen Scenen seines eignen Lebens so klar und deutlich anschauen als die Gegenwart und erkennen wie das alles bloß abgestreifte Hüllen, leeres Bilderwerk ist und andrer Art ist auch die Gegenwart nicht und so das ganze Leben. Die ganze Welt, soweit sie Vorstellung, Objekt ist, ist bloßes Zeichen, Bild, Hülle. Was diesen Bildern die Kraft giebt uns zu Freude und Leid so lebhaft zu bewegen, ist das was alle jene Hüllen ausfüllt, der Wille, das allein Reale. Der lebhafte Kampf dieser Bilder gegeneinander, in welchem Jedes das Leiden dem Andern zuschieben, die Freuden selbst behalten möchte, erscheint als nichtig und thörigt, wenn man alle Bilder so im Ganzen und von Ferne überblickt und erkennt, daß das Reale, der Wille an ihrer Verschiedenheit nicht Theil hat, sondern in Allen derselbe ist und in *einer* Erscheinung sogut als in der andern Freude und Leid immer nur ihn trifft, während er, bethört, in jeder Erscheinung sich allein und gesondert erkennt.

Aber nicht umgekehrt zeugt Stärke der Phantasie allemal von Genie. Vielmehr können sehr ungeniale Menschen sehr viel Phantasie haben. Denn es verhält sich mit der Anschauung in der Phantasie, wie mit der Anschauung in der Wirklichkeit. Man kann ein wirkliches Objekt auf zweierlei entgegengesetzte Weisen betrachten; entweder rein objektiv, genial, die Idee desselben erfassend, oder gemein, bloß in seinen Relationen, die der Satz vom Grunde herbeiführt, Relationen zu andern Objekten, oder gar direkt zum eignen Willen des Betrachters. Eben so nun kann man auch ein Bild der Phantasie auf beide entgegengesetzte Weisen anschauen: also entweder so daß man es braucht um eine Idee daraus zu erkennen deren Mittheilung nachher das Kunstwerk ist; oder aber auch auf die andre gemeine Weise, wie ein einzelnes Ding dessen Relationen zu andern Dingen man betrachtet: dann wird das Phantasma verwendet um Luftschlösser damit zu erbauen, die der Selbstsucht und eignen Laune zusagen, momentan täuschen und ergötzen; von den so verknüpften Phantasmen werden eigentlich immer bloß die Relationen erkannt: der dies Spiel treibt ist ein Phantast: er wird leicht die Bilder, mit denen er sich einsam ergötzt nachher auch in die Wirklichkeit mischen und eben dadurch selbst für die Wirklichkeit untauglich werden. Auch wird er vielleicht die Gaukeleien seiner Phantasie niederschreiben, wodurch dann die gewöhnlichen Romane aller Gattungen zu Stande kommen, die seines Gleichen und das große Publikum ergötzen: die Leser träumen sich an die Stelle des Helden und finden dann die Darstellung sehr »gemüthlich«. Soweit von der Phantasie. Ich kehre zurück zur Auseinandersetzung des Wesens des Genies und seines Unterschiedes vom gewöhnlichen Menschen.

Ich sagte: das Wesen des Genies ist die Fähigkeit in den wirklichen Dingen die Ideen derselben aufzufassen, und da dieses nur geschehn kann in einer rein objektiven Kontemplation, in der alle Relationen verschwinden und besonders die Beziehungen der Dinge zum eignen Willen aus dem Bewußtseyn treten, so ist das Genie auch auszudrücken als die vollkommenste *Objektivität* des Geistes, d. h. die Fähigkeit sich rein anschauend zu verhalten, sich in die Anschauung zu verlieren, die Erkenntniß dem Dienste des Willens zu entziehn, d. h. sein Interesse, sein Wollen, seine Zwecke ganz aus dem Auge zu lassen, sich seiner Persönlichkeit zu entäußern und übrig zu bleiben als *rein erkennendes Subjekt,* klares Weltauge. Die Fähigkeit hiezu eben unterscheidet das Genie vom gewöhnlichen Menschen. – Dieser nämlich ist der eigentlichen Beschaulichkeit, d. h. einer in jedem Sinn völlig uninteressirten Betrachtung nicht fähig, wenigstens nicht anhaltend, nicht für eine Dauer. Er kann seine Aufmerksamkeit auf die Dinge nur richten, sofern sie irgend eine Beziehung auf seinen Willen haben, die freilich eine sehr mittelbare seyn kann, aber sie muß daseyn. Zum Behuf des Willens bedarf es nun immer bloß der Erkenntniß der Relationen, und zu dieser ist der abstrakte Begriff des Dinges hinlänglich und selbst meist tauglicher als die Anschauung. Darum nun weilt der gewöhnliche Mensch nicht lange bei der bloßen Anschauung, heftet daher seinen Blick nicht lange auf einen Gegenstand; sondern bei allem was sich ihm darbietet, sucht er nur schnell den Begriff unter den es zu bringen ist, wie der Träge einen Stuhl sucht, und dann ist er fertig, es interessirt ihn weiter nicht. Daher eben wird er so schnell mit Allem fertig, mit Kunstwerken, mit schönen Naturgegenständen und dem eigentlich überall bedeutsamen Anblick des Lebens in allen seinen Scenen. Er aber weilt nicht: er sucht bloß seinen Weg im Leben, allenfalls auch alles, was irgend einmal sein Weg werden könnte, also topographische Notizen im weitesten Sinne: mit der Betrachtung des Lebens selbst als solchen verliert er keine Zeit. Der Geniale dagegen, dem ein Maaß der Erkenntnißkraft geworden ist, welches das zum Dienste eines indivduellen Willens nöthige weit übersteigt, welcher frei gewordne Ueberschuß sich daher dem Dienste seines Willens auf eine Zeit entzieht, der verweilt deshalb bei der Betrachtung des Lebens selbst, bei jedem Dinge das ihm vorkommt strebt er die Idee desselben zu erfassen, nicht die Relationen desselben zu andern Dingen: weil er aber die Relationen vernachlässigt, vernachlässigt er eben dadurch häufig die Betrachtung seines eignen Weges im Leben, und geht daher solchen meistens ungeschickt genug. Dem gewöhnlichen Menschen ist sein Erkenntnißvermögen die Laterne, die seinen Weg erleuchtet; dem Genialen ist es die Sonne, welche die Welt offenbar macht. Diese so verschiedene Weise in das Leben hinein zu sehn, wird bald sogar im Aeußern beider sichtbar. Der Blick des Menschen in welchem das Genie lebt und wirkt, zeichnet ihn leicht aus, indem er, lebhaft und fest zugleich, den Karakter der Beschaulichkeit, der Kontemplation trägt: wir sehn dies an den Bildnissen der wenigen Genialen Köpfe, welche die Natur unter den zahllosen Millionen Menschen dann und wann als die seltenste Ausnahme hervorgebracht hat: dagegen gehalten zeigt sich der Blick der Andern entweder stumpf oder nüchtern, oder auch in ihm ist der wahre Gegensatz der Kontemplation sichtbar, das Spähen. Zur nähern Kenntnis des Wesens des Genies kann noch folgendes dienen. Das *Genie* und der gewöhnliche Mensch empfangen die Eindrücke derselben Außenwelt, sehn die nämlichen Objekte, haben dieselben Bilder: und dennoch ist die Anschauung jedes gegenwärtigen Objekts eine ganz andre im Kopf des *Genies* als in dem des gewöhnlichen Menschen. Bei diesem ist die Anschauung minder *willensrein*, willenlos, als beim Genie. Im Genie ist Wille und Vorstellung besser auseinandergetreten: daher sind bei ihm die Vorstellungen reiner, freier von aller Beziehung auf den Willen, d. h. sie sind unvermischter mit dem andern Element, dem Willen, sie sind in vollkommnerem Grade Vorstellungen. Schon früher sagte ich: die Erkenntniß ist zwar, wie wir wissen, entsprossen aus dem Willen, der das Radikale, aber sie wird durch ihn stets verunreinigt, wie die Flamme durch das Holz, den Docht, aus dem sie entspringt: diesem Gleichniß nach, gliche die Erkenntniß des gewöhnlichen Menschen der Flamme eines Körpers der nicht durch und durch brennbar ist, sondern unverbrennliche Theile enthält, wie Holz oder ölgetränkter Docht; hingegen die Erkenntniß des Genies der Flamme des durch und durch verbrennlichen Körpers, wie Alkohol, Spiritus, Kampfer, Phosphor. Je trüber die Erkenntniß ist, desto unmittelbarer ist ihre Beziehung zum Willen, und umgekehrt: desto mehr ist man sich der Objekte bloß bewußt als Motive für den Willen. Die Thiere sind sich der Vorstellungen durchaus nur bewußt sofern solche Motive für ihren Willen sind; außerdem fesseln sie gar nicht ihre Aufmerksamkeit, und obendrein muß bei ihnen diese Beziehung eine ganz unmittelbare seyn. – Das Genie vermag die Vorstellungen ganz von dieser Beziehung auf den Willen zu reinigen, d. h. ganz willenslos, d. h. ganz rein anschaulich zu erkennen. – Auch dies hat Grade: für den menschlichen Willen ist unter allen Objekten dasjenige welches ihn am leichtesten anregt, weil es die stärksten und meisten Beziehungen zu ihm hat, der Mensch; die Thiere und die erkenntnislose Welt weniger: daher gehört der höchste Grad von Genie dazu den Menschen zum Gegenstand seiner willensreinen Auffassung zu machen, also die Idee des Menschen künstlerisch aufzufassen und darzustellen. Darum eben ist es nur das größte Genie dem das Kunstwerk gelingt dessen Gegenstand der Mensch ist, also die Historienmalerei, die Bildhauerei, das Trauerspiel, das Epos: hingegen ein niedrer Grad von Genie vermag schon die Thierische und erkenntnislose Natur rein aufzufassen, d. h. sie anzuschauen ohne daß der Wille erregt werde, eben weil ihre Beziehungen zum eignen Willen des Künstlers nicht so zahlreich, stark und unmittelbar sind; daher ist es ein niedrer Grad von Genie der sich zeigt in der Malerei der Thiere, der Landschaft, des Stilllebens, in der beschreibenden Poesie, in der Baukunst. –

Die *Wurzel des Genies* liegt also in der Art die *anschauliche* Welt zu erfassen, in der Reinheit der *Anschauung*. Etwas ganz andres ist ungewöhnliche Klugheit, d. h. große Schärfe, Leichtigkeit, Schnelligkeit im Auffassen der kausalen Beziehungen (*supra* gezeigt) oder auch Schnelligkeit, Leichtigkeit im Kombiniren und hin- und herwerfen abstrakter Begriffe: das ist Geist, *esprit*, Talent: diese Leichtigkeit des Operirens mit den abstrakten Begriffen, und den Kausalitätsverhältnissen giebt Talentmenschen, große Gelehrte, wissenschaftliche Köpfe, Mathematiker, Physiker, Historiker, große Feldherrn, Staatsmänner; aber weder Künstler, noch Dichter, noch große Philosophen. Wo Genie ist, wird von diesen Gaben allemal auch etwas vorhanden seyn; aber sie treten zurück, weil die Anschauung vorherrscht und die Aufmerksamkeit auf die edlere und tiefere Erkenntniß gerichtet ist. Vorhanden sind aber Geist und Klugheit und Kombinationsvermögen, wenn Genie vorhanden ist: denn, wo sogar die *Anschauung* den höchsten Grad von Reinheit erreicht hat, da ist das ganze Erkenntnißvermögen von einer feinern, subtilern, beweglicheren Art, *d'une trempe plus fine; of a finer temper* [von feinerer Konstitution]: diese feinere Beschaffenheit der Erkenntnißkraft dehnt sich viel öfter nur auf die besagten Fähigkeiten des Kombinirens von Begriffen und Kausalitätsverhältnissen aus: daher sind kluge, geistreiche Menschen, gute Köpfe ungleich häufiger als das so überaus seltne Genie: nur zu allerletzt dringt jene feinere Beschaffenheit des Erkenntnißvermögens gleichsam durch bis auf das Vermögen der unmittelbaren Erkenntniß, der *Anschauung,* und dann erst ist *Genie* da: also wo dieses ist, ist allemal auch Geist und Talent; aber nicht umgekehrt.

Man hat in unsern Tagen so sehr darüber gespottet, daß Gottsched [über diesem Wort nachträglich: Adelung?], im Geist der Wolfischen Schule, das *Genie* setzte in die überwiegende Stärke der untern Seelenkräfte. Wenn man ihn aber nur recht versteht, so hat er ganz Recht, bloß der Ausdruck ist unwürdig. Nämlich man verstand damals und zum Theil noch jetzt, unter *untere Seelenkräfte* die Fähigkeit zu anschaulichen Vorstellungen; man nannte sie die *untern,* weil auch das Thier sie hat, dagegen die abstrakten Vorstellungen der Vernunft wurden den *obern* Seelenkräften beigelegt. Nun liegt ja aber allerdings das Wesen des Genies in der größern Reinheit der anschaulichen Vorstellungen, der unmittelbaren Auffassung der anschaulichen Welt, denn nur in dieser und nur anschaulich werden die Ideen erkannt die das Objekt aller Kunst sind. – Uebrigens sind, wo Genie ist, auch jene sogenannten obern Seelenkräfte in höherer Vollkommenheit da: denn, damit Genie dasei, muß die größere Vollkommenheit und Feinheit der ganzen vorstellenden Kraft, die feinere Organisation derselben, durchgedrungen seyn bis auf das anschauende unmittelbare Erkennen, und dahin gelangt es zuletzt; viel öfter erstreckt es sich bloß auf jene sogenannten obern Seelenkräfte, wodurch bloß Geist und Talent entsteht.

Also, weil beim Genie die größere Vollkommenheit und Feinheit des Erkennens sich bis auf die Anschauung erstreckt, so wird, wie oben gesagt, das Genie, sobald es nicht verstimmt oder abgespannt ist, auch die gewöhnliche Umgebung, die Natur, ganz anders sehn, als der gewöhnliche Mensch; es sieht eine weit schönere, d. h. eine deutlichere Welt, weil bei ihm die Vorstellung ungetrübter ist vom Willen. –

Jetzt noch von den Nachtheilen der Genialität, und von ihrer Annäherung zu Spuren des Wahnsinns.

Die Objekte des Genies als solchen sind die *Ideen:* die Idee wird aufgefaßt indem man die dem Satz vom Grund folgende Erkenntnißweise verläßt: denn eben der Satz vom Grund ist es, welcher das Wesentliche aller Dinge, *die Idee,* auseinanderzieht zu unzähligen in Zeit und Raum verschiedenen Individuen. Also die geniale Erkenntniß, oder die Erkenntniß der Idee ist die, welche dem Satz vom Grund *nicht* folgt. Hingegen grade die dem Satz vom Grund folgende und durch ihn geordnete Erkenntniß ist es, welche im Leben Klugheit und Vernünftigkeit giebt, und eben sie auch bringt die Wissenschaft zu Stande.

Weil also die geniale Erkenntniß grade die entgegengesetzte von dieser ist, so werden die Mängel welche aus der Vernachlässigung der dem Satz vom Grunde nachgehenden Erkenntniß entspringen den genialen Individuen eigen seyn. Ich werde dieses an allen vier Gestalten des Satzes vom Grund nachweisen. Jedoch ist zu bemerken, daß die Fehler der genialen Individuen die ich demnach aufzählen werde sie eigentlich nur treffen insofern und während sie in der genialen Erkenntnißweise begriffen sind, was keineswegs in jedem Augenblick ihres Lebens der Fall ist: denn die große Anspannung welche zur willenslosen Erkenntniß und Auffassung der Ideen erforderlich ist, muß nothwendig wieder nachlassen und hat große Zwischenräume: in diesen sind sowohl die Vorzüge als die Mängel der genialen Individuen weniger merklich, obschon beide nie ganz verschwinden. Eben dieserhalb, weil die eigentliche Wirksamkeit der genialen Erkenntnißkraft nur zu gewissen Zeiten vorhanden ist, hat man das Wirken des Genies als eine Art Inspiration betrachtet und dies bezeichnet schon der Name *Genie:* er drückt aus daß gleichsam ein übermenschliches Wesen, ein Genius ein solches vorzüglich begabtes Individuum auf gewisse Zeiten in Besitz nimmt. – Ich wollte also zeigen, wie die dem Genie als solchen wesentliche Abneigung in seinem Erkennen dem Satz vom Grunde nachzugehn, gewisse Mängel herbeiführt. Ich werde dies an allen vier Gestalten jenes Satzes durchgehn. Zuerst in Hinsicht auf den Grund des Seyns, welcher die Gesetzmäßigkeit von Raum und Zeit bestimmt. Hier zeigt sich die bekannte Abneigung genialer Individuen gegen Mathematik. Die Mathematik betrachtet die allgemeinsten Formen der Erscheinung, Raum und Zeit, welche selbst nur Gestaltungen des Satzes vom Grunde sind: diese Betrachtung der Mathematik ist daher grade das Gegentheil der genialen Betrachtungsweise, welche von allen Formen der Erscheinung und allen Relationen wegsehend, grade bloß den eigentlichen Inhalt aller Erscheinungen, die in ihnen sich aussprechende Idee zum Gegenstande hat und aufsucht: schon deshalb also ist die Mathematik dem Genie nicht zusagend: außerdem aber wird die Eukleidische logische Behandlungsweise der Mathematik dem Genie widerstehn, weil solche, wie gezeigt, nicht einmal eine eigentliche Einsicht in die Gesetze des Raumes giebt und daher nicht die Erkenntniß befriedigt: sie giebt bloß eine Verkettung von Schlüssen gemäß dem Satz vom Erkenntnißgrunde und dem vom Widerspruch; zeigt *daß* es so sei, nicht *warum* es so seyn muß: dabei nimmt sie von allen Erkenntnißkräften am meisten das Gedächtnis in Anspruch, um nämlich alle die früheren Sätze, darauf man sich beruft, gegenwärtig zu haben und der langen Beweisführung zu folgen. Die Erfahrung hat daher bestätigt daß große Genies in der Kunst zur Mathematik weder Neigung noch Fähigkeit haben. Nie war ein Mensch in beiden sehr ausgezeichnet. Alfieri erzählt, daß er sogar nie nur den 4ten Lehrsaz des Eukleides begreifen gekonnt. Göthen ist der Mangel mathematischer Kenntniß zur Genüge vorgeworfen worden, von den unverständigen Gegnern seiner Farben-Lehre. Der Vorwurf mochte freilich gegründet seyn: nur war er hier sosehr am unrechten Ort und so ganz queer angebracht, daß jene Herrn ihren totalen Mangel an Urtheilskraft dadurch eben so sehr an den Tag legten als durch ihre übrigen Midas-Aussprüche. Denn hier wo die Aufgabe war, von dem Phänomen der physischen Farbenerscheinungen Rechenschaft zu geben, kam es gar nicht darauf an nach hypothetischen Datis zu messen und zu rechnen, was freilich Newton vortrefflich konnte; sondern es kam darauf an durch unmittelbare Thätigkeit des Verstandes, den kausalen Zusammenhang jener Farbenerscheinungen aufzufinden: das konnte Newton nicht und das hat Göthe gethan. Also daß Göthe kein Mathematiker ist, ist übrigens wahr und bestätigt was ich hier von der Abneigung des Genies gegen Mathematik sage.

Aus dem angegebenen Gegensaz zwischen der mathematischen Erkenntniß, welche den allgemeinsten Formen der Erscheinungen nachgeht, und der genialen die grade den Gehalt aller Erscheinungen fassen will, erklärt sich auch die eben so bekannte Thatsache daß umgekehrt ausgezeichnete Mathematiker wenig Empfänglichkeit für die Werke der schönen Kunst haben: dies zeigt besonders naiv die bekannte Anekdote von einem französischen Mathematiker der die *Iphigénie* des Racine gelesen und achselzuckend fragte: *qu'est-ce-que cela prouve?* [Was beweist das?] – Soviel von der Gestaltung des Satzes vom Grund in Raum und Zeit. – Am Gesetz der Kausalität zeigt sich dasselbe. Die scharfe Auffassung der Beziehungen gemäß dem Gesez der Kausalität und dem der Motivation macht eigentlich die Klugheit aus: darum wird ein Kluger, sofern und während er seine Klugheit wirken läßt, nicht genial seyn, und umgekehrt ein Genie wird sofern und während in ihm die Genialität thätig ist, keine Klugheit zeigen, sogar den Mangel derselben offenbaren: was die Erfahrung oft bestätigt. – Nun endlich noch am Satz vom Grund des Erkennens dasselbe zu zeigen: der Erkenntnißgrund herrscht im Gebiete des abstrakten Denkens, der Begriffe; die Idee hingegen, das Objekt des Genies, wird nur anschaulich erkannt, wodurch sie im Gegensatz steht mit der abstrakten oder vernünftigen Erkenntnißweise. Darum findet man bekanntlich selten oder nie große Genialität gepaart mit vorherrschender Vernünftigkeit, vielmehr sind umgekehrt geniale Individuen oft heftigen Affekten und *unvernünftigen* Leidenschaften unterworfen. Der Grund hievon ist dennoch nicht Schwäche der Vernunft, sondern theils liegt er darin daß das geniale Individuum selbst eine ungemein energische Willenserscheinung ist, dies äußert sich dann in großer Heftigkeit aller Willensakte; theils liegt der Grund jener Unvernünftigkeit darin, daß beim Genie die anschauende Erkenntniß durch Sinne und Verstand durchaus überwiegend ist über die abstrakte, daher die Richtung des Geistes auf das Anschauliche vorherrschend, der Eindruck der anschaulichen Erkenntniß ist bei ihnen höchst energisch und überstrahlt daher die farblosen kalten Begriffe, weshalb nicht diese das Handeln leiten, wodurch es eben unvernünftig ausfällt: darum ist der Eindruck der Gegenwart auf sie sehr mächtig, reißt sie hin zum Unüberlegten, zum Affekt, zur Leidenschaft. In Hinsicht auf diese Unvernünftigkeit wie auf alle Fehler und Sonderbarkeiten genialer Individuen muß ich besonders an das erinnern, was ich gleich anfangs darüber gesagt habe: Nämlich dem Genie ist ein Maas der Erkenntnißkraft zugefallen, welches viel größer ist als das zum Dienste eines individuellen Willens nöthige: dieser Ueberschuß der Erkenntniß wird nun frei, ist thätig ohne es zum Dienste des Willens des Individuums zu seyn, bleibt also übrig als reines Subjekt des Erkennens, klarer Spiegel des Wesens der Welt: das ist die geniale Thätigkeit. Wann nun aber durch starke Anregungen das ganze Bewußtseyn des genialen Individuums auf sein eignes Wollen gerichtet wird, auf seine Zwecke und seine Person; dann nimmt nun auch dieser ganze Ueberschuß der Erkenntnis die subjektive Richtung; alle Motive dieses Individuums, alle Umstände, die auf sein Wollen Einfluß haben, werden beleuchtet von dem übermäßigen Licht seiner disproportionirt hellen Erkenntniß: darum nun eben stellen sich dann alle Objekte seines Willens übertrieben lebhaft, mit zu grellen Farben und ins Ungeheure vergrößert dar; und das geniale Individuum sieht überall Extreme: daher wird dann durch diese übertriebnen Vorstellungen auch der Wille übermäßig bewegt, jede Stimmung wird überspannt, jede Willensbewegung wird zum Affekt, die Affekte werden leicht übermäßig heftig; Melancholie herrscht vor, weil des Widrigen und Ungelegnen mehr ist als des Günstigen und Erwünschten: eine lebhafte Vorstellung verdrängt bald die andre: der Wechsel der Laune ist überraschend schnell; von einem Extrem wird zum andern übergesprungen: es zeigt sich also eine dem Wahnsinn sich nähernde Erscheinung wie Göthe sie im Tasso schildert, und wie man sie alle Zeit am Genie wahrgenommen hat. Hieher gehört auch die Neigung zu Monologen. – – Man soll sich davor hüten, weil man sonst auch beim Dialog die Anwesenheit des Andern vergißt und durch einen Uebergang in den Monolog zum Selbst-Verräther wird. Das Genie eben verfällt leicht in diesen Fehler: denn weil bei ihm die Erkenntniß sich zum Theil dem Dienste des Willens entzogen hat, so werden auch im Gespräch seine Vorstellungen so lebhaft werden, daß er bloß an die Sache denkt, von der er redet und die ihm lebhaft vorschwebt, nicht aber an die Person denkt zu der er redet: daher wird seine Erzählung oder sein Urtheil leicht für sein Interesse zu objektiv ausfallen: er wird nicht verschweigen was klüger verschwiegen bliebe u. s. f. –

Alle diese Fehler denen die geniale Individualität unterworfen ist, haben längst die Bemerkung veranlaßt, daß Genie und Wahnsinn eine Seite haben wo sie aneinander gränzen, ja das Genie zum Theil in Wahnsinn übergeht, wenigstens leicht mit einer Spur von Wahnsinn vergesellschaftet ist. Man hat die dichterische Begeisterung selbst eine Art Wahnsinn genannt: Horaz nennt sie *amabilis insania* [liebenswürdiger Wahnsinn]: *Od. Lib. III, 4.* – Wieland sagt im Eingang zum Oberon: »ein holder Wahnsinn spielt um meine Stirn«. [Die Stelle lautet richtiger: Wie lieblich um meinen entfesselten Busen/Der holde Wahnsinn spielt! Wer schlang das magische Band/Um meine Stirne? (I,1)] – Seneca führt an *(de tranq. animi 15, 16* [muß heißen: 17,10]) daß Aristoteles gesagt habe: *nullum magnum ingenium sine mixtura dementiae fuit.* [Keinen großen Geist hat es gegeben ohne eine Beimischung von Wahnsinn.] Cicero Tusculan. 1, 33, sagt: *Aristoteles ait, omnes ingeniosos melancholicos esse.* [Aristoteles sagt, alle Genialen seien Melancholiker.] Platon spricht an mehreren Stellen von der Verwandtschaft zwischen Wahnsinn und Genie: im Phädros *p 317* [245 a], sagt er gradezu, daß ohne einen gewissen Wahnsinn kein ächter Dichter seyn könne; ja, ebendaselbst *p 327* [249 c–249 e], sagt er, daß Jeder, der in den vergänglichen Dingen die ewigen Ideen erkennt, als wahnsinnig erscheint. Eben dieses drückt er in dem schon erwähnten Mythos *(Rep. 7)* von der finstern Höhle folgendermaaßen aus: er sagt, daß diejenigen, welche außerhalb der Höhle das wahre Sonnenlicht und die wirklich seienden Dinge (d. h. die Ideen) geschaut haben, wenn sie danach in die Höhle zurückgebracht werden, nicht mehr sehn können, ihre Augen sind der Dunkelheit entwöhnt, wie geblendet vom hellern Licht, und da können sie da unten die Schattenbilder an der Wand nicht mehr recht erkennen, machen allerlei Mißgriffe und werden deshalb von den Andern verspottet, die nie aus der Höhle herauskamen und nichts kennen als jene Schattenbilder. – Die unmittelbare Gränze des Genies an den Wahnsinn, ja den Uebergang des Genies zum Wahnsinn hat aber niemand so deutlich und ausführlich dargestellt als Göthe im Torquato Tasso, wo er zum Zweck hatte das Genie als solches von der tragischen Seite zu fassen und das Leiden, ja das Märtyrerthum des Genies vor die Augen zu bringen: dieses Märtyrerthum schildert er in Hinsicht auf die äußern Verhältnisse im Künstlers Erdenwallen; in Hinsicht auf das Innere aber im Torquato Tasso. – Die Thatsache der unmittelbaren Berührung zwischen Genialität und Wahnsinn wird endlich auch bestätigt einerseits durch die Biographien sehr genialer Menschen, z. B. Rousseau's, Alfieri's und durch Anekdoten aus dem Leben andrer; andrerseits fand ich sie bestätigt, indem ich häufig die Irrenhäuser besuchte und öfter Subjekte von unverkennbar großen Anlagen antraf, durch deren Wahnsinn Genialität durchblickte, allein vom Wahnsinn, der hier völlig die Oberhand gewonnen hatte, unterdrückt war. Man könnte meinen, das sei Zufall, indem auch ein paar Menschen von Genie toll geworden wären: aber dies ist nicht anzunehmen: denn einerseits ist die Anzahl der Wahnsinnigen im Verhältniß zum Menschengeschlecht äußerst klein; und wieder andrerseits ist ein geniales Individuum eine weit über alle gewöhnliche Schätzung seltene Erscheinung; es ist die größte Ausnahme in der Natur, seltner als irgend eine monstrose Misgeburt. Freilich wird oft der Name des Genies verschwendet an jeden Menschen der irgend ein kleines Talent, ja irgend eine besondre Fertigkeit hat: aber in dem Sinn nehmen wir hier den Begriff des Genies nicht. Worin das innre Wesen des Genies besteht ist auseinandergesetzt: wir könnten nur noch fragen nach einem äußern Kriterium dem gemäß der Name des Genies einem Menschen mit Recht beizulegen wäre. Das wäre folgendes: das Genie beurkundet sich durch Werke, die nicht etwa für ein Zeitalter nützen und erfreuen, sondern für alle Zeiten, also für die Menschheit überhaupt einen bleibenden, unvertilgbaren Werth haben, also nicht durch andre ersetzt und verdrängt werden können, sondern einzig, ohne Gleichen und daher ewig jung bleiben. So ein Werk allein ist sicheres Anzeichen von Genie: denn nur was für die ganze Menschheit einen in allen Lagen und allen Zeiten bleibenden großen Werth hat ist ein mehr als menschliches Werk und wird daher einem Genius zugeschrieben. In den eigentlichen Wissenschaften sind solche Werke kaum möglich; weil die Wissenschaften fast alle der Erfahrung bedürfen, daher im beständigen Fortschreiten begriffen sind, und daher, wenn gleich ein Werk der Wissenschaft einen bleibenden Nutzen bringt, indem es sie um vieles fördert, doch die Wissenschaft nachher noch weiter geht, immer mehr alte Irrthümer aufdeckt und neue Wahrheiten findet, auch für wichtige Wahrheiten deren Darstellung anfangs schwierig und weitläufig war, nachdem sie geläufig geworden, kürzere und leichtere Wege der Mittheilung auffindet; daher dann wird später die Wissenschaft nicht mehr aus jenem alten Werke, sondern aus neuern Werken studirt werden müssen und das Werk selbst behält nicht für alle Zeiten gleichen Werth. Bloß bei den zwei Wissenschaften die völlig *apriori* sind, nämlich Mathematik und Logik, wäre ein für alle Zeiten gleich brauchbares Werk denkbar. Uebrigens aber können einen für alle Zeiten gleich bleibenden und nie veraltenden Werth nur die Werke haben, welche hervorgiengen aus der Erkenntniß dessen was durch alle Zeit ganz dasselbe bleibt, also eigentlich auch nicht in der Zeit liegt, das sind aber eben die Ideen, die bleibenden, wesentlichen Formen aller Dinge: also wer das Wesen, die Idee der Menschheit, oder auch irgend einer andern Stufe der Objektivation des Willens, also der Natur in irgend einem Theil oder im Ganzen gefaßt hat und in einem Werke deutlich wiederholt und darstellt, dessen Werk bleibt immer neu, weil es das Unveränderliche schildert, das zu allen Zeiten gleiche: darum gehört es nicht einem Zeitalter, sondern der ganzen Menschheit an. Sehn Sie wie die Werke der großen Dichter aus den ältsten und aus den verschiedensten Zeiten immer jung bleiben und durchaus nicht veralten: Horaz, Homer, Dante, Petrarch, Shakspeare. – Eben so die Bildwerke der Alten: die Antiken kommen nicht aus der Mode. – Eben so der Plato, – er wird unmittelbar selbst zu allen Zeiten zu den Menschen reden. – Eigentlich Wissenschaftliche Werke können dies nie: allenfalls nur die über rein apriorische Wissenschaften, also der Eukleides und des Aristoteles Organon, diese könnten ewig bestehn, wenn sie in ihrer Art vollkommen wären, was aber besonders Euklid nicht ist. Darum nun ist ein solches für alle Zeiten bestehendes und daher der ganzen Menschheit angehörendes Werk das Kriterium des Genies, eben weil das Genie die Fähigkeit ist die Ideen, das Wesentliche und Unveränderliche zu erkennen. Die Idee aber wird nur durch das Kunstwerk mitgetheilt, das ganze Wesen der Welt aber nur durch die Philosophie dargestellt. Darum ist Kunst, sowohl bildende als Poesie und Musik, sodann Philosophie der eigentliche Wirkungskreis des Genies und der Stoff seiner Werke. Wenn also unser Kriterium für die Anerkennung eines Menschen als Genies die Forderung eines durchaus unsterblichen Werks seyn muß; so sehn Sie wie über alle gewöhnliche Schätzung selten das Genie ist. Berechnung der Millionen die beständig in Europa leben, und in den einzelnen Ländern, verglichen mit der Zahl der genialen Köpfe, sowohl bei den Alten, als in den verschiednen Ländern der Neuern.

Gelehrsamkeit verhält sich zum Genie wie die Noten zum Text: nur wer einen Text schreibt, der noch nach Jahrhunderten kommentirt wird, ist ein Genie. – Auch verhält es sich zur Gelehrsamkeit wie die Sonne zum Planeten. – Ein Gelehrter ist, wer von seinem Zeitalter und den vorhergegangenen viel gelernt hat, ein Genie, der, von dem sein Zeitalter und die nachfolgenden viel zu lernen haben. –

Zu dieser Erörterung leitete mich die Bemerkung, daß ich in Irrenhäusern Subjekte von unverkennbaren Spuren von genialen Anlagen gefunden habe, welches wegen der verhältnißmäßigen Seltenheit des Wahnsinns sowohl als noch mehr des Genies, nicht dem Zufall zugeschrieben werden kann, sondern eben bestätigt, was man stets bemerkt hat und ich schon erläutert habe, daß das Genie von irgend einer Seite an den Wahnsinn gränzt, ja leicht in ihn übergeht. Obgleich ich von dieser Verwandschaft des Genies mit dem Wahnsinn schon einige Gründe nachgewiesen habe, so habe ich doch noch zu zeigen wie im Wesen der Genialität selbst schon etwas liegt das mit dem Wahnsinn zusammentrifft: diese Erklärung wird eben beitragen Ihnen das Wesen des Genies selbst faßlicher zu machen. Erinnern Sie sich der Erklärung vom Wesen des Wahnsinns die wir fanden bei Betrachtung des Erkenntnißvermögens. [Ursprünglich folgte an dieser Stelle Schopenhauers Theorie des Wahnsinns, die er in das Kapitel 3 des 1. Teils der Vorlesungen umstellte. Die mit Tinte durchgestrichene frühere Lesart lautet: Zu diesem Zweck nun aber will ich zuvor das Wesen des *Wahnsinns* selbst Ihnen deutlich zu machen suchen.] Ich stellte ihn dar als Krankheit des Gedächtnisses. Dadurch wird zwar der Eindruck des Gegenwärtigen, also Anschaulichen nicht unmittelbar verfälscht, jedoch mittelbar, durch falsche Beziehungen desselben auf eine gewähnte, fingirte Vergangenheit. – – –

Ich sagte zuletzt, man habe behaupten wollen, jeder Mensch

habe eine schwache Spur von Wahnsinn. Die Erinnerung befaßt nur das Allgemeine der durchlebten Vergangenheit und dann sind aus Tausend Lebensscenen einzelne vollständig stehn geblieben: daher kommt es daß das Selbstbewußtseyn überhaupt sehr unvollkommen und von geringer Klarheit ist: und die Ungleichheit der Erinnerung, das hin und wieder Lückenhafte in ihr, mag wohl veranlassen daß jeder Mensch auf eine individuelle Weise einen kleinen Anstrich von Wahnsinn hat: dieser wird am deutlichsten dann hervortreten, wann in einzelnen Momenten die Gegenwart einmal überaus klar erkannt wird, weil dann die Vergangenheit desto mehr im Schatten bleibt, durch die Klarheit der Gegenwart verdunkelt wird. – Und hier sind wir eben auf dem Punkt, von welchem aus wir das Hinüberneigen der Genialität zum Wahnsinn am besten fassen können. Auch beim Genie ist es die lebhafte Auffassung des einzelnen Bildes der Gegenwart, welche die Relationen und das Abwesende verdunkelt. – Wir haben gesehn, daß der Wahnsinnige das einzelne Gegenwärtige, auch Manches Einzelne aus der Vergangenheit richtig erkennt, aber doch wenigstens zum Theil das Abwesende und Vergangne vergißt, dadurch den Zusammenhang und die Relationen des Gegenwärtigen verkennt und deshalb irrt und irre redet: etwas ähnliches nun bringt die geniale Erkenntnißweise mit sich: dieser nämlich ist es wesentlich die Erkenntniß der Relationen, welche durch den Satz vom Grund entsteht, zu verlassen, um eben in den Dingen nur ihre Ideen zu sehn und zu suchen, ihr sich anschaulich aussprechendes eigentliches Wesen zu ergreifen, in Hinsicht auf welches ein Ding seine ganze Gattung repräsentirt, ein Fall für Tausende gilt. Diese geniale Auffassung der Dinge bringt es mit sich, daß der Zusammenhang der einzelnen Dinge als solcher aus den Augen gelassen wird: dem Genie muß das einzelne Objekt seiner Beschauung, die übermäßig lebhaft aufgefaßte Gegenwart in so hellem Lichte erscheinen, daß dadurch die übrigen Glieder der Kette von Relationen der einzelnen Dinge ins Dunkel zurücktreten: die vollkommne Auffassung des eigentlichen innern Wesens der Dinge macht grade die Erkenntniß der Relationen unvollkommen und dies eben giebt die Phänomene, die mit denen des Wahnsinns eine längst erkannte Ähnlichkeit haben. Das Genie und der Wahnsinnige erkennen beide die Dinge vereinzelt und nicht in dem Zusammenhang in welchem sie mit andern stehen: das Genie, weil seine Betrachtungsweise die Dinge herausreißt aus dem Strome des Weltlaufs um nämlich im Individuo die Idee, den Repräsentanten der ganzen Gattung zu erkennen; der Wahnsinnige, weil er den Zusammenhang verloren hat, indem der Faden seines Gedächtnisses zerrissen ist, wie früher gezeigt. Die Eigenschaften, welche die einzelnen Dinge nur unvollkommen und durch Modifikationen geschwächt sehn lassen, steigert die Betrachtungsweise des Genies zu den Ideen dieser Eigenschaften, zum Vollkommnen: darum sieht das Genie alles zu übermäßig, sieht überall Extreme und eben dadurch geräth sein Handeln auf Extreme: es weiß das rechte Maas nicht zu treffen, ihm fehlt die Nüchternheit und es entstehn die Extravaganzen im Handeln, welche mit dem Wahnsinn Aehnlichkeit haben. Das Genie erkennt die Ideen vollkommen, aber nicht die Individuen, noch die Relationen. Daher kann der Dichter *den* Menschen tief und gründlich kennen, *die* Menschen aber sehr schlecht kennen: deshalb ist er leicht zu hintergehn und ist ein Spiel in der Hand des Listigen. Soviel von den Nachtheilen die mit der genialen Individualität verknüpft sind und bis zur Aehnlichkeit mit dem Wahnsinn gehn. Uebrigens hat man an Leuten von Genie meistens einige *Melancholie* bemerkt. *Willisius* beschreibt die Symptome der *Melancholie* also: 1) daß man beständig sinne und denke, immer gedankenvoll umhergehe, nie frei, *vacuus;* 2) daß man immer an Eine Sache denke, und so ausschließlich, daß man andre, oft viel wichtigere Dinge darüber aus den Augen läßt; 3) daß man die Sachen in ungünstigem finstern Lichte sehe. – Die beiden ersten Punkte sind mit dem Treiben des Genies nothwendig verbunden. Man wird nie etwas Großes zustande bringen, wenn man nicht, zur Zeit da es reif wird, unablässig es überdenkt und alles andre darüber vergißt. Das Dritte findet sich leicht hinzu.

CAP. 7.
Vom Zweck des Kunstwerks.

Wir haben gefunden, daß das *Genie* die überwiegende Fähigkeit ist, durch rein objektive und kontemplative Anschauung der Dinge, die Ideen derselben aufzufassen, welches nur geschieht indem die Betrachtungsweise verlassen wird, welche dem Satz vom Grunde gemäß vor sich geht, die Relationen und die einzelnen Dinge erkennt, deren ganzes Daseyn eigentlich nur in den Relationen besteht: diese Betrachtungsweise also verläßt die geniale Erkenntniß, ergreift statt ihrer die Ideen, in deren Auffassung das erkennende Subjekt nicht mehr Individuum ist, sondern eben nur reines Subjekt des Erkennens. Die Fähigkeit zu einer solchen Erkenntniß muß jedoch in geringerm und verschiedenem Grade auch allen Menschen inwohnen; weil sie sonst so unfähig wären, die Werke der Kunst zu genießen, als sie unfähig sind solche hervorzubringen, und überhaupt für das Schöne und Erhabne gar keine Empfänglichkeit besitzen könnten, ja das Schöne und Erhabne Worte ohne Sinn für sie seyn müßten. Wenn es also nicht etwa Menschen giebt, die durchaus keines ästhetischen Wohlgefallens fähig sind; so müssen wir annehmen daß auch in allen Menschen jenes Vermögen vorhanden ist, in den Dingen ihre Ideen zu erkennen und in solcher Erkenntniß sich für den Augenblick ihrer Persönlichkeit zu entäußern. Was das Genie vor den Andern voraus hat, ist nur der viel höhere Grad und die anhaltendere Dauer jener Erkenntnißweise. Diese eben machen es dem Genie möglich, bei solcher Erkenntniß die Besonnenheit zu behalten, die erfordert ist, um das so Erkannte in einem willkürlichen Werk zu wiederholen, welche Wiederholung das Kunstwerk ist. Durch das Kunstwerk theilt das Genie die aufgefaßte Idee den Andern mit. Indem nun so die Idee von den Andern durch das erleichternde Medium des

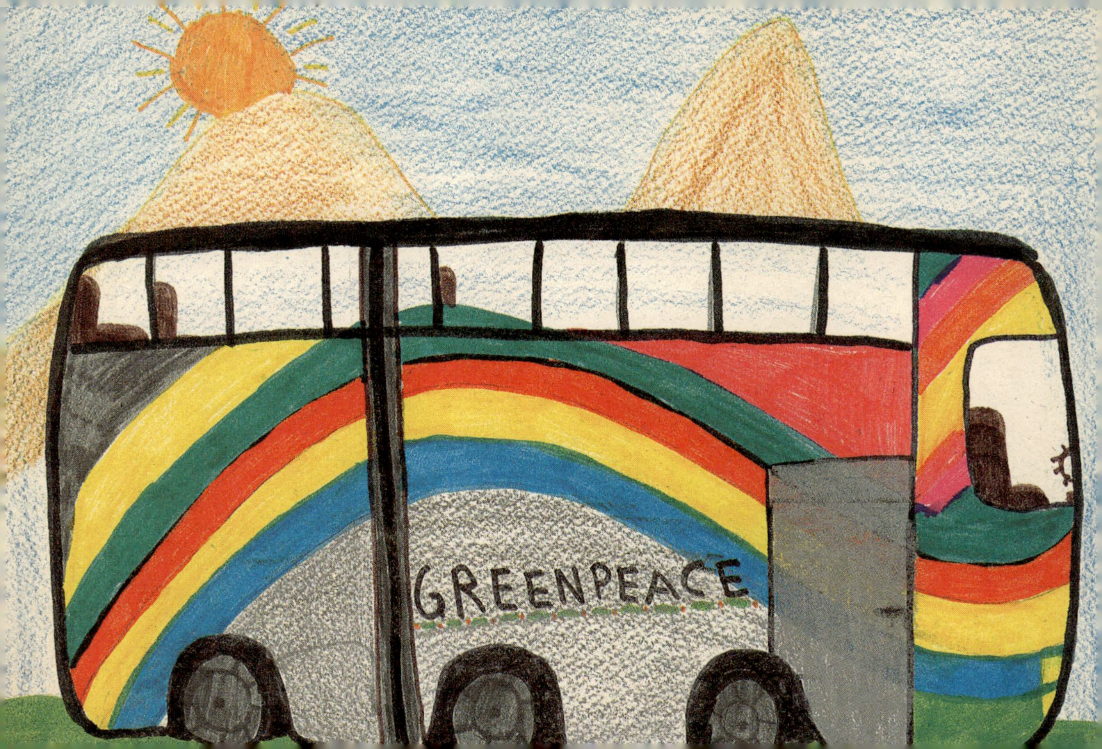
GREENPEACE

Gezeichnet von Michaela Czanik, 9 Jahre alt, aus Wien

GREENPEACE
Aktions-Bus

Kunstwerks aufgefaßt wird, bleibt sie selbst dabei unverändert und dieselbe: daher ist auch das ästhetische Wohlgefallen wesentlich Eins und dasselbe, es mag durch ein Werk der Kunst hervorgerufen seyn, oder unmittelbar durch die Anschauung der Natur und des Lebens. Das Kunstwerk ist bloß ein Erleichterungsmittel derjenigen Erkenntniß, in welcher jenes Wohlgefallen besteht. Die Idee tritt uns leichter entgegen aus dem Kunstwerk als unmittelbar aus der Natur und der Wirklichkeit: dies kommt großentheils daher, daß der Künstler, der nur die Idee, nicht mehr die Wirklichkeit erkannte, in seinem Werk auch nur die Idee rein wiederholt hat, sie ausgesondert hat aus der Wirklichkeit, mit Auslassung aller störenden Zufälligkeiten, das Wesentliche und Karakteristische derselben also reiner darstellt, als es in der Wirklichkeit ist. Der Künstler läßt uns durch seine Augen in die Welt blicken, und so werden wir durch seine Vermittelung der Erkenntniß der Ideen theilhaft. Daß er diese Augen hat, daß ihm sich das Wesentliche der Dinge aufschließt, welches unabhängig von ihren Relationen ist, das eben ist die Gabe des *Genies*, das Angeborne: daß er aber im Stande ist auch uns diese Gabe zu leihen, uns gleichsam seine Augen aufzusetzen: dies ist das Erworbne, das Technische der Kunst. Allein es giebt noch einen andern Grund, warum aus dem Kunstwerk die Idee uns leichter entgegentritt als aus der Wirklichkeit. Erinnern Sie sich daß ich früher zeigte, daß wenn die Erkenntniß rein und deutlich hervortreten soll, rein objektiv seyn soll, wodurch sie eben Erkenntniß der Idee wird, nothwendig erfordert ist, daß im Beschauer der eigne Wille gänzlich schweige. Denn obgleich die Erkenntniß aus dem Willen entsprossen ist und in der Erscheinung des Willens wurzelt; so ist es doch grade der Wille der sie beständig verunreinigt: unser beständiges Wollen trübt unser Erkennen: der Antheil den wir an den Dingen nehmen (d. i. das Interesse), hindert daß wir sie rein objektiv auffassen, unser Wollen oder Nichtwollen der gegenwärtigen Dinge zieht den Nebel der Subjektivität über alles Objektive. Es ist damit, sagte ich, gleich wie mit der Flamme, die in ihrer Klarheit verunreinigt wird, grade durch das Holz oder den Docht von welchem sie Daseyn und Nahrung hat. Daher, wenn wir das wahre, innre Wesen der Dinge, die aus ihnen sprechende Idee auffassen sollen, durch rein objektive Kontemplation; so dürfen wir durchaus kein Interesse an ihnen haben, d. h. sie müssen in keiner Beziehung zu unserm Willen stehn. Dies nun eben ist der andre Grund, weshalb die Idee uns leichter aus dem Bilde, aus dem Kunstwerk anspricht als aus der Wirklichkeit. Das Bild erleichtert uns die rein objektive Stimmung schon dadurch daß es ein bloßes Bild ist. Denn was wir nur im *Bilde* sehn, oder im *Gedicht*, oder im aufgeführten *Drama*, das ist *für uns* nicht wirklich, es ist daher außer aller Möglichkeit einer Beziehung zu unserm Willen, während die Wirklichkeit immer solcher Beziehung offen steht; das Bild, das Kunstwerk, kann daher unsern Willen nicht erregen, sondern es spricht rein zu unsrer Erkenntniß, wendet sich ganz allein an diese. Hingegen sollen wir die Idee ergreifen aus der vorhandnen *Wirklichkeit* des Lebens, so müssen wir hiezu schon gleichsam von unserm Wollen und unsrer Persönlichkeit abstrahiren, uns über sie erheben, was nur durch eine besondre Schwungkraft geschehn kann. Daher eben ist das Ergreifen der Idee aus der Wirklichkeit Sache des Genies: es schöpft aus der unendlichen Fundgrube der wirklichen Welt die Ideen, die es im Kunstwerk darstellt, wodurch sie auch uns jetzt leichter faßlich werden. Dem Genie ist diese Auffassung der Ideen aus dem Leben selbst und das dazu nöthige gänzliche Erheben über seine Persönlichkeit und deren Interesse eben dadurch möglich, daß das Genie, wie gesagt, eben ein Mensch ist, dem ein größres Maas von Erkenntnißkraft zugefallen ist, als zum Dienst eines individuellen Willens von nöthen, welcher frei gewordne Ueberschuß eben als reines Subjekt des Erkennens die Dinge objektiv auffaßt, frei von aller Beziehung zum eignen Willen. – Obgleich also die Idee auch aus der rohen Wirklichkeit erfaßt werden kann, ja vom Genie ursprünglich daraus erfaßt werden muß, so ist doch das Kunstwerk ein sehr mächtiges Erleichterungsmittel zur Erkenntniß der Idee: dies kommt nun, wie gesagt, zum Theil daher, daß im Kunstwerk die Idee rein dargestellt ist, das Wesentliche deutlich vor Augen gestellt, das Unwesentliche und Störende ausgesondert ist, daher im Spiegel der Kunst alles verdeutlicht und karakteristischer sich zeigt; aber andern Theils kommt jene Erleichterung der Auffassung der Idee durch das Kunstwerk auch daher, daß zum deutlichsten und rein objektiven Auffassen des Wesens der Dinge *das gänzliche Schweigen des Willens* erfordert ist und dieses mit Sicherheit nur dadurch erreicht wird, daß das angeschaute Objekt gar nicht im Gebiete der Dinge liege, die eine *mögliche* Beziehung zum Willen haben können, also nichts *Wirkliches* sei, sondern ein bloßes *Bild*. Weil es also für das Schöne selbst keinen Unterschied begründet ob die Erkenntnis desselben und das sie begleitende Wohlgefallen unmittelbar aus der Natur geschöpft oder durch ein Kunstwerk vermittelt wird, so werden wir die Betrachtung des Schönen in der Natur und in der Kunst nicht trennen, sondern beide zugleich vornehmen. Wir haben bis jetzt die allgemeinsten Grundlinien der ästhetischen Erkenntnißart betrachtet und schreiten jetzt zur nähern Untersuchung des Schönen und des Erhabenen. Unser Zweck dabei ist vorzüglich zu erkennen, was im Menschen vorgeht, wenn ihn das Schöne, wenn ihn das Erhabne rührt: ob er aber diese Rührung unmittelbar von der Natur, vom Leben selbst empfängt, oder ihrer erst theilhaft wird durch die Vermittelung der Kunst: dies begründet nie einen wesentlichen Unterschied, sondern nur einen äußerlichen.

CAP. 8.
Vom subjektiven Antheil des ästhetischen Wohlgefallens.

Wir haben in der ästhetischen Betrachtungsweise *zwei unzertrennliche Bestandtheile* gefunden: erstlich die Erkenntniß des Objekts nicht als einzelnen Dinges, sondern als *Idee*; sodann das Selbstbewußtseyn des Erkennenden, nicht als Individuums, sondern als *reinen willenlosen Subjekts der Erkenntniß*. Beide Bestandtheile sind unzertrennlich, keines kann eintreten ohne das andre: die Bedingung aber zum Eintritt beider, ist daß man die dem Satz vom Grund nachgehende Erkenntnißweise gänzlich verlasse, welche hingegen zum Dienste des Willens wie auch zur Wissenschaft die allein taugliche ist. – Aus den beiden Bestandtheilen der ästhetischen Erkenntnißweise, geht auch das *Wohlgefallen* welches durch die Betrachtung des Schönen erregt wird hervor, und zwar bald mehr aus dem einen, bald mehr aus dem andern jener Bestandtheile, je nachdem der Gegenstand der ästhetischen Kontemplation ist. Wir wollen jetzt zuvörderst betrachten, welchen Antheil am Genusse des Schönen der subjektive Antheil der ästhetischen Betrachtung hat. Dieser war der Zustand des reinen, willenlosen Erkennens, in welchem man aufhört sich seiner als Individuums bewußt zu seyn, und nur noch übrig bleibt als reines Subjekt des Erkennens. Ich werde Ihnen nunmehr zeigen, wie diese subjektive Bedingung der Auffassung des Schönen, sehr viel beiträgt zu dem Wohlgefallen, welches diese Auffassung in uns erregt, also ein großer Theil des ästhetischen Genusses im subjektiven Antheil liegt.

Wir haben oben gefunden, daß die Erkenntniß überhaupt ursprünglich zum Dienste des Willens da ist: daher ist ihr nächster und natürlicher Gegenstand, der eigne Wille des Individuums; das Auffassen der Motive nach welchen dieser Wille sich entscheidet, also die Betrachtung der Zwecke des eignen Willens und des diesen Zwecken Günstigen oder Hinderlichen. Allein solange wir, wie es gewöhnlich und natürlich ist, mit unserm eignen Wollen beschäftigt sind, kann uns nicht vollkommen wohl werden. Denn betrachten Sie folgendes: Alles *Wollen* muß entspringen aus einem *Bedürfniß:* jedes Bedürfniß aber ist ein gefühlter Mangel: dieser ist nothwendig ein *Leiden*. Freilich macht jede Erfüllung diesem Leiden ein Ende. Aber 1) der Wunsch kommt schnell und leicht; die Erfüllung schwer und langsam. Gegen einen Wunsch, der erfüllt wird, bleiben wenigstens zehn versagt: sodann dauert das Begehren lange und unsre Forderungen kennen keine Gränzen: die Erfüllung aber ist kurz und kärglich gemessen: mit der Erfüllung nehmen die Forderungen stets zu, die Befriedigung aber, welche die Erfüllung gewährt, nimmt stets ab wegen der eintretenden Gewohnheit. 2) Die endliche Befriedigung eines Wunsches ist selbst nur scheinbar: nichts stellt uns wirklich zufrieden: denn sobald ein Wunsch erfüllt ist, stellt sich ein neuer an dessen Stelle: der schon befriedigte Wunsch ist ein erkannter Irrthum; der neue ein noch unerkannter. Eine dauernde, nicht mehr weichende Befriedigung kann in der That kein erlangtes Objekt des Wollens geben: sondern es gleicht immer nur dem Almosen, das dem Bettler zugeworfen wird: es fristet sein Leben heute, um seine Quaal auf morgen zu verlängern. Hieraus also ergiebt sich, daß solange wir, wie es in der Regel der Fall ist, mit unserm Willen beschäftigt sind, solange das Wollen unser Bewußtsein füllt, solange wir dem Drange der Wünsche, mit dem ihn stets begleitenden Hoffen und Fürchten hingegeben sind, so lange wir also das *Subjekt des Wollens* sind, uns nimmermehr dauerndes Glück noch Ruhe werden kann, sondern dies schier unmöglich ist. Dabei ist es im Wesentlichen einerlei ob uns Hoffnung oder Furcht bewegt, ob wir nach einem Gute jagen oder vor einem Uebel fliehen, nach Genuß streben oder Unheil fürchten; das ist im Wesentlichen Eins: Denn immer ist es die Sorge für den stets fordernden Willen, welche das Bewußtseyn erfüllt und fortdauernd bewegt, gleichviel in welcher Gestalt sie dies thue: ohne Ruhe aber ist durchaus kein wahres Wohlseyn möglich. Das Subjekt des Wollens ist also stets im Leiden begriffen: es ist der Ixion auf dem beständig drehenden Rade; es ist der ewig schmachtende Tantalus; es sind die Danaiden die mit Sieben Wasser schöpfen. –

Nun aber betrachten Sie welche Veränderung im Subjekt vorgeht, indem die ästhetische Kontemplation, welcher Art sie auch sei, eintritt. – Entweder ist es *ein Objekt*, welches durch die Macht seiner Schönheit, d. h. durch seine bedeutsame Gestalt, unsre Erkenntniß endlich ganz abzieht von dem eignen Willen und seinen Zwecken; oder durch *innre Stimmung* befreit sich die Erkenntniß vom Dienste des Willens: genug, eine rein objektive Kontemplation tritt ein: und plötzlich sind wir herausgehoben aus dem endlosen Strohm des Begehrens und Erreichens; die Erkenntniß hat sich los gemacht vom Sklavendienst des Willens, sie ist frei und für sich da: nun faßt sie die Dinge nicht mehr auf sofern sie den Willen angehn, sofern sie *Motive* des Willens sind; sondern das Erkennen ist jetzt frei von aller Beziehung auf den Willen: also ist die Erkenntniß ohne Interesse, ohne Subjektivität, betrachtet die Dinge rein objektiv, ist ihnen ganz hingegeben, sie sind im Bewußtseyn sofern sie bloß *Vorstellungen*, nicht sofern sie *Motive* sind: diese Art des Erkennens, diese Reinigung des Bewußtseins von allen Beziehungen zum Willen tritt nothwendig ein, sobald wir irgend etwas ästhetisch betrachten und dann ist die auf dem ersten Wege des Wollens immer gesuchte, aber immer entfliehende *Ruhe* mit einem Male von selbst eingetreten und uns ist völlig wohl. Es ist der Schmerzenslose Zustand den Epikuros als das höchste Gut und als den Zustand der Götter pries: wir sind für jenen Augenblick des schnöden Willensdranges entledigt, feiern den Sabbath der Zuchthausarbeit des Wollens, das Rad des Ixion steht still.

Dieser Zustand ist aber eben der, welchen ich gleich Anfangs beschrieb, als subjektive Bedingung zur Erkenntniß der *Idee:* daraus, daß dem Individuum der Satz vom Grund nothwendige Form seines Erkennens ist, die Idee aber ganz außer dem Gebiet des Satzes vom Grund liegt, leitete ich ab, daß das Individuum gar nie Ideen erkennen kann; also wenn wir uns zur Erkenntniß der Ideen erheben sollten, nothwendig in uns eine Veränderung vorgehn müsse, vermöge welcher wir nicht mehr Individuen sind, sondern reines Subjekt des Erkennens: das eben ist dieser Zustand: es ist die reine Kontemplation, Aufgehn in der Anschauung, Verlieren ins Objekt, Vergessen aller Individualität, Aufhebung der dem Satz vom Grund folgenden und nur Relationen fassenden Erkenntniß: so ist der Erkennende nicht mehr Individuum sondern reines Subjekt des willenlosen Erkennens: und zugleich ist das so angeschaute einzelne Ding, zur *Idee* seiner Gattung geworden: beide sind herausgehoben aus dem Strom der Zeit und aller andern Relationen.

Es ist meistens die Schönheit d. h. die bedeutsame seine Idee ausdrückende Gestalt des Objekts welche uns in diesen Zustand des reinen Erkennens versetzt. Allein innere Stimmung, Uebergewicht des Erkennens über das Wollen im Individuum, kann jedem Objekt gegenüber, unter jeder Umgebung das Gemüth in diesen Zustand versetzen. Hievon geben einen schönen und erfreulichen Beweis jene nicht genug geschätzten Maler der Niederländischen Schule, welche sogenannte *Stillleben* malten. (Erklärung.) Solche Bilder sind nur dadurch möglich, daß der Künstler die geschilderte rein objektive Anschauung auch auf die unbedeutendesten Gegenstände heften konnte; so ein Bild ist dann das dauernde Denkmal der Objektivität und Geistesruhe des Künstlers. Dadurch eben rührt es den Beschauer: denn es vergegenwärtigt ihm den ruhigen, stillen, willenslosen Gemüthszustand des Künstlers, der nöthig war, um so unbedeutende Dinge, so objektiv anzuschauen, so aufmerksam zu betrachten und diese Anschauung so besonnen im Bilde zu wiederholen. Das Bild fordert den Beschauer auf auch sich diesem Zustande hinzugeben, und da dieser oft sehr im Gegensatz steht mit der eignen, unruhigen, durch Wollen jeder Art getrübten Gemüthsverfassung in welcher der Betrachter sich grade befindet, so wird grade durch diesen Kontrast seine Rührung vermehrt. Im selben Geiste wie das Stillleben sind auch manche Landschaften gemalt, die höchst unbedeutende Gegenstände vorstellen (Beispiele), besonders von Ruisdael (Friedrich?): sie bringen dieselbe Wirkung auf eine noch erfreulichere Weise hervor. – Hier wo der Gegenstand an sich wenig bedeutend ist, geht die rein objektive Anschauung desselben aus der innern Kraft des künstlerischen Gemüths hervor, wodurch dann sogleich auch das Unbedeutende in der Darstellung ästhetisch wirkt. Nun aber wird jene reine objektive Gemüthsstimmung von Außen befördert und sehr erleichtert, wenn die Objekte selbst, durch ihre bedeutsame Gestalt, ihr entgegenkommen, zur reinen Anschauung von selbst einladen: dies thut besonders die schöne Natur: in ihrer Fülle dringt sie sich gleichsam auf zur objektiven Betrachtung. Daher wirkt *die Natur* so wohlthätig auf das Gemüth ein, durch ihre ästhetische Schönheit. Die Macht mit der sie uns zum reinen Anschauen auffordert ist so groß, daß so oft sie mit einem Male sich unserm Blicke aufthut, es ihr fast immer gelingt, uns loszureißen von der Beschäftigung mit unserm leidigen Selbst und dessen Zwecken, uns der Subjektivität zu entreißen, vom Sklavendienst des Willens zu befreien und uns in den Zustand des reinen Erkennens zu versetzen, freilich oft nur auf kurze Augenblicke. Aus dieser Leichtigkeit mit welcher der Anblick der Natur uns in den Zustand des reinen Erkennens versetzt, wodurch wir unsrer Individualität mit allem ihrem Leiden entzogen sind, ist es erklärlich, daß sogar der, welcher von Noth, Sorgen oder von Leidenschaften innerlich gequält wird, dennoch durch einen einzigen freien Blick in die Natur so plötzlich erquickt, erheitert und aufgerichtet wird: dann ist der Sturm der Leidenschaften, der Drang der Wünsche, die Unruhe der Furcht und Sorge sogleich auf eine wundersame Art beschwichtigt: eben weil wir der Individualität entzogen sind. Dieses alles kommt daher, daß in dem Augenblicke, wo wir dem rein objektiven Anschauen uns hingegeben haben, wir von allem Wollen losgerissen sind und dadurch gleichsam in eine andre Welt getreten sind, wo alles das, was vorhin unsern Willen bewegte und uns so heftig erschütterte, nicht mehr ist. Aus diesem allen werden wir durch das Freiwerden der Erkenntniß eben sosehr und gänzlich herausgehoben als durch den Schlaf und den Traum: nun sind Glück und Unglück für uns verschwunden: wir sind nicht mehr das Individuum, es ist vergessen: wir sind nur noch da, als reines Subjekt der Erkenntniß, also als das *eine* Weltauge, was aus allen erkennenden Wesen blickt, aber nur im Menschen so gänzlich frei werden kann vom Dienste des Willens, daß das Bewußtseyn im Erkennen allein besteht: sobald dieser Zustand eingetreten ist (und er tritt ein sobald wir die Dinge ästhetisch d. h. rein objektiv betrachten), dann ist aller Unterschied der Individualität und alles sie betreffenden gänzlich aufgehoben: es ist einerlei welchem Individuum das schauende Auge, das rein erkennende Bewußtseyn angehört, ob einem mächtigen Könige oder einem gepeinigten Bettler: es ist dann einerlei ob man dem Untergang der Sonne aus einem Kerker zusieht, oder aus einem Pallast. Denn wir sind alsdann auf ein Gebiet versetzt über dessen Gränze weder Glück noch Jammer uns folgen kann: es ist das Gebiet des rein objektiven Erkennens: auf diesem sind wir allemal unserm Jammer gänzlich entronnen, und dies Gebiet liegt uns beständig nahe: allein meistens fehlt uns die Kraft des Geistes, um uns lange darauf zu erhalten. Indem wir nämlich auch wirklich der rein objektiven Anschauung hingegeben sind, so darf etwa nur irgend eine Beziehung jener rein angeschauten Objekte zu unserm Willen, zu unsrer Person wieder ins Bewußtseyn treten, so hat der Zauber sogleich ein Ende: es darf etwa nur uns einfallen daß die Landschaft welche wir eben rein objektiv betrachten ein Landgut ist, das uns durch Erbschaft zufallen könnte, und sogleich ist jene Freiheit und Geistesruhe welche das reine Erkennen begleitet verschwunden, wir sind nicht mehr das rein erkennende Subjekt, sondern das Individuum: vorhin war, was wir erkannten, die Idee, welche außer allen Relationen liegt; jetzt ist es das einzelne Ding, welches nur durch die Relationen, die der Satz vom Grunde setzt, erkannt wird; dadurch ist es ein Glied einer Kette zu der auch das beschauende Individuum gehört, und sonach wird dieses allem Jammer, welcher die Individualität und das Wollen begleitet, wieder hingegeben. Dies ist dann der gemeine Standpunkt, von welchem die meisten Menschen fast nie loskommen, eben weil ihnen die Objektivität, d. h. die ästhetische oder geniale Beschaffenheit des Geistes abgeht. Darum sind sie der ästhetischen Auffassung der Natur, wenigstens auf irgend eine Dauer, nicht fähig: dies zeigt sich daran daß sie nicht gerne allein mit der Natur sind, so sehr diese auch alle ihre Schönheiten entfalten mag: sie brauchen Gesellschaft um Aktion und Reaktion zu empfinden, weil die objektive Betrachtung ihr Bewußtseyn nicht einzunehmen vermag: oder sie nehmen ein Buch mit und lesen auf einem Spaziergang um so durch abstrakte Gedanken die Langeweile zu verscheuchen welche der Anblick der Natur dem zur objektiven Anschauung Unfähigen machen muß: alles nur, weil ihr Erkennen immer an den Dienst des Willens gebunden bleibt: darum suchen sie an allen Gegenständen immer nur die Beziehungen, welche solche zu ihrem Willen haben können, und bei Allem, welches keine solche Beziehungen hat, ertönt in ihrem Innern, gleichsam wie ein Grundbaß, ein beständiges, trostloses »Es hilft mir nichts«: daher kommt es, daß in der Einsamkeit auch die schönste Umgebung ein ödes, finstres, fremdes, feindliches Ansehn für sie hat. Der Zustand des reinen völlig willenlosen Erkennens ist es auch ganz allein, der uns ein Beispiel giebt, von der *Möglichkeit eines Daseyns, das nicht im Wollen besteht*, wie unser jetziges. Wir werden weiterhin einsehn, daß Erlösung von der Welt und ihrer Quaal nur denkbar ist nach gänzlicher Aufhebung alles Wollens, womit aber auch die Welt, wie wir sie kennen, aufgehoben ist und für uns ein leeres Nichts übrig bleibt: das reine willenlose Erkennen allein giebt uns ein Unterpfand der Möglichkeit eines Daseyns, das nicht im Wollen besteht: darin mag zum Theil mit die Freude liegen die uns der Zustand des reinen Erkennens jedes Mal gewährt.

Weil also bei jeder ästhetischen Auffassung, d. h. Anerkennung des Schönen als solchen, der geschilderte Zustand des willensfreien reinen Erkennens die subjektive Bedingung ist, dieser Zustand uns aber allen Leiden entzieht, welche vom Wollen und der Individualität unzertrennlich sind; so hat eben diese subjektive Bedingung des ästhetischen Genusses, einen großen Antheil an der Freude die uns das Schöne gewährt.

Jene geschilderte Seeligkeit, welche das willensfreie Anschauen mit sich bringt, erklärt es auch, warum die Erinnerung an vergangene Zeiten und entfernte Orte uns diese allemal in einem so sehr verschönerten Licht erblicken läßt, und während das Gegenwärtige uns selten befriedigt, über das in Raum oder Zeit Ferne stets ein wundersamer Zauber verbreitet ist: dies geschieht durch eine Selbsttäuschung; denn als jenes jetzt Ferne einmal Gegenwärtig war, befriedigte es uns auch nicht mehr als das jetzt Nahe und Gegenwärtige. Hiebei geht es nun so zu: Indem wir längst vergangene Tage, und jetzt ferne Umgebungen uns in der Phantasie zurückrufen, so sind wir bloß mit den Objekten beschäftigt, wir schauen diese jetzt so in der Phantasie an, wie wir sie damals in der Gegenwart hätten anschauen können, wenn nicht damals, wie immer, das Beschäftigen mit dem eignen Wollen und den individuellen Zwecken, nebst den endlosen Sorgen und Leiden die damit verknüpft sind unser Bewußtsein eingenommen hätten: diese Sorgen und Leiden sind aber jetzt vergessen und verschwunden, haben seitdem täglich andern Platz gemacht, und die Bilder jener Vergangenheit und Entfernung, die damals durch sie getrübt wurden, stellen sich jetzt rein von denselben dar. Darum hat die Anschauung in der Erinnerung der Phantasie, jene Reinheit von allen Beziehungen auf den Willen, folglich jene Objektivität, welche die Anschauung des Gegenwärtigen für uns nicht hat, weil wir nicht vermögen uns ihr ganz hinzugeben und die Beziehungen derselben auf unsern Willen aus den Augen zu lassen. Daher also kommt es, daß die Erinnerung an Scenen der Vergangenheit und Entfernung oft plötzlich an uns vorüberzieht, wie ein verlornes Paradies: am meisten ist dies der Fall, wenn irgend eine Noth uns mehr als gewöhnlich beängstigt. Jener Zauber der Entfernung und Vergangenheit entspringt also daraus, daß die Phantasie bloß das Objektive wiederbringt, nicht aber das Individuell-Subjektive: wir bilden uns dann ein, daß jenes Objektive damals eben so rein und von keiner Beziehung auf den Willen getrübt vor uns gestanden habe, wie jetzt sein Bild in der Phantasie: da doch vielmehr die Beziehung der Objekte auf unser Wollen uns damals Quaal schuf, so gut als jetzt. Die Anschauung der gegenwärtigen Objekte, könnte ebenso erfreulich vor uns stehn als die der entfernten in der Phantasie, wenn wir nur vermöchten sie eben so frei von den Beziehungen auf unsern Willen und rein objektiv anzusehn. Wer dies erzwingen will, muß im Stande seyn die Dinge unter der Illusion zu betrachten, daß sie ganz allein da wären, er, der Beschauer, aber gar nicht gegenwärtig: sein eignes Selbst muß aus seinem Bewußtseyn verschwinden: sobald er nur dessen entledigt ist, bleibt er nur noch als reines Subjekt des Erkennens bestehn, als solches ist er dann mit den Objekten völlig Eins, ist das bloße Korrelat derselben, vermöge dessen sie in der Welt als Vorstellung da sind: so fremd nun die Noth seines Individuums diesen Objekten ist, so fremd ist sie alsdann ihm selbst: dann ist für ihn, solange er in solcher objektiven Anschauung der Dinge verharrt, die Welt als Vorstellung allein übrig: die Welt als

Wille ist verschwunden: diese aber ist es die allein alle Leiden trägt. Die Welt als Vorstellung ist frei davon. – Daher eben kommt es überhaupt, daß was uns im Bilde, sei es Malerei, sei es Poesie, so sehr ergötzt, nämlich das Treiben, Drängen und Bewegen des Lebens, uns viele Schmerzen macht, wenn wir selbst darin begriffen sind, d. h. selbst der Wille sind, der diese Erscheinungen hervorbringt.

»Was im Leben uns verdrießt,
Man im Bilde gern genießt.«
Göthe [Motto zu »Parabolisch«]

Durch alle diese Betrachtungen wünsche ich Ihnen deutlich gemacht zu haben, welcher Art und wie groß der Antheil sei, den am ästhetischen Wohlgefallen die subjektive Bedingung desselben hat, nämlich die Befreiung des Erkennens vom Dienste des Wollens, das Vergessen seines Selbst als Individuums, und die Erhöhung des Bewußtseins zum reinen, willenlosen, zeitlosen Subjekt des Erkennens, dem alle Relationen fremd sind. – Mit dieser subjektiven Seite der ästhetischen Anschauung tritt als nothwendiges Korrelat immer zugleich die objektive Seite ein, das intuitive Erkennen der Idee.

Bevor wir uns aber zur näheren Betrachtung dieser objektiven Seite und den Leistungen der Kunst in Beziehung auf sie wenden; ist es zweckmäßiger noch etwas bei der *subjektiven* Seite des ästhetischen Wohlgefallens zu verweilen und die Betrachtung derselben zu vollenden durch Erörterung des Eindrucks des *Erhabenen:* denn dieser hängt ganz ab von der subjektiven Bedingung der ästhetischen Auffassung und entsteht durch eine Modifikation derselben. – Danach werden wir die objektive Seite des ästhetischen Wohlgefallens betrachten, wodurch die ganze Untersuchung vollständig wird.

Nur noch zuvor diese Bemerkung, die zum bisherigen gehört und als Erläuterung hinzukommen mag. Das *Licht* [Vgl. WI, § 38, S. 235 [284]] wirkt schon an sich ästhetisch, hat eine eigenthümliche Schönheit: man kann sagen, es ist das *erfreulichste* der Dinge. Daher ist es auch das Symbol alles Guten und Heilbringenden geworden: seine Abwesenheit macht unmittelbar traurig: seine Wiederkehr beglückt: die Farben erregen unmittelbar ein lebhaftes Ergötzen. Dies Alles kommt ganz gewiß daher, daß das Licht das Korrelat und die Bedingung der vollkommensten anschaulichen Erkenntnißweise ist, der einzigen, die den Willen unmittelbar gar nicht affizirt. Nämlich das Sehn unterscheidet sich von den andern Sinneswahrnehmungen dadurch, daß es nicht, wie die Affektion der andern Sinne, an sich und unmittelbar durch seine sinnliche Wirkung einer *Empfindung* der Annehmlichkeit oder Unannehmlichkeit im Organ fähig ist: d. h. die Affektion des Auges durch das Licht wirkt nicht *unmittelbar* und durch sich selbst auf den Willen: die gesehenen d. h. durch den Verstand apprehendirten Objekte, können auf den Willen wirken durch ihre Relation zu ihm: das ist aber etwas ganz andres, ist Sache des Verstandes, nicht des körperlichen Gefühls. Jede andre Affektion des Leibes, auch in den Sinnesorganen, nur nicht des Auges, hat eine unmittelbare Beziehung zum Willen, d. h. kann durch sich selbst schmerzlich oder angenehm seyn. Am wenigsten freilich das Gehör: aber doch können Töne schon unmittelbar und rein sinnlich Schmerz erregen, oder auch, ohne Bezug auf Harmonie oder Melodie, durch sich selbst sinnlich angenehm seyn. Das Getast welches zusammenfällt mit dem Gemeingefühl des ganzen Leibes, ist eben wie dieses den Affektionen des Schmerzes und der Annehmlichkeit unterworfen, hängt also auch ganz unmittelbar mit dem Willen zusammen: doch ist das Tasten in der Regel frei von Schmerz oder Annehmlichkeit. Nun aber Gerüche sind immer angenehm oder unangenehm: Geschmäcke noch mehr: also sind Geruch und Geschmack am meisten mit dem Willen inquinirt, ihre Empfindung bezieht sich mehr auf den Willen als auf die Erkenntniß: daher sind sie immer die unedelsten Sinne genannt: Kant nennt sie die subjektiven Sinne, sehr passend. Das Auge also ist allein der rein objektive Sinn, der allein der Erkenntniß dient, ohne daß seine Empfindung unmittelbar den Willen erregte. Hieraus ist es abzuleiten, daß der Anblick des Lichts, d. h. eben die Erregung der Sinnesthätigkeit des Auges schon unmittelbar durch sich selbst uns geistig erfreut. Die ästhetische Freude, die das Licht allemal in uns erregt, ist eigentlich nur die Freude über die objektive Möglichkeit der reinsten und vollkommensten anschaulichen Erkenntnißweise: sie ist daraus abzuleiten, daß das reine und von allem Wollen befreite und entledigte Erkennen, schon die Hälfte jedes ästhetischen Genusses ausmacht. – Hieraus nun wieder wird ein andrer schon weniger einfacher ästhetischer Genuß erklärlich, nämlich der welchen uns allemal die Abspiegelung der Objekte im Wasser giebt, welche Erscheinung wir allemal mit besonderm ästhetischen Wohlgefallen betrachten und ihr eine sehr große Schönheit zuerkennen. Auch dieses liegt im subjektiven Theil des ästhetischen Genusses und hängt zusammen mit der Freude über das Licht. Nämlich das Sehn ist die vollkommenste und objektiveste anschauliche Erkenntnißweise: ihre Möglichkeit beruht auf dem Zurückgeworfenwerden des Lichts von den Körpern: dieses ist die leichteste, schnellste, feinste Art der Einwirkung der Körper auf einander, und eben ihr verdanken wir die bei weitem vollkommenste und reinste unsrer Wahrnehmungen, das Sehn. Bei der Abspiegelung der Objekte im Wasser wird uns nun diese Einwirkung der Körper auf einander mittelst zurückgeworfener Lichtstralen ganz deutlich, übersehbar und vollständig in Ursach und Wirkung vor die Augen gebracht und zwar im Großen: die unglaublich große Schönheit welche wir diesem Phänomen beilegen liegt bloß in der Freude über die hier recht entfaltete Möglichkeit der reinsten sinnlichen Anschauungsweise, ist also Freude über das reine Erkennen und seine Wege: diese wurzelt ganz im subjektiven Grund des ästhetischen Wohlgefallens.

Sie werden nunmehr gefaßt haben welcher Art das bloß Subjektive am ästhetischen Wohlgefallen, d. h. an der Freude am Schönen ist, wie es nämlich daraus entspringt daß das Bewußtseyn ganz der Erkenntniß hingegeben ist und dadurch dem Wollen entzogen ist aus welchem alle Leiden hervorgehn. Das Erkennen muß hiezu ein anschauliches seyn und kein Abstraktes Denken: weil nur das Anschauen den Satz vom Grund und dadurch alle Relationen ganz verlassen kann: das abstrakte Denken aber immer dem Satz vom Grund des Erkennens gemäß vor sich geht, daher in den Relationen befangen bleibt, welche stets irgend einen Weg zum Willen haben: auch ist das Denken an sich schon etwas willkürliches, ein angestrengtes Kombiniren der Begriffe, hängt also auch dadurch mit dem Willen zusammen.

Das Denken ist erfreulich durch das Auffinden der Resultate, aber nicht unmittelbar durch sich selbst: der Genuß des reinen Denkens ist kein ästhetischer. Es lenkt uns zwar ab von der Beschäftigung mit unsern individuellen Zwecken: aber es entreißt uns nicht unsrer Persönlichkeit ganz und auf ein Mal wie das reine Anschauen. Ehe ich nun übergehe zum objektiven Theil der Freude am Schönen, ist es besser hier die Erörterung des *Erhabenen* einzuschalten: weil diejenige Stimmung, welche man das Gefühl des Erhabenen nennt, eigentlich im subjektiven Theil alles ästhetischen Genusses ihren Ursprung hat, nämlich durch einen besondern Zusatz zu demselben entsteht.

CAP. 9.
Vom Eindruck des Erhabenen.

Das Versetzen in den Zustand des reinen Erkennens tritt am leichtesten ein, wenn die Gegenstände demselben entgegenkommen, d. h. durch ihre mannigfaltige und zugleich bestimmte und deutliche Gestalt Repräsentanten ihrer Ideen sind, worin eben die Schönheit im objektiven Sinn besteht. Diese Eigenschaft hat vor Allem die *schöne Natur* und daher gewinnt sie selbst dem Unempfindlichsten wenigstens ein flüchtiges ästhetisches Wohlgefallen ab. So lange nun dieses Entgegenkommen der Natur, die Bedeutsamkeit und Deutlichkeit ihrer Formen, aus denen die in ihnen individualisirten Ideen uns leicht ansprechen, es ist, die uns in den Zustand der Kontemplation versetzt und eben damit zum willensfreien Subjekt des Erkennens macht; – so lange ist es bloß das *Schöne* was auf uns wirkt, und Gefühl der Schönheit, was erregt ist. – Nun aber kann es sich treffen, daß eben jene Gegenstände, deren bedeutsame Gestalten uns zu ihrer reinen Kontemplation einladen, ein *feindliches Verhältniß* haben gegen den menschlichen Willen überhaupt, wie er in seiner Objektität, dem menschlichen Leibe, sich darstellt: und dieses ist auf zweierlei Weise möglich: sie können nämlich diesem entgegen seyn, entweder dadurch daß sie ihm eine Macht vorhalten die allen Widerstand aufheben würde, eine ihn also bedrohende Macht; und diese Art nenne ich, mit dem Kantischen Ausdruck, das *dynamisch* Erhabne: oder auch ihre Größe ist unermeßlich und vor derselben wird der menschliche Leib zu Nichts verkleinert; dies ist das *mathematisch* Erhabne. Wenn nun vor solchen Gegenständen der Beobachter seine Aufmerksamkeit eben auf jenes sich aufdringende feindliche Verhältniß zu seinem Willen richtet, so erblickt er in ihnen nur feindliche und furchtbare Dinge, fühlt sich bedroht und geängstigt, oder verkleinert und vernichtet. Hingegen wenn er jenes Feindliche und Uebermächtige in ihnen zwar wahrnimmt und anerkennt, allein es aus den Augen läßt, sich absichtlich und mit Bewußtsein davon *abwendet*, indem er nämlich seine Erkenntniß von seinem Willen und dessen Verhältnissen gewaltsam losreißt, sie für sich bestehn läßt, so wird er der reinen Erkenntniß allein hingegeben seyn und in dieser eben jene dem Willen furchtbaren Gegenstände ruhig kontempliren, als reines willenloses Subjekt des Erkennens; als solches faßt er die jeder Relation fremde *Idee* des Gegenstandes allein auf; dann wird er gerne bei der Betrachtung eines solchen Gegenstandes weilen, der, wenn seine Erkenntniß dem Dienste des Willens hingegeben wäre, nur Furcht oder Gefühl der Vernichtung in ihm erregen könnte; folglich wird er sodann über sich selbst, seine Person, sein Wollen und alles Wollen *hinausgehoben*: die hieraus hervorgehende Stimmung ist das Gefühl des *Erhabenen*: der Betrachter ist im Zustand der *Erhebung* über sich selbst und deshalb nennt man auch den solchen Zustand veranlassenden Gegenstand *erhaben*. Was also das Gefühl des Erhabenen von dem des Schönen unterscheidet ist folgendes: bei beiden Arten der ästhetischen Auffassung, der des Schönen und der des Erhabenen, ist unsre Erkenntniß dem Dienste des Willens ganz entzogen, wir sind deshalb nicht mehr das Individuum, sondern reines Subjekt des Erkennens: – nun aber bei der Betrachtung des bloß *Schönen* hat das reine Erkennen *ohne Kampf* die Oberhand gewonnen: hier war es die Schönheit des Objekts, d. h. dessen die Erkenntniß seiner Idee erleichternde Beschaffenheit, welche den Willen, und die seinem Dienste fröhnende Erkenntniß der Relationen aus dem Bewußtsein entfernte, ohne Widerstand und daher unmerklich: daher blieb hier das Bewußtsein als reines Subjekt des Erkennens übrig, ohne daß auch nur eine *Erinnerung* an den Willen nachbliebe. Hingegen bei dem *Erhabenen* ist jener Zustand des reinen Erkennens allererst gewonnen durch ein bewußtes und gewaltsames Losreißen, von den als ungünstig erkannten Beziehungen desselben Objekts zum Willen, durch ein freies, von Bewußtsein begleitetes Erheben über den Willen und die auf ihn sich beziehende Erkenntniß. Diese Erhebung muß nicht nur mit Bewußtsein gewonnen, sondern auch mit Bewußtsein erhalten werden: daher ist sie von einer steten Erinnerung an den Willen begleitet, doch nicht an ein einzelnes individuelles Wollen, wie Furcht oder Wunsch, sondern an das menschliche Wollen überhaupt, sofern es durch seine Objektität, den menschlichen Leib, allgemein ausgedrückt ist. Träte ein realer, einzelner Willensakt ins Bewußtsein, durch wirkliche persönliche Bedrängniß und Gefahr vom Gegenstande; so würde der also wirklich bewegte individuelle Wille alsbald die Oberhand gewinnen, die Ruhe der Kontemplation unmöglich machen, der Eindruck des Erhabenen verloren gehn, indem er der Angst Plaz machte, in welcher das Streben des Individuums sich zu retten jeden andern Gedanken verdrängte. Das Gefühl des Erhabnen ist also mit dem des Schönen in der Hauptbestimmung Eins, nämlich im reinen willensfreien Erkennen und der mit demselben nothwendig zugleich eintretenden Erkenntniß der Idee, welche außer allen durch den Satz vom Grund gesetzten Relationen liegt: es unterscheidet sich vom Gefühl des Schönen nur durch einen Zusaz, nämlich die Erhebung über das erkannte feindliche Verhältniß eben des kontemplirten Objekts zum Willen: jenachdem nun dieser Zusatz stark, laut, dringend, nah, oder nur schwach, fern, bloß angedeutet ist, entstehn mehrere Grade des Erhabnen, ja Uebergänge des Schönen zum Erhabnen.

(Licht und Wärme;

leiseste Grade des Erhabnen [Vgl. WI, § 39, S. 239–241 [288–291]], können wegfallen.)

[Hier folgte ursprünglich, mit Tinte wieder ausgestrichen: Die niedern Grade in denen das Gefühl des Erhabnen sich einfindet können nur von denen erfahren werden, die schon einen ungemein regsamen Sinn für ästhetische Eindrücke haben. Ich will daher ...] Beispiele des Eindrucks des Erhabnen: Die tiefste Stille und Einsamkeit in einem weiten Raum hat schon etwas Erhabenes: weil sie dem Willen dadurch ungünstig ist, daß sie ihm überhaupt keine Objekte darbietet, ohne eben das Individuum mit Mangel zu bedrohen. Denken Sie sich einmal eine weit und breit unabsehbare Gegend, ganz unbeschränkten Horizont, und nun dabei die völligste Einsamkeit, und tiefes Schweigen der ganzen Natur, blauen Wolkenlosen Himmel, Bäume und Pflanzen in ganz unbewegter Luft, keine Menschen, keine Thiere, keine bewegte Gewässer, die tiefste Stille überall; so muß im Betrachter der sich dort befindet, entweder eine gewisse Beängstigung oder das Gefühl des Erhabnen entstehn: welches von beiden sich einfindet hängt vom Maaße des intellektuellen Werthes des Zuschauers ab, wie denn überhaupt der Grad unsrer Fähigkeit zum Ertragen oder Lieben der Einsamkeit ein guter Maasstab unseres intellektuellen Werthes ist. – Die geschilderte Umgebung nämlich bietet dem Willen durchaus keine Objekte dar, weder günstige noch ungünstige: der Wille aber ist des steten Strebens und Erreichens bedürftig: daher wird der dessen Erkenntniß immer nur in Beziehung auf seinen Willen thätig ist, hier mit Beängstigung die Leere des nichtbeschäftigten Willens empfinden und mit beschämender Herabsetzung der Quaal der Langenweile Preis gegeben seyn. – Hingegen dem der willensfreien Betrachtung Fähigen, ist die geschilderte Umgebung wie ein Aufruf zum Ernst, zur Kontemplation, mit Losreißung von allem Wollen und dessen Dürftigkeit: er tritt in den Zustand des reinen Erkennens; der Ruhe und Allgenugsamkeit dieses Zustandes mischt sich aber als Kontrast eine Erinnerung an die Abhängigkeit und Armseligkeit des eines steten Treibens bedürftigen Willens bei: dadurch nun eben hat schon eine solche bloß höchst einsame und tiefruhende Umgebung einen Anstrich des Erhabenen. Einen Eindruck dieser Art geben in minderm Grad schon die einsamen Schatten hoher Eichen, z. B. die »heiligen Hallen« bei Tharand. Ja die eintretende Stille jedes schönen Abends, wo das Gewirre und Getreibe des Tages schweigt, die Gestirne allmälig hervortreten, der Mond aufgeht, – alles dies stimmt schon erhaben, weil es uns ablenkt von der Thätigkeit die unserm Willen dient und zur Einsamkeit und Betrachtung einladet. Die Nacht ist an sich erhaben. – Dieses wird nun in einem schon höhern Grade merklich werden, wenn wir eine solche einsame Gegend auch noch von Pflanzen und Bäumen entblößt seyn lassen und statt deren nackte Felsen hineinsetzen. Wir sind für unsre Subsistenz an das Organische überhaupt gewiesen: die gänzliche Abwesenheit desselben macht daher schon mehr gradezu einen beängstigenden Eindruck: die Oede gewinnt durch jene Abwesenheit einen furchtbaren Karakter: die Stimmung des ästhetischen Betrachters einer solchen Einöde von Felsen wird mehr tragisch: die Erhebung zum reinen Erkennen geschieht mit entschiednerem Losreißen vom Interesse des Willens; indem er also auch jetzt im Zustande des reinen Erkennens beharrt, tritt das Gefühl des Erhabnen deutlich hervor.

Nun wollen wir uns eine Gegend denken, welche in noch höherm Grade jenes Gefühl veranlaßt. Versetzen Sie sich in ein von ungeheuren, nackten, herabhängenden Felsen umgebenes Thal, so daß die Verschränkung der Felsen den Ausweg nicht sehn läßt: denken Sie dazu die Natur in stürmischer Bewegung, drohende schwarze Gewitterwolken von oben und daraus entstehendes Helldunkel der Beleuchtung; dabei gänzliche Oede; für das Ohr das Rauschen eines schäumenden Waldbachs und die Wehklage der durch die Schluchten streifenden Luft. Dem einsamen Wandrer tritt bei einer solchen Scene unsre Abhängigkeit, unser Kampf mit der feindlichen Natur, unser darin gebrochener Wille ganz nah und anschaulich vor die Augen, ohne daß es der Reflexion bedarf. So lange nun aber nicht in ihm etwa die persönliche Bedrängniß die Oberhand gewinnt, sondern er in der reinen Beschauung und Auffassung dieser Umgebung bleibt; so blickt gleichsam mitten durch jenen Kampf der Naturkräfte, durch jenes so nahe Bild des gebrochnen menschlichen Wollens, das reine Subjekt des Erkennens durch, und faßt ruhig, unerschüttert, nicht mitgetroffen, an eben den Gegenständen, welche dem Willen drohend und furchtbar sind, die Ideen auf. In diesem Kontrast liegt das Gefühl des erhabnen. Wie ein Sonnenstral unerschüttert die Bewegung des heftigsten Sturms durchschneidet, so kontrastirt die Ruhe eines beschaulichen Gemüths, mit dem Kampf der Naturkräfte den es auffaßt. Der Eindruck des Erhabenen wird am mächtigsten, wenn wir den Kampf der Natur ganz im Großen vor uns haben: so empfindet ihn der, welcher im Schloß Laufen hart am Rheinfall steht, wo das Geräusch des Falls so stark ist, daß man seine eigne Stimme durchaus nicht hören kann, vielleicht eine Kanone abfeuern könnte, ohne sie zu hören: die Nähe einer so furchtbaren Gewalt, deren Wirken man sicher und ruhig betrachtet, erregt das Gefühl des Erhabenen.

Ueberaus stark habe ich einmal den Eindruck des Erhabenen von einem Gegenstand erhalten, den ich bloß *hörte* ohne ihn zu sehn: dieser Gegenstand ist aber auch wohl einzig in der Welt.

Sie wissen daß der große *Canal du Languedoc* das Mittelländische Meer mit der Garonne und dadurch mit dem Ocean verbindet. Um den Kanal mit Wasser zu versehn ist folgende Anstalt gemacht. Einige Meilen von Toulouse liegt Castelnaudary und etwa eine Meile von hier St. Fériol: auf einem Berge bei diesem Städtchen ist ein See oder großes Wasserbassin, selbst wieder von höhern Bergen umgeben, deren Quellen diesen See füllen. Nun ist unter dem See, im Berge eine Wasserleitung, welche das Wasser aus dem See, so oft es nöthig ist, in den Kanal läßt: ein gewaltiger Krahn hält diese Wasserleitung geschlossen, sperrt den See und wird nur geöfnet wenn das Wasser ausströmen soll. Man führte mich einen langen Gang durch den Berg, dicht neben diesem Gang, aber durch eine Wand von ihm getrennt, ist der gemauerte Weg des Wassers, am Ende des Ganges aber der große Krahn: nachdem mir der Führer die sehr nöthige Erinnerung gegeben hatte, nicht zu erschrecken, öffnete er den Krahn und nun erhob sich das lauteste Gebrüll, was man wohl auf der Welt hören kann, verursacht von der großen Wassermasse die nun, in diesem eingeschlossenen Raum, im Gange nebenan, durch den ganzen Berg in den Kanal strömt. Von diesem entsetzlichen Lerm ist es nicht möglich sich eine Vorstellung zu machen, es ist viel lauter als der Rheinfall weil es im eingeschlossenen Raum ist: hier durch irgend etwas einen noch hörbaren Laut zu verursachen, wäre ganz unmöglich: man fühlt sich durch das ungeheure Getöse ganz und gar wie vernichtet: weil man aber dennoch völlig sicher und unverletzt steht und die ganze Sache in der Perception vor sich geht; so stellt sich dann das Gefühl des Erhabenen im höchsten Grade ein: dieses Mal durch einen bloß hörbaren Gegenstand ohne alles Sichtbare veranlaßt. Uebrigens geht man nachher auch in den andern Gang und sieht das Wasser aus dem Krahn strömen: hier wird man aber nicht so sehr davon erschüttert, theils weil der erste Eindruck vorüber ist, theils weil man die Ursach des Getöses vor Augen hat. Wer je ins südliche Frankreich kommt, versäume es ja nicht.

Ebenfalls wird den Eindruck des Erhabenen im höchsten Grade empfinden können, wer je Gelegenheit hat am Meeresufer zu stehn, bei großem Sturm und Ungewitter: er sieht dann den Kampf der Naturkräfte im Großen: die Wellen häuserhoch steigen und sinken, die Brandung schlägt gewaltsam gegen die schroffen Uferklippen und spritzt den Schaum hoch in die Luft, dazu heult der Sturm, brüllt das Meer, Blitze zucken aus schwarzen Wolken und Donnerschläge übertönen Sturm und Meer. Dann erhält der persönlich gesicherte Zuschauer dieses Auftritts den vollen Eindruck des Erhabnen, indem die Duplicität seines Bewußtseins die größte Deutlichkeit erreicht: – nämlich er empfindet sich zugleich als Individuum, als hinfällige Willenserscheinung, die der geringste Schlag jener Kräfte zertrümmern kann, hülflos gegen die gewaltige Natur, abhängig, dem Zufall Preis gegeben, ein verschwindendes Nichts, ungeheuren Mächten gegenüber; und dabei nun zugleich als ewiges ruhiges Subjekt des Erkennens, das, als Bedingung aller Objekte, der Träger eben dieser ganzen Welt ist und der furchtbare Kampf der Natur nur seine Vorstellung, es selbst in ruhiger Auffassung der Ideen, frei und fremd allem Wollen und allen Nöthen. Es ist der volle Eindruck des Erhabenen. Hier, wo ihn der Anblick einer dem Individuo Vernichtung drohenden und ihm ohne allen Vergleich überlegenen Macht veranlaßt, ists das *Dynamisch-Erhabne*.

Auf ganz andre Weise nun entsteht der Eindruck des Erhabenen bei Vergegenwärtigung einer bloßen Größe in Raum und Zeit, deren Unermeßlichkeit das Individuum zu nichts verkleinert. Dies ist das *Mathematisch-Erhabne*. (Die Eintheilung und Benennung nach Kant: nicht die Erklärung.) (Mathematisch Erhabnes. Beispiele:) Wenn wir uns in die Betrachtung der unendlichen Größe der Welt in Raum und Zeit verlieren, den verflossenen Jahrtausenden und den kommenden nachsinnen, – eben so, wenn wir den nächtlichen gestirnten Himmel betrachten, zahllose Welten wirklich vor Augen haben: – dann dringt die Unermeßlichkeit der Welt in Zeit und Raum auf das Bewußtseyn ein: – bei dieser Betrachtung fühlen wir dann uns selbst zu Nichts verkleinert, fühlen uns als Individuum, als belebter Leib, als vergängliche Willenserscheinung, wie ein Tropfen im Ocean, dahin schwinden, zu nichts zerfließen. Bliebe es dabei, so würde der Eindruck uns bloß beängstigen und zu Boden drücken. Aber nun erhebt sich zugleich gegen solches Gespenst unsrer eignen Nichtigkeit, gegen jenen lügenden Schein des Unmöglichen, das unmittelbare Bewußtseyn, daß alle diese Welten doch nur in meiner Vorstellung dasind, daß sie daher bloße Modifikationen im ewigen Subjekt des reinen Erkennens sind, als welches ich mich finde, sobald ich meine Individualität vergesse: dieses Subjekt des Erkennens ist ja die nothwendige Bedingung, ist der Träger aller Welten und aller Zeiten. Die Größe der Welt, die mich vorher beunruhigte, ruht jetzt in mir: meine Abhängigkeit von ihr wird aufgehoben durch ihre Abhängigkeit von mir. – Dieses Alles aber tritt nicht in die Reflexion, kommt nicht ins Bewußtseyn als ein abstraktes Räsonnement; sondern es zeigt sich bloß als das lebendige Gefühl, daß man in irgend einem Sinne Eins ist mit dieser unermeßlichen Welt; darum wird man von ihrer Unermeßlichkeit nicht niedergedrückt, sondern gehoben. Es ist Erhebung über das eigne Individuum, Gefühl des Erhabnen. In welchem Sinn man aber mit der Welt Eins sei deutlich zu machen, ist eben Geschäft der Philosophie. – Das gefühlte Bewußtseyn jener Einheit aber, wie es eben durch den Eindruck des Mathematisch-Erhabnen erregt wird, ist auch in den Vedas durch mannigfaltige Wendungen ausgesprochen: z. B. *hae omnes creaturae in totum ego sum, et praeter me aliud ens non est.* [Alle diese Geschöpfe insgesamt bin ich, und außer mir ist kein anderes Wesen vorhanden. (Oupnek'hat, Nr. XXIV, Bd. I, S. 122; vgl. Bṛihadâraṇyaka-Upanishad I, 4, 1)]

Man kann den Eindruck des Erhabenen auch erhalten auf eine ganz unmittelbare Weise, durch einen Raum, der zwar, gegen das Weltgebäude betrachtet, klein ist, der aber begränzt, eingeschlossen ist, und dadurch nach allen drei Dimensionen mit seiner ganzen Größe auf uns wirkt, welche hinreichend ist, um das Maas unsers eignen Leibes fast unendlich klein zu machen. Ein für die Wahrnehmung leerer Raum kann dies nicht, daher nie ein offner, sondern ein durch die Begränzung nach allen Dimensionen unmittelbar wahrnehmbarer Raum, also ein sehr hohes und großes Gewölbe, wie das der Peterskirche in Rom oder der Paulskirche in London. Das Gefühl des Erhabnen entsteht hier ebenfalls durch das Innewerden des verschwindenden Nichts unseres eigenen Leibes, vor einer Größe, die andrerseits selbst wieder nur in unsrer Vorstellung liegt und deren Träger wir als erkennendes Subjekt sind, also, wie überall, durch den Kontrast der Unbedeutsamkeit und Abhängigkeit unsres Selbst als Individuum, als Willenserscheinung gegen das Bewußtsein unseres Selbst als reinen Subjekts des Erkennens. Selbst das Gewölbe des gestirnten Himmels wirkt meistens eben so auf uns, nämlich so oft es ohne Reflexion betrachtet wird: es wirkt dann nur in der Art wie das steinerne Gewölbe auf uns, und nicht mit seiner wahren Größe, sondern bloß mit der scheinbaren.

Alle die welche *Aegyptische Pyramiden* gesehn, berichten einstimmig, daß dieser Anblick mit einer Rührung erfüllt, welche durch die Beschreibung gar nicht mitgetheilt werden kann. Ohne Zweifel gehört auch diese Rührung dem Gefühl des Erhabenen an, welches hier einen gemischten Ursprung haben mag: Schon die Größe der Pyramiden, läßt das Individuum die Kleinheit seines eignen Leibes fühlen; sodann fällt es in die Augen, daß dies ein Werk von *Menschenhand* ist und schnell dringt sich der Gedanke auf wie viele Tausende von Individuen ihr Leben lang an diesen Kolossen arbeiteten; wodurch abermals das betrachtende Individuum sich als sehr *klein* empfindet: endlich kommt hinzu die Ueberzeugung von dem hohen Alter dieser Werke, man gedenkt der unzähligen Individuen die seitdem ihr kurzes Leben vollendet, während jene Werke der Vernichtung trotzen: so fühlt man, bei diesem Anblick, sich auf mannigfache Weise als Individuum unendlich klein gemacht; aber über diese dem Willen ungünstigen Verhältnisse erhebt man sich zum Zustand des reinen Erkennens in der Betrachtung dieser einfachen und edlen Massen die im Sonnenlicht so rein und deutlich dastehn: und so entsteht das Gefühl des Erhabnen. – Die verschiednen Eindrücke welche hier vereint wirken, erhalten wir einzeln von minder fernen Gegenständen und auch so erregen sie das Gefühl des Erhabenen. – *Sehr hohe Berge* sehn wir mit großem Genuß an und werden *erhaben* gestimmt: die bloße Größe der Massen macht unsere Person unendlich klein; aber sie sind der Gegenstand unserer reinen Beschauung, wir sind das Subjekt des Erkennens, der Träger der ganzen Objekten-Welt. Es ist das Mathematisch-Erhabne. Die noch dastehenden *Ruinen des Alterthums* rühren uns unbeschreiblich, die Tempel zu Pästum, das Koliseum, das Pantheon, Mäcenas' Haus mit dem Wasserfall im Saal; denn wir empfinden die Kürze des menschlichen Lebens gegen die Dauer dieser Werke, die Hinfälligkeit menschlicher

Größe und Pracht: das Individuum schrumpft ein, sieht sich als sehr klein, aber die reine Erkenntniß hebt uns darüber hinaus, wir sind das ewige Weltauge, was dieses alles sieht, das reine Subjekt des Erkennens. Es ist das Gefühl des Erhabenen.

Erhabner Karakter, ist die Gemüthsverfassung, vermöge welcher Jemand die Menschen rein objektiv betrachtet und nicht nach den Beziehungen, welche sie zu seinem Willen haben, obgleich solche Beziehungen vorhanden sind, also mit Erhebung über seine Individualität:

[Schopenhauer verweist hier auf einen Zusatz in seinem Handexemplar der 1. Auflage der »Welt als Wille und Vorstellung«:]
In Hinsicht auf sich selbst, sieht ein erhabner Karakter in seinem eignen Lebenslauf viel weniger das Individuelle, als das Loos der Menschheit überhaupt. Er erkennt das Trübe und Nichtige das dem Menschenleben als solchem anhängt, wogegen der Unterschied von Glück und Unglück des einzelnen Lebens unbedeutend ist: Durch diese ihm stets gegenwärtige Ansicht des Lebens im Allgemeinen, wird er so gestimmt daß er das Wohl und Wehe seines individuellen Lebens nicht sonderlich beachtet: und wenn den gewöhnlichen Menschen, welcher der Meinung ist, das Leben sei ein gar herrliches Ding, nur er könne, Gott weiß wie, nie des Besten darin habhaft werden, die Beschäftigung mit seinem eignen individuellen Leben fast nie zur Betrachtung des Lebens im Allgemeinen kommen läßt, so läßt umgekehrt den erhabnen Karakter die Betrachtung des Lebens im Allgemeinen selten auf sein eignes Schicksal zurück kommen.

er wird daher ihre Fehler, etwa ihren Haß, Ungerechtigkeit gegen ihn selbst, bemerken, ohne dadurch auch selbst wieder zum Haß gegen sie erregt zu werden; er wird ihr Glück ansehn, ohne Neid zu empfinden; selbst ihre guten Eigenschaften erkennen, ohne jedoch nähere Verbindung mit ihnen zu suchen; wie Antonin [Mark Aurel] sagt (5,33) ανδρωπους δε ευ ποιειν, και ανεκεσθαι αυτων, και απεκεσθαι, *sustinere eos, iisdemque abstinere* [Den Menschen Wohltaten erweisen und sie ertragen und ihnen entsagen]; so auch die Schönheit der Weiber fühlen, ohne sie zu begehren. Also ist die Stimmung eines erhabenen Karakters dasselbe den Menschen gegenüber, was das Gefühl des Erhabenen der Natur gegenüber ist: reine Auffassung in der Erkenntniß, mit Erhebung über die Beziehungen welche dieselben Objekte zum eignen Willen des Beschauers haben.

Bei Gelegenheit der Erörterung der Erhabenheit des Karakters lassen Sie uns beiläufig in der Kürze betrachten was *Größe des Karakters* sei; was es eigentlich heiße, wenn man sagt, der Mann ist *groß*, die That ist *groß*. Es wird bei höchst verschiednen Gelegenheiten gesagt; aber das Wesentliche der Meinung ist folgendes.

Groß ist jeder Mensch, der sich zum Hauptzweck seines Lebens und Thuns *nicht seine Person* setzt, dessen Hauptbestrebung, zu der er alle seine Kräfte anstrengt auf nichts *Individuelles* geht, folglich auf nichts *Subjektives*, sondern *Objektives*, d. h. auf etwas das für ihn bloß als Objekt, als Vorstellung da ist. Nun kann dabei sein Zweck selbst alles mögliche andre seyn; sobald es nur nicht das Wohlseyn seiner Person ist und er *mit Anstrengung aller seiner Kräfte* auf jenen Zweck hinarbeitet, so ist er groß: da kann z. B. sein Zweck seyn, die Leiden der Menschheit zu mildern, sein ganzes Leben ist ein fortgesetztes Wohlthun, oder er bringt, wie Howard, sein Leben damit zu die Gefängnisse zu bereisen, um in seinem Vaterlande das Schicksal der Gefangnen zu erleichtern; oder sein Zweck kann seyn ein großes Epos zu vollenden, er bringt sein Leben damit zu; oder das menschliche Wissen in irgend einer Art weiter zu bringen, lebt bloß darum, vernachlässigt alle persönlichen Zwecke, sieht sein Leben bloß als Mittel zum objektiven Zweck an: – oder das Innre von Afrika zu bereisen; lernt den Koran, läßt sich beschneiden; ists aber Eitelkeit; so ist er nicht groß: – oder ein großer Held zu seyn u. dgl. m.: Jeder ist groß dem seine Person und Leben bloße *Mittel* sind zu einem *objektiven Zweck;* ja selbst wenn dieser Zweck ein *Verbrechen* ist: z. B. Louvel. (Illustr.) [Hier folgte ursprünglich das mit Tinte wieder ausgestrichene Wort: *Cave!* Auch findet sich in diesem Bogen ein Zettel folgenden Inhalts:

Louvel verdiente im Stalle des Herzogs täglich *3 fr.;* verzehrte nur *einen:* er war mäßig, Verbesserung seines Zustandes nicht sein Zweck.

Kein Freund; Wein; Geliebte. –

Er sucht unter den Bourbons sich den *wichtigsten* aus: denn er hat nur *ein* Leben daran zu wenden.

Machte früher Reisen, ohne zum Zweck zu kommen.] Darum ist Gut-seyn wünschenswerther als Groß-seyn.

Hingegen *klein* ist alles Individuelle, d. h. alles Sorgen und Bekümmern um die eigne Person: offenbar folgt daß in der Regel der Mensch klein seyn muß: das ist er auch, große Menschen sind seltne Ausnahmen. – Man kann sagen (und nachdem Sie die Metaphysik der Sitten gefaßt, wird es Ihnen verständlicher seyn), wer *klein* ist, erkennt sein eignes Wesen bloß in der eignen

Person, in diesem verschwindend kleinen, unter unendlich vielen. Wer *groß* ist erkennt sein eignes Wesen, sein Selbst in Allem und im Ganzen der Dinge: darum wird das Objektive, das Ganze der Dinge sein Ziel: er sucht entweder es zu fassen oder darauf zu wirken: denn er fühlt daß es ihm nicht fremd ist, ihn angeht; das *macht* ihn groß. Klein ist, wer bloß im Mikrokosmos lebt; groß wer im Makrokosmos. Die Menschen sind in der Regel klein und sind stets klein, können *nie* groß seyn. – Aber das Umgekehrte ist nicht möglich, daß ein großer Mann *stets* groß sei: denn, als Mensch, kann er nicht umhin bisweilen sein Individuum ganz allein im Auge zu haben: und dann ist er klein. Daher ist kein Held auch vor seinem Kammerdiener ein solcher. – –

Ueberall erläutern sich die Gegensätze. Darum füge ich der Erörterung des Erhabnen die des Gegensatzes desselben bei: und dieser ist – das *Reizende*. Im Sprachgebrauch ist die Bedeutung dieses Wortes sehr vag und unbestimmt: man pflegt jedes Schöne von der heitern Art *reizend* zu nennen: dies entspricht erstlich dem Ausdruck nicht, und giebt überhaupt keinen fest bestimmten Begriff: eigentlich kommt dieser Misbrauch daher daß man nicht richtig die Unterscheidungen zu machen wußte und daher den Begriff zu weit faßte, und durch Misbrauch ihn immer mehr erweiterte. Ich nehme daher auf diesen populären Sinn des Begriffs Reizend keine Rücksicht. Unter *Reizend* verstehe ich dasjenige, was uns die Gewährung, die Erfüllung eines rein sinnlichen Begehrens unmittelbar vorhält und dadurch nothwendig unsern *Willen* aufregt. Daß dieses der wahre Gegensatz des Erhabnen sei, leuchtet bald ein. Nämlich das Gefühl des *Erhabnen* entsteht dadurch daß ein Gegenstand, der zum Willen gradezu ungünstige, feindliche Beziehungen hat, Gegenstand der Kontemplation wird, weshalb dann die ästhetische Kontemplation allein gewonnen wird durch eine stete Abwendung vom Willen und Erhebung über sein Interesse, dies eben macht die Erhabenheit der Stimmung aus. Hievon thut nun das Reizende grade das Gegentheil: aus der reinen, willenslosen Kontemplation, welche die Auffassung alles Schönen fordert, zieht es den Beschauer herab, dadurch daß es seinen Willen aufregt, indem es ihm die diesem Willen wesentlich und unmittelbar zusagenden Gegenstände gradezu vorhält: dadurch geschieht es daß der Beschauer nicht mehr das reine Subjekt des Erkennens bleibt, sondern zum bedürftigen abhängigen Subjekt des Wollens wird, wodurch die ästhetische Auffassung aufgehoben ist. In diesem Sinn verstehe ich das Reizende: im Gebiet der Kunst giebt es nur zwei Arten des Reizenden, beide der Kunst unwürdig. Die eine, recht niedrige, zeigt sich im Stillleben der Niederländer, wenn nämlich dieses sich dahin verirrt, daß die dargestellten Gegenstände Eßwaaren sind: mit täuschender Wahrheit nachgeahmt erregen sie im Beschauer nothwendig den Appetit darauf: dies ist eben eine Aufregung des Willens, welche jeder ästhetischen Kontemplation sofort ein Ende macht. Auf dem Stillleben ist gemaltes Obst, was man häufig findet, noch zulässig, denn als weitere Entwickelung der Blume und durch Form und Farbe bietet es sich dar als ein schönes Naturprodukt, und man ist nicht gradezu genöthigt an seine Eßbarkeit zu denken: aber dabei bleibt es leider nicht: oft finden wir, mit täuschender Natürlichkeit gemalt, aufgetischte und zubereitete Speisen, Austern mit aufgeschnittnen Citronen, Heeringe, Seekrebse, Butterbrod, ein Glas Bier dabei, ein Glas Wein u.s.w. – das ist ganz verwerflich. Die andre Gattung des Reizenden findet sich als Verirrung der Historienmalerei und Bildhauerei: sie besteht darin, daß nackte Gestalten so behandelt sind, daß ihre Stellung, halbe Bekleidung und ganze Behandlungsart darauf hinzielt im Beschauer Lüsternheit zu erregen: dadurch wird denn die rein ästhetische Betrachtung sogleich aufgehoben, und also dem Zweck der Kunst grade entgegengearbeitet. – Dieser Fehler entspricht in seiner Art ganz und gar jenem andern an den Niederländern gerügten. Die Antiken sind, bei aller Schönheit und völliger Nacktheit der Gestalten, fast immer davon frei, weil der Künstler selbst mit rein objektivem von der idealen Schönheit erfüllten Geiste arbeitete und nicht im Geiste subjektiver schnöder Begierde. – Das Reizende ist also in der Kunst überall zu vermeiden. Es giebt auch ein *Negativ-Reizendes*, welches noch verwerflicher ist, als das eben erörterte Positiv-Reizende: dieses ist das Ekelhafte. Eben wie das eigentlich Reizende erweckt es den Willen des Beschauers und zerstört dadurch die rein betrachtende Stimmung, welche zu aller ästhetischen Auffassung nöthig ist. Aber was dieses Negativ-Reizende, das Ekelhafte erregt, ist ein heftiges Nichtwollen, ein gewaltiges Widerstreben: es erweckt den Willen, indem es ihm Gegenstände seines Abscheu's vorhält. Dieserhalb hat man von jeher erkannt, daß in der Kunst das Ekelhafte durchaus unzulässig sei; während doch selbst das Häßliche, so lange es nicht ekelhaft ist, an der rechten Stelle gelitten werden kann: (*suo loco*). – Beispiele vom Gebrauch des Ekelhaften in der Kunst: Bilder, welche die Pest darstellen, Kranke voll Beulen und eiternden Geschwüren: ein Bild dieser Art von David in der Quarantaine zu Marseille. – Im Schloß im Busch bei Haag, ein Bild welches die Ermordeten Brüder de Witte (1672) darstellt, ihre vom Volke zerfleischten blutigen Leichname: es ist seiner Ekelhaftigkeit wegen mit einem Vorhang bedeckt. – In einem Trauerspiel von Beaumont und Fletscher [The Sea-Voyage, III, 1], Hungersnoth auf dem Schiff: ein Chirurg sagt: o ich Thor, vor wenig Tagen habe ich einem Matrosen einen großen Auswuchs am Halse weggeschnitten und den habe ich in die See geschmissen! welch ein köstlicher Bissen würde das seyn! und noch mehr ähnlicher Aeußerungen der andern Hungernden. – Das innre der Gräber von Wachs im anatomischen Wachs-Museum zu Florenz: von Fäulniß aufgeplazte Leichen, Ungeziefer, Ratten, Mäuse wühlen darin etc. – weiter kann das Ekelhafte nicht getrieben werden.

CAP. 10.
Vom objektiven Antheil des ästhetischen Wohlgefallens: oder, von der objektiven Schönheit.

Wir haben die Erörterung des *Erhabenen* mit dem was dahin gehörte, eingeschaltet, nachdem wir die des *Schönen* erst zur *Hälfte* beendigt hatten, nämlich ihrer subjektiven Seite nach. Denn eben nur eine besondre Modifikation dieser subjektiven Seite unterschied das Schöne vom Erhabenen. Nämlich jede ästhetische Kontemplation setzte voraus den Zustand des reinen willenlosen Erkennens: ob nun dieser Zustand von selbst eintrat, indem das Objekt dazu einlud und hinzog, wir also ohne Widerstand, durch bloßes Verschwinden des Willens aus dem Bewußtsein, in den Zustand des reinen Erkennens versetzt wurden, oder ob dieser Zustand erst errungen ward, durch freie, bewußte Erhebung über den Willen, indem zu diesem das kontemplirte Objekt selbst ein ungünstiges, feindliches Verhältniß hat, welchem nachzuhängen die Kontemplation aufheben würde; – dieses ist der Unterschied zwischen dem Schönen und dem Erhabenen. Im Objekt sind beide nicht wesentlich unterschieden: denn in jedem Fall ist das Objekt der ästhetischen Betrachtung nicht das einzelne Ding, sondern die in demselben zur Offenbarung strebende Idee, d. h. die adäquate Objektität des Willens, auf einer bestimmten Stufe: ihr nothwendiges, wie sie selbst, dem Satz vom Grund entzogenes Korrelat ist das reine Subjekt des Erkennens, wie das Korrelat des einzelnen Dings das erkennende Individuum ist, welche beide im Gebiet des Satzes vom Grund liegen.

Wir wollen jetzt philosophisch entwickeln, was eigentlich in uns vorgegangen seyn muß, wenn wir nach Anschauung eines Gegenstandes ihn *schön* nennen. Dadurch wird uns deutlich werden, was eigentlich das Schöne sei. Also indem wir einen Gegenstand *schön* nennen, sprechen wir dadurch aus, daß er

Objekt unsrer ästhetischen Betrachtung ist, welches *zweierlei* in sich schließt: einerseits nämlich, daß wir in der Betrachtung desselben uns unsrer nicht mehr bewußt sind als Individuen; sondern als reinen willenlosen Subjekts des Erkennens; – und andrerseits, daß wir im Gegenstande nicht das einzelne Ding, sondern eine Idee erkennen: dieses aber kann nur geschehen, sofern unsre Betrachtung des Gegenstandes nicht dem Satze vom Grunde hingegeben ist, nicht seiner Beziehung zu etwas außer ihm nachgeht (die zuletzt immer auf Beziehung zum Willen führt), sondern auf dem Objekt selbst ruht, es betrachtet unabhängig von allen Beziehungen, es herausreißt aus dem Nexus aller Relationen, bloß seine innern und wesentlichen Bestimmungen, nicht die äußern auffaßt. – Dieses beides zugleich also muß der Fall gewesen seyn, wenn wir etwas *schön* fanden. – Denn die Idee und das reine Subjekt des Erkennens treten als nothwendige Korrelata immer zugleich ins Bewußtsein: bei diesem Eintritt verschwindet auch sogleich aller Zeitunterschied: denn beide sind dem Satz vom Grund in allen seinen Gestalten ganz fremd und liegen außerhalb der durch ihn gesetzten Relationen: – sie sind zu vergleichen dem Regenbogen und der Sonne, die an der Succession der stets fallenden Tropfen keinen Theil haben. Ein Beispiel zu geben: ich finde einen Baum *schön:* dann habe ich ihn ästhetisch betrachtet, also ihn mit künstlerischem Auge angesehn: sodann aber ist, was ich betrachtet habe, nicht dieser individuelle Baum gewesen, sondern es war die Idee seiner Gattung, die sich mir offenbarte: darum sind der Baum und ich während dieser Anschauung, aus allen Relationen hinausgehoben worden: daher ist es nun ganz einerlei und ohne alle Bedeutung, ob der Baum den ich anschaute, grade dieser, oder ob es sein vor tausend Jahren blühender Vorfahr gewesen: eben so hatte es auf diese ästhetische Auffassung keinen Einfluß und ist ganz einerlei, ob ich, der Betrachter, dieses Individuum war, oder irgend ein andres das irgendwann und irgendwo gelebt hat: – Denn mit dem Satz vom Grund ist das einzelne Ding und das erkennende Individuum aufgehoben und nichts bleibt übrig als die Idee und das reine Subjekt des Erkennens, welche zusammen die adäquate Objektität des Willens auf dieser Stufe ausmachen. Und nicht allein der Zeit sondern auch dem Raum ist die

Idee enthoben: denn die Idee ist nicht eigentlich die mir vorschwebende räumliche Gestalt; die kann mancherlei Verschiedenheiten haben und doch dieselbe Idee aus ihr sprechen; sondern der Ausdruck, die reine Bedeutung dieser Gestalt, das ist die Idee derselben; ihr innerstes Wesen, das sich mir aufschließt und mich anspricht, das ist eigentlich die Idee und kann ganz dasselbe seyn, bei großer Verschiedenheit der Verhältnisse der räumlichen Gestalt. –

Daher nun *ist jedes vorhandene Ding schön:* denn, es kann, einerseits, rein objektiv und außer aller Relation betrachtet werden; und andrerseits erscheint in jedem Dinge irgend eine bestimmte Stufe der Objektität des Willens, also eine Idee, es ist also Ausdruck einer Idee: darum also *jedes Ding schön*. Daß auch das Unbedeutendste Gegenstand einer ästhetischen Anschauung werden kann, d. h. die rein objektive und willenlose Betrachtung zuläßt und dadurch sich als schön bewährt, bezeugt das schon in dieser Hinsicht erwähnte Stillleben der Niederländer. – *Schöner* ist aber eines als das andre dadurch, daß es jene rein objektive Betrachtung erleichtert, ihr entgegenkommt, ja gleichsam dazu zwingt, wo wir es dann *sehr schön* nennen. Dies ist der Fall, *erstlich* dadurch, daß es als einzelnes Ding, durch das sehr deutliche, rein bestimmte, durchaus bedeutsame Verhältniß aller seiner Theile, die Idee seiner Gattung rein ausspricht und indem es alle seiner Gattung möglichen Aeußerungen vollständig in sich vereinigt, die Idee dieser Gattung vollkommen offenbart: so eben durch diese Eigenschaften erleichtert das einzelne Ding dem Betrachter den Uebergang von ihm als einzelnem Dinge zur Idee, eben damit aber wieder auch den Zustand der reinen Beschaulichkeit. *Zweitens* liegt jener Vorzug besondrer Schönheit eines Objekts darin, daß die Idee selbst, die uns daraus anspricht, *eine hohe Stufe* der Objektität des Willens sei, und daher durchaus bedeutend und vielsagend sei. Darum ist *der Mensch* vor allem andern schön und die Offenbarung seines Wesens das höchste Ziel der Kunst. Menschliche Gestalt und menschlicher Ausdruck sind das bedeutendste Objekt der bildenden Kunst, so wie menschliches Handeln das bedeutendste Objekt der Poesie. –

Es hat aber dennoch jedes Ding seine eigenthümliche Schönheit: nicht nur jedes Organische und in der Einheit einer Individualität sich Darstellende; sondern auch jedes Unorganische, Formlose, ja jedes Artefakt. Denn alle diese offenbaren die Ideen, durch welche der Wille sich auf den untersten Stufen objektivirt (Baßtöne), Schwere, Kohäsion, Starrheit, Härte, Flüssigkeit, Licht u.s.w. sind die Ideen, welche sich in Felsen, Gebäuden, Gewässern aussprechen. Die schöne Gartenkunst und Baukunst können weiter nichts, als ihnen helfen, jene ihre Eigenschaften deutlich, vielseitig, vollständig zu entfalten, ihnen Gelegenheit geben, sich rein auszusprechen, wodurch sie eben zur ästhetischen Beschaulichkeit auffordern und dieselbe erleichtern. Dies leisten dagegen schlechte Gebäude, oder Gegenden, welche die Natur vernachlässigte, oder die Kunst verdarb, wenig oder gar nicht: – jedoch können auch aus solchen verunstalteten Gegenständen jene allgemeinen *Grundideen* der Natur nie ganz verschwinden: den sie suchenden Betrachter werden sie auch aus solchen Gegenständen noch ansprechen: daher sind selbst schlechte Gebäude noch einer ästhetischen Betrachtung fähig: denn die Ideen der allgemeinsten Eigenschaften des Steins sind noch in ihnen erkennbar: der Unterschied ist aber, daß hier die dem Stein gegebene künstliche Form kein Erleichterungsmittel der ästhetischen Betrachtung ist, sondern vielmehr nur ein Hinderniß, das sie erschwert. Auch Artefakta dienen folglich dem Ausdruck von *Ideen;* nur ist es nicht die Idee des *Artefaktes*, die aus ihnen spricht, sondern des Materials, dem man diese künstliche Form gab. Aus dem Artefakt als solchem spricht gar keine Idee, sondern ein Menschlicher Begriff, von dem die Form ausgegangen: diese künstliche Form ist das was die Scholastiker die *forma accidentalis* [die zufällige Form] nannten, im Gegensatz der *forma substantialis* [die wesentliche Form]; diese ist eigentlich die in jedem Dinge sich aussprechende *Idee:* ist der Grad der Objektivation des Willens der hier sichtbar wird. In einem Artefakt ist folglich die Idee des Materials die *forma substantialis*. [Hier folgte ursprünglich, mit Tinte wieder ausgestrichen: (Es versteht sich daß das Artefakt kein Werk der bildenden Kunst seyn muß ...] Auf diesen Ausdruck der Idee des Materials, werde ich zurückkommen bei Betrachtung der schönen Baukunst. –

Uebrigens ist dies ein Punkt in welchem Platon sich offenbar verirrt hat. Nämlich an zwei Stellen (*Rep. X, p 284, 85* [596 b], und *Parmen. p 79* [130 b–d]) behauptet er, Tisch und Stuhl drückten die Ideen Tisch und Stuhl aus: das wäre die *forma accidentalis:* aber nach meiner ganzen Ansicht giebt es von Tisch und Stuhl zwar Begriffe, aber keine Ideen, sie können keine andre Idee ausdrücken als die ihres Materials: Schon Platons nächste Schüler haben über diese Frage gestritten, und haben festgesetzt daß es von Artefakten keine Ideen gebe: (zu finden, *Alcinous, introductio in Platonicam philosophiam c* 9). –

Es giebt noch einen Punkt in der Platonischen Ideenlehre, in welchem ich gar sehr von ihm abweichen muß: Nämlich er lehrt (*Rep. X, p 288* [597 d–598 a]) daß das Objekt welches die schöne Kunst darzustellen beabsichtigt, das Vorbild der Malerei und Poesie, nicht die Idee wäre, sondern das einzelne Ding. Meine ganze Ansicht der Kunst und des schönen geht darauf hin eben das Gegentheil hievon deutlich zu machen, ist also durch und durch die Widerlegung jener Platonischen Meinung. Diese wird uns überhaupt um so weniger irre machen können als sie die Quelle eines der größten und anerkannten Fehler Platons ist, nämlich seiner Geringschätzung und Verwerfung der Kunst, besonders der Poesie: unmittelbar an die angeführte Stelle knüpft er seine falschen und unbegreiflich verkehrten Urtheile über Kunst und Poesie. Platon hat in diesem Punkt dem Irrthum den Tribut gezahlt den jeder Sterbliche zollen muß. Er sagt an einem andern Ort (*Rep. X, p 308* [607 b]) Παλαια μεν τις διαφορα φιλοσοφια τε και ποιητικη. [Ein alter Streit zwischen Philosophie und Dichtkunst.] – Das ist aber nicht wahr. Sie vertragen sich beide ganz vortrefflich. Sogar ist die Poesie eine Stütze und Hülfe der Philosophie, eine Fundquelle von Beispielen, ein Erregungsmittel der Meditation, und ein Probierstein moralischer oder psychologischer Lehrsätze. Die Poesie verhält sich eigentlich zur Philosophie so, wie die Erfahrung sich zur Wissenschaft verhält. Nämlich die Erfahrung lehrt die Welt der *Erscheinung* im Einzelnen und beispielsweise kennen, die Wissenschaft lehrt dieselbe Welt der Erscheinung im Ganzen, und in der Uebersicht des Allgemeinen kennen. – Eben so nun lehrt uns die Poesie (wie die Kunst überhaupt) die *Ideen* und dadurch das innre eigentliche Wesen das in allen Erscheinungen sich darstellt kennen, aber auch eben nur beispielsweise, an der Darstellung einzelner Fälle: – dasselbe wahre und innre Wesen der Welt lehrt die Philosophie im Ganzen und Allgemeinen kennen: (*ergo, da Capo*). – Folglich ist zwischen Poesie und Philosophie die schönste Eintracht, so wie zwischen Erfahrung und Wissenschaft. Ueberhaupt bleibt, in Hinsicht auf Poesie, vollkommen wahr, was Göthe im Tasso [V, 1] sagt:

>»Und wer der Dichtkunst Stimme nicht vernimmt
>Ist ein Barbar, er sei auch wer er sei.«

Ich kehre zur Auseinandersetzung des ästhetischen Eindrucks zurück. Die Erkenntniß des Schönen setzt zwar immer rein erkennendes Subjekt und erkannte Idee als Objekt zugleich und unzertrennlich. Dennoch wird die Quelle des ästhetischen Genusses bald mehr in der Auffassung der erkannten Idee liegen, bald mehr in der Seeligkeit und Geistesruhe des von allem Wollen und dadurch von aller Individualität und der aus ihr hervorgehenden Pein befreiten reinen Erkennens. Und zwar wird dieses Vorherrschen des einen oder des andern Bestandtheils des ästhetischen Genusses davon abhängen, ob die intuitiv aufgefaßte Idee eine höhere oder niedrere Stufe der Objektität des Willens ist. So wird bei ästhetischer Betrachtung (in der Wirklichkeit oder durch das Medium der Kunst) der schönen Natur im anorganischen und Vegetabilischen und der Werke der schönen Baukunst, der Genuß des reinen willenlosen Erkennens überwiegend seyn; weil die hier aufgefaßten Ideen nur niedre Stufen der Objektität des Willens sind, daher nicht Erscheinungen von tiefer Bedeutsamkeit und vielsagendem Inhalt. Wenn hingegen der Gegenstand der ästhetischen Betrachtung oder Darstellung Thiere und Menschen sind; dann wird der Genuß mehr liegen in der objektiven Auffassung dieser Ideen, welche die deutlichsten Offenbarungen des Willens sind, weil solche die größte Mannigfaltigkeit der Gestalten, Reichthum und tiefe Bedeutsamkeit der Erscheinungen darlegen, also am vollkommensten das Wesen des Willens offenbaren, sei es in seiner Heftigkeit, Schrecklichkeit, Befriedigung, oder in seiner Brechung (in den tragischen Darstellungen), endlich sogar in seiner Wendung oder Selbstaufhebung, welche besonders das Thema der Christlichen Malerei ist: überhaupt haben Historienmalerei und Drama die Idee des vom vollen Erkennen beleuchteten Willens zum Objekt.

Ich werde nunmehr die Künste einzeln durchgehn, und ihre Wirkungsart darlegen, um dieser Metaphysik des Schönen Deutlichkeit und Vollständigkeit zu geben. (Ueber die Ordnung welche ich befolge.)

CAP. 11.
Von der Baukunst und Wasserleitungskunst.

Die Materie als solche kann nicht Darstellung einer Idee seyn: – denn sie ist, wie wir gleich Anfangs fanden, durch und durch Kausalität: ihr Seyn ist lauter Wirken. Kausalität aber ist Gestaltung des Satzes vom Grund: – Erkenntniß der Idee ist aber grade die, welche jenen Satz verläßt. Auch fanden wir in der Metaphysik daß die Materie das gemeinsame Substrat aller Erscheinungen der Ideen ist: folglich steht sie als Verbindungsglied zwischen der Idee und der Erscheinung oder dem einzelnen Dinge. Daher kann die Materie keine Idee darstellen. Dies bestätigt sich *a posteriori* dadurch, daß von der Materie als solcher gar keine *anschauliche* Vorstellung möglich ist, sondern nur ein abstrakter Begriff: alle Idee aber wird anschaulich erkannt; anschauliche Vorstellungen giebt es allein von den Formen und Qualitäten, deren Träger die Materie ist, und in welchen allen sich Ideen offenbaren. Dagegen muß andrerseits jede *Erscheinung* einer Idee, an der Materie, als Qualität derselben, erscheinen: denn als Erscheinung ist sie eingegangen in den Satz vom Grund, und ins *principium individuationis*. Also ist die Materie das Bindungsglied zwischen der Idee und der Erscheinung, oder dem *principio individuationis*, der Erkenntnißweise des Individuums. – Plato stellt ganz richtig, neben der Erscheinung und der Idee, die sonst alle Dinge der Welt begreifen, noch die Materie als Drittes, von beiden Verschiedenes auf. Das Individuum ist als Erscheinung der Idee immer Materie: – auch ist jede Qualität der Materie immer Erscheinung einer Idee: und als solche ist sie einer ästhetischen Betrachtung, d. h. Erkenntniß der in ihr sich darstellenden Idee, fähig. Dies gilt nun selbst von den allgemeinsten Qualitäten der Materie ohne welche sie nie ist und welche die schwächste Objektität des Willens sind. Solche sind: Schwere, Kohäsion, Starrheit, Flüssigkeit, Reaktion gegen das Licht u.s.w.

Diese Ideen zu offenbaren, ist der eigentliche ästhetische Zweck der *Baukunst:* so paradox Ihnen dies jetzt noch scheinen mag, so hoffe ich doch Sie aufs festeste davon zu überzeugen.

Wir müssen vors Erste bemerken, daß die Baukunst zwei ganz verschiedne Betrachtungen zuläßt, weil sie zwei ganz verschiedene Bestimmungen hat, und meistens beide zugleich im selben Werke erfüllen soll. Nämlich sie ist erstlich ein bloß der Nützlichkeit, dem Bedürfniß dienendes Gewerbe, welches uns Dach und Fach liefern soll: hierin steht nun die Baukunst ganz im Dienste des Willens, d. h. dient den Zwecken des menschlichen *Willens*, nicht dient sie der *Erkenntniß* als solcher. Das thut sie aber in ihrer zweiten Eigenschaft, wo sie als schöne Kunst auftritt, und keine andre als ästhetische Zwecke hat. Da wir nun hier nicht Technologie, sondern Metaphysik des Schönen vorhaben; so lassen wir die erste Bestimmung der Baukunst, nützlichen Zwecken und daher dem Willen zu dienen, ganz aus den Augen; und betrachten sie bloß als schöne Kunst, sofern sie der Erkenntniß allein dient. (Bloß über die Möglichkeit beide Zwecke der Baukunst im selben Werke zu erfüllen weiterhin etwas.)

Indem wir also die Baukunst bloß als schöne Kunst nehmen, fragen wir, welches denn eigentlich ihr specieller ästhetischer Zweck sei? – Meine schon vorhin kurz ausgesprochene Behauptung hierüber werde ich Ihnen durch speciellere Betrachtung der ästhetischen Wirkungsart der Baukunst und der Bedingungen an welche diese ästhetische Wirkungsart gebunden ist, beweisen: die stärksten Beweise kann ich aber erst zuletzt beibringen, nachdem Ihnen durch die nähere Entwickelung der Behauptung selbst, der Sinn dieser erst ganz deutlich geworden. Also meine Behauptung ist, daß der ästhetische Zweck der Baukunst kein andrer ist, als einige von jenen Ideen, welche die niedrigsten Stufen der Objektität des Willens sind, zu deutlicher Anschaulichkeit zu bringen, nämlich Schwere, Kohäsion, Starrheit, Härte, diese allgemeinen Eigenschaften des Steines, diese ersten, einfachsten, dumpfsten Sichtbarkeiten des Willens, diese gleichsam Grundbaßtöne der Natur, und dann wieder neben diesen dient sie der Offenbarung der Natur des *Lichtes*, welches in vielen Stücken der Gegensatz der genannten Eigenschaften oder Ideen ist. Zuerst von diesen den genannten Ideen. Indem die Baukunst dieselben offenbaren will, muß sie solche in Aktivität versetzen und wieder um dieses zu erreichen muß sie einen Kampf derselben veranlassen. Denn schon auf diesen niedrigsten Stufen der Objektität des Willens sehn wir sein Wesen sich in Zwietracht und Kampf offenbaren, was auf den höhern Stufen noch viel deutlicher sich zeigt. Daher nun also ist der eigentliche ästhetische Stoff der schönen Architektur der *Kampf zwischen Schwere und Starrheit:* dies ist in der That ihr einziger ästhetischer Stoff, so mannigfaltig sie ihn auch behandelt: ihre Aufgabe ist eben jenen Kampf auf mannigfaltige Weise deutlich hervortreten zu lassen. Um diese Aufgabe zu lösen benimmt sie jenen unvertilgbaren, im Wesen des Steines sich äußernden Kräften (Schwere und Starrheit), den nächsten Weg zur Befriedigung ihres Strebens, hält sie hin durch einen Umweg, verlängert und vermehrt dadurch den Kampf, wodurch denn das unerschöpfliche Streben beider ursprünglicher Kräfte auf mannigfaltige Weise sichtbar wird. Wir wollen dies nun näher betrachten im Einzelnen. – Denken wir uns einmal die ganze Masse von Materie, daraus ein Gebäude besteht, wäre sich selbst und ihrer ursprünglichen Neigung frei überlassen. Was würde sie darstellen? einen bloßen Klumpen, welcher sich so fest und dicht als möglich dem Boden, dem Erdkörper verbunden hätte, denn zu diesem drängt ihn unablässig die *Schwere*, welche hier die Erscheinungsstufe des Willens ist, aber die *Starrheit*, ebenfalls Objektität des Willens, widerstrebt, widersteht der Schwere, verhindert daß diese Materie nicht zerfließt, wie sie thun würde, wenn sie statt starr zu seyn, flüssig wäre. Nun aber bringt die Baukunst diesen Kampf zwischen beiden Kräften zu mehr sichtbarer Aeußerung, als die im Klumpen ist. Sie verhindert das Streben, die Neigung der Schwere, an ihrer unmittelbaren Befriedigung und gestattet ihr bloß eine mittelbare auf Umwegen, indem sie ihr die Starrheit zweckmäßiger entgegenstellt. Da kann jetzt z. B. der Balken, der herab zur Erde möchte, dieses Streben nur sehr mittelbar befriedigen, durch die Dazwischenkunft der Säule, mittelst deren allein er die Erde drückt; das Gewölbe muß sich selbst tragen, Starrheit und Schwere kämpfen in ihm überall unmittelbar: nur mittelst seiner Basis, oder mittelst Pfeilern auf denen es steht, kann es die Erde drücken; u.s.f. in allen Theilen eines schönen Gebäudes. Aber eben auf diesen erzwungenen Umwegen, eben durch diese Hemmungen entfalten sich aufs deutlichste und mannigfaltigste jene der rohen Steinmasse inwohnenden Kräfte: das aber eben ist der ästhetische Zweck der Baukunst; weiter geht er nicht. Daher eben ist das einzige und beständige Thema der Baukunst Stütze und Last: alle ihre Werke sind Variationen zu diesem Thema. Weil die *Säulenordnung* dieses Thema am reinsten ausspricht, so ist sie gleichsam der Generalbaß der ganzen Architektur: man kann alle Regeln mehr oder weniger von ihr ableiten, knüpft meistens den Vortrag der Architektur an die fünf oder drei Säulenordnungen. Daher eben ist ihre ästhetische Hauptregel *daß nirgends eine Stütze ohne gehörige Last, und keine Last ohne offenbar zureichende Stütze sei;* das Verhältniß zwischen Stütze und Last überall grade das durch diesen unmittelbaren Zweck bestimmte sei. Daher liegt allerdings die Schönheit eines Gebäudes in der augenfälligen Zweckmäßigkeit jedes Theils; nicht etwa in der Zweckmäßigkeit zur menschlichen Bestimmung des Gebäudes, zum willkürlichen Zweck des Erbauers, der ist nie unmittelbar augenfällig und nichts sich unmittelbar auf ihn Beziehendes gehört zum Aesthetischen der Baukunst; in Beziehung auf ihn gehört das Werk der nützlichen Baukunst an, nicht der schönen: die Schönheit liegt in jener augenfälligen Zweckmäßigkeit jedes Theils unmittelbar zum Bestande der nächsten Theile und mittelbar des Ganzen, zu diesem augenfälligen Zweck muß jeder Theil, seiner Stelle, Größe und Form nach, ein so nothwendiges Verhältniß haben, daß, wo möglich, wenn irgend ein Theil weggezogen würde, das Ganze einstürzen müßte, und doch das Ganze *bis dahin* sicher und fest steht. Denn nur indem jeder Theil grade so viel trägt, als er bequem kann, und jeder gestützt ist, grade da und grade so viel als er muß, nur dann entfaltet sich jenes Widerspiel, jener Kampf zwischen Schwere und Starrheit, welche beiden Kräfte eben das Leben, die Willensäußerungen des Steines ausmachen und indem dieser Widerstreit und Kampf vollkommen sichtbar wird, offenbaren sich deutlich jene tiefsten Stufen der Objektität des

Willens. Also keine Säule ohne eine ihr grade angemeßne Last: soviel sie bequem tragen kann. – Daher sollen nicht Gewölbe oder Bogen unmittelbar auf Säulen gestützt seyn; selbst wenn die Säulen im Stande sind sie zu tragen. Denn die Säule ist eine Stütze von mäßiger Stärke und kann durch einen Seitendruck von oben leicht umgeworfen werden. Die Säule steht nur fest, wenn die Last senkrecht auf den Knauf drückt. Ein mit beiden Enden auf den Säulen ruhender Bogen drückt aber immer etwas auf die Seite, oder wenigstens scheint es zu thun. Die Baukunst fordert aber eine Augenscheinliche Ueberzeugung von der vollkommnen Angemessenheit der Stütze zur Last. Daher die Unschicklichkeit der Gewölbe auf Säulen: nur die spätern Römer und die Neuen haben es gethan, nie die Griechen. Wie die Stelle und Größe jedes Theiles so muß auch seine Gestalt bestimmt seyn durch seinen Zweck und sein Verhältniß zum Ganzen, nicht durch Willkür. Dies unterscheidet den guten Geschmack in der Baukunst vom schlechten. In den antiken Gebäuden der frühern guten Zeit läßt sich von allem was da ist Rechenschaft geben, ja man begreift sogleich von selbst warum jeder Theil da ist und so ist wie er ist: die Formen sind alle einfach und faßlich, durch ihre Stelle und Zweck bestimmt; nichts ist willkürlich, oder ausschweifend: jeder Theil dient zu tragen, zu stützen oder wenigstens das Ansehn von Festigkeit zu vermehren: nichts ist zwecklos da, oder bloß um das Auge auf sich zu ziehn: kein Zierrath verbirgt die natürliche und wesentliche Form der Theile. Diesen guten, durch das ästhetische Wesen der Baukunst diktirten Stil verließ man unter den Nachfolgern der ersten Kaiser. Da kamen zwecklose und nichtssagende Verzierungen. Da erhielten Theile die fest und stark seyn sollten, durch aufgeschnitztes Laubwerk, ein zerbrechliches Ansehn: phantastische, zwecklose Zierrathe wurden angebracht: die Schlußsteine wurden zu Menschengesichtern: die Friese voll Laubwerk: was glatt seyn sollte, wurde kraus geschnitzt; was grade seyn sollte, wurde gekrümmt, ohne Grund, oder verkröpft um unnütze Säulen anzubringen: so ist das Portal des Schlosses, Nachahmung des *arcus Septimii Severi*, verkröpft. Die ersten italienischen Baumeister ahmten den falschen Geschmack der spätern Kaiserzeit nach. Die Säule ist die allereinfachste, bloß und rein durch den Zweck bestimmte Form der Stütze. Darum ist die gewundene Säule geschmacklos, ist eine zwecklose, ja zweckwidrige Spielerei. Der viereckige Pilaster ist in der That weniger einfach als die runde Säule, weniger bloß und rein durch den Zweck bestimmt, und darum weniger schön: daß er leichter zu hauen ist als die Säule ist zufällig und eine Beziehung nach Außen; als Stütze ist er weniger einfach. Eben so sind die Formen von Fries, Bogen, Balken, Kuppel durch ihren unmittelbaren Zweck ganz und gar bestimmt und erklären dadurch sich selbst. Weil Starrheit und Schwere sich nur in grader und senkrechter Richtung mit ihrer ganzen Macht von beiden Seiten entgegenwirken können; so sind in der Architektur überhaupt, in der Regel, nur *grade Linien* zu gebrauchen. Das Gewölbe freilich macht eine Ausnahme und eben daher jeder gewölbte Bogen: hier ist nämlich die Kurve motivirt, weil grade der Zirkelbogen oder eliptische Bogen es ist, durch welchen die Starrheit der Schwere entgegenwirkt. Eine andre Ausnahme, die sich von selbst versteht, macht die runde Form des Gebäudes selbst; oben runde Fenster sind von zweifelhaftem Geschmack, auch runde Fenster: Ochsenaugen. Außerdem aber müssen lauter grade Linien vorkommen, wie wir es an den Mustern der Alten sehn: die Neuern haben oft allerlei Kurven, geschweifte Frontons, gerollte Konsolen, geschnörkelte Stützen, Friese in Cartouchen-Form, geschnörkelte Friese, angebracht, was geschmacklos ist, d. h. zeigt daß sie die wahre Idee der Architektur nicht rein gefaßt hatten. Das Kapitäl ist nothwendig, um uns anschaulich zu überzeugen, daß die Säule das Gebälke bloß trägt, nicht aber wie ein Zapfen hineingesteckt ist. – Der Säulenfuß giebt uns die Gewißheit, daß die Säule hier aufhört, nicht aber noch ein Theil unter der Erde fortgeht, etwa verschüttet ist. Die ältesten Dorischen Säulen sind ohne Fuß: aber es ist doch ein Fehler. Die Verzierungen der Kapitäler, Frontons u.s.w. sind nicht wesentlich, sie gehören der Skulptur an, nicht der Architektur; von dieser werden sie bloß zugelassen, als hinzukommender Schmuck, der aber auch wegfallen kann. – Eine Bestätigung dieser Theorie des Schönen in der Baukunst geben folgende Thatsachen. Wenn wir ein Werk der schönen Architektur verstehn und einen ästhetischen Genuß davon erhalten sollen; so ist hiezu unumgänglich nöthig, daß wir die Materie, daraus es erbaut ist kennen, und zwar von ihrem specifischen Gewicht, ihrer Starrheit und Kohäsion eine unmittelbare, anschauliche, sinnliche Kenntniß haben: nur unter Voraussetzung dieser Erkenntniß genießen wir ästhetisch das Werk der Baukunst: gesetzt, wir wären einmal in einem solchen Genuß begriffen und nun käme Jemand, der uns berichtete, das Gebäude wäre gar nicht von Stein, wie wir vorausgesetzt hatten, sondern von Holz und übermalt, so würde durch diese Nachricht unser ästhetischer Genuß entweder ganz aufgehoben oder doch gar sehr verringert werden: denn die Naturkräfte deren Wirken uns eigentlich die Baukunst vor Augen bringt, Schwere und Starrheit, äußern sich sehr viel schwächer am Holz als am Stein, haben auch im Holz ein ganz andres Verhältniß zu einander als im Stein, dadurch nun die Bedeutung und die Nothwendigkeit aller Theile des Gebäudes verändert und verschoben ist. Eben weil Schwere und Starrheit das innre Wesen der Werke der Baukunst sind und beide in beträchtlichem Maaße wirksam seyn müssen, eben daher kann eigentlich kein Werk der schönen Baukunst aus Holz gefertigt werden, obgleich auch dieses alle Formen annimmt sogut als der Stein: welches bloß aus unsrer Theorie erklärlich ist. Wenn nun aber gar, während wir uns am Anblick eines schönen Gebäudes freuen, man uns sagen käme, dieses Gebäude, welches wir von Stein glaubten, bestehe aus ganz verschiedenen Materien, von sehr ungleicher Schwere und Konsistenz, die aber durch einen Ueberzug für das Auge ununterscheidbar gemacht wären: dann würde unsre Freude mit einem Mal aufgehoben seyn: das ganze Gebäude wäre uns nun so ungenießbar, wie ein Gedicht in einer uns unbekannten Sprache. Dieses Alles wäre unerklärlich, wenn, wie man bisher annahm, das, was durch die Baukunst zu uns redet und worauf es also allein ankommt, bloß Ordnung, Form und Symmetrie wäre: es ist vielmehr bloß dadurch erklärlich und giebt einen Beweis dafür, daß das, was aus den Werken der Baukunst uns anspricht, eben jene Grundkräfte der Natur sind, jene ersten Ideen, jene niedrigsten Stufen der Objektität des Willens. – Es gilt hier wie überall, daß wo ästhetisches Wohlgefallen in uns erregt wird, eine *Idee* es seyn muß, die von uns aufgefaßt worden: nun aber eine Idee stellt sich immer dar entweder als ein lebendes Wesen (Pflanze, Thier), oder auch als eine ursprüngliche Naturkraft, eine solche sind allerdings Schwere, Starrheit, Kohäsion: nicht aber gehört dahin die bloße Proportion, Form, Symmetrie: daraus spricht noch keine Idee: denn diese sind etwas bloß Geometrisches, bloße Eigenschaften des Raumes, der bloßen Form der Anschauung überhaupt. Einen andern Beleg für die Wahrheit unsrer Theorie des eigentlich Aesthetischen in der Baukunst giebt dieses, daß jedes Werk der Architektur eine ansehnliche Größe haben muß: ja es kann nie zu groß seyn, hingegen leicht zu klein. (Die Wache zu klein, in Potzdam vieles zu klein.) Wie wäre dies erklärlich, wenn die ästhetische Wirkung bloß entspränge aus der Proportion, Form und Symmetrie? Diese werden sogar im Kleinen leichter und besser aufgefaßt als im Großen: da müßte ja das bloße Modell schon dieselbe Wirkung thun als das Werk. Aber grade weil der Konflikt jener Grundkräfte, die sich schon im Steine äußern, eigentlich der ästhetische Stoff ist; so müssen beträchtliche Massen daseyn, weil nur durch solche eine mächtige Wirkung jener Kräfte ins Spiel gebracht wird. – Daß übrigens ein schönes Gebäude Regelmäßigkeit, Proportion und Symmetrie in allen seinen Theilen haben muß, dies ist etwas mittelbares: es wird herbeigeführt dadurch daß jeder Theil eine unmittelbare Zweckmäßigkeit und Nothwendigkeit zum Bestande des Ganzen haben muß; sodann dienen Regelmäßigkeit und Symmetrie, die Uebersicht und das Verständniß des Ganzen zu erleichtern: endlich kommt als etwas Untergeordnetes hinzu, daß die regelmäßigen Figuren zur Schönheit beitragen, indem sie die Gesetzmäßigkeit des Raumes als solchen offenbaren. Mit dieser *geometrischen Regelmäßigkeit* der Formen in der Baukunst hat es folgendes näheres Bewandniß: In der Organischen Natur hat jedes Wesen seine eigenthümliche Form, die eben durch die Art wie das Leben in ihm sich darstellt, bestimmt ist: hingegen das Unorganische, die rohe Masse, der Stein im Großen ist ganz ohne eigenthümliche Form: denn die Krystallisation trifft nur die kleinen im Großen verschwindenden Theile, und die Schichtung, in der wir die Felsen antreffen, ist diesen doch nur eine zufällige durch äußere Ereignisse bestimmte Form, keine aus dem Wesen des Steines hervorgehende, von Innen aus bestimmte Form. Insofern ist der Stein gleichsam eine Materie in abstracto, bloße

Materie ohne Form. Wenn nun in der Baukunst der Hauptzweck, der Kampf der Starrheit und Schwere, worin eben das Leben des Steins besteht, zwar im Ganzen die Form bestimmt; so läßt er sie doch oft im Einzelnen unbestimmt oder erlaubt doch mehr als *eine* Form: da wird nunmehr die nähere Bestimmung der Form von der Gesetzmäßigkeit des *bloßen Raumes* ausgehn, der ja die Mutter aller Form ist. Nun aber ist der Raum selbst nur die Form unsrer Anschauung oder Auffassung: daher ist seine Gesetzmäßigkeit die der leichtesten Faßlichkeit und vollkommensten Anschaulichkeit. Daher ist die vom bloßen Raum genommene Gesetzmäßigkeit der Form diese, daß die Form überall die leichtst faßlichste und überschaubarste sei: dieses aber hängt ab von der Regelmäßigkeit und von der Rationalität der Verhältnisse. Also nun ist in der Baukunst jede Gestalt zuvörderst und zuerst bestimmt durch ihren Zweck im Bestande des Ganzen, also durch den Zweck den Kampf zwischen Starrheit und Schwere sichtbar zu machen: demnächst aber ist die Form bestimmt durch die leichteste Faßlichkeit, d. i. durch Regelmäßigkeit und Rationalität der Verhältnisse. Demzufolge nun wählt die Architektur lauter regelmäßige Formen, grade Linien oder ganz gesetzmäßige Kurven, Cylinder, Kugeln, Kegel, Würfel, Parallelepipeden, Pyramiden. – Die Öffnungen sind Kreise, oder Elipsen, Quadrate oder Rektangel, deren Seiten aber ein rationales Verhältniß haben müssen und zwar ein leicht faßliches, wie 4 zu 8, 4 zu 6; nicht etwa wie 6 zu 7, oder 12 zu 13; oder die Öffnungen sind Blenden, Nischen, von ganz gesetzmäßigem Verhältniß. – Durch diese von der Gesetzmäßigkeit des Raumes ausgehende Forderung der leichtesten Faßlichkeit und Ueberschaubarkeit wird auch die Symmetrie herbeigeführt. Dennoch aber bleibt dies alles von mittelbarer Nothwendigkeit und untergeordnetem Werth, und ist keineswegs die Hauptsache: daß die Symmetrie nicht unerläßlich erfordert ist, beweisen die Ruinen, die immer noch sehr schön sind, obgleich durch den Verfall des größten Theils des Gebäudes alle Symmetrie aufgehoben ist.

Endlich findet unsre Theorie des Wesentlichen der schönen Baukunst, des Grundgedankens derselben, eine Bestätigung in den bleibenden Gesetzen der Säulenordnung selbst, die bekanntlich das Hauptthema des rein ästhetischen Theils der Baukunst ist: dieses selbst ist daraus erklärlich, daß die Säulenreihe mit ihrem Gebälk das Thema der Baukunst, Stütze und Last, am vollkommensten und reinsten ausspricht. Wir wollen diese Gesetze daher betrachten. Sie wissen es giebt fünf, aber eigentlich nur drei Säulenordnungen, nach Vitruv nur drei. Dorische, Jonische, Korinthische. Nun giebt es gewisse Regeln für dieselben, welche in den ältesten Zeiten Griechenlands allmälig gefunden wurden, und noch heute strenge gelten. Sie sind hauptsächlich diese:

Der Schaft oder Stamm der Säule soll in der Dorischen und Jonischen Ordnung 14 Modeln [Daneben am Rand: Ich nehme Model als den halben Durchmesser der Säule.] haben, in der Korinthischen 16⅔: der Knauf, Dorisch und Jonisch 1 Model; Korinthisch 2⅓. Der obere Durchmesser des Schafts ist Dorisch und Jonisch ⅕, Korinthisch nur ⅙ kleiner als der untere. Das Gebälk soll in allen Ordnungen 4 Model haben, gleichmäßig vertheilt in seinen 3 Theilen Architrav oder Unterbalken, Fries, Kornische oder Kranz. Vom Gebälk nachher besonders. – Sie sehn, daß die Gesetze für alle Ordnungen ziemlich dieselben sind: bloß die Korinthische ist schlanker, cylindrischer, aber beides nur wenig; ihr Knauf größer. Man muß die Ordnungen betrachten zusammengenommen als die Grenzen innerhalb deren kleine Varietäten der Säule möglich sind, im Ganzen aber sind die Verhältnisse der Säule überhaupt bestimmt. – Die Säulenweite ist nach Vitruv fünferlei. Die geringste von 3 Modeln zwischen den Säulen; die 2te von 4 Modeln; die 3te von 5½; die 4te von 6 Modeln; die 5te von 7 Modeln: – versteht sich der freie Raum zwischen den Säulen. Da der Model ein relatives Maaß ist, so ist offenbar, daß je höher die Säule, desto dicker, und desto größer auch der Raum dazwischen: immer alles im selben Verhältniß. Diese Regeln wurden allmälig gefunden; die ältesten Säulen, z. B. Paestum, sind noch von keiner Ordnung; sie sind dicker und spitziger und näher an einander als selbst die Dorische Ordnung zu der sie sonst sich neigen. Seitdem aber die Griechen diese Ordnungen, oder richtiger diese Verhältnisse der Säule überhaupt gefunden, innerhalb deren die drei Ordnungen oder auch die fünf, nur kleine unbedeutende

Unterabtheilungen sind, seitdem hat man sich in Griechenland und Rom streng daran gehalten (Römische Ordnung noch eine Nebenvarietät.) Auch später hat man sie befolgt, und so oft man davon abzugehn versuchte, war es eine offenbare Verschlechterung, man kam also immer wieder auf die alten Griechischen Säulenordnungen zurück, und wie Sie diese befolgt sehn in allen übriggebliebnen Bauwerken der Alten, so sehn Sie solche auch in der neuesten Zeit überall streng befolgt und von Petersburg bis Lissabon durch ganz Europa finden Sie in jeder Stadt, in jedem Landhause keine andern Säulen als die in den Vitruvischen Verhältnissen. Das ist doch sehr auffallend! Das Menschengeschlecht verbessert doch sonst alle Dinge mit der Zeit, oder verändert sie wenigstens, läßt die Moden wechseln: unsre Häuser sind ganz andre als die der Alten, in jedem Lande von Europa ist die Bauart etwas abweichend: die Säulenordnung bleibt dieselbe durch alle Länder, durch alle Jahrhunderte und Jahrtausende; jede Abweichung davon giebt sich bald als eine bloße Verirrung zu erkennen, von der man zum Canon zurück muß. Die Architekten haben ohne Zweifel zu allen Zeiten gesucht ob es nicht noch beßre Proportionen der Säulen geben könne: aber vergeblich. – Dabei müssen wir nun noch bedenken, daß die Säule nicht irgend einen natürlichen Gegenstand nachahmt, der ihre Verhältnisse bestimmte, wie etwa die Statue; daß auch durch ihren Zweck und Gebrauch diese Verhältnisse nicht unmittelbar bestimmt sind, (stehn kann sie, auch wenn sie außer dem Verhältniß ist,) da die Gothische Bauart mit ihren Pfeifenstilsäulen auch fest steht, also nirgends in der Natur eine Standarte ihrer Verhältnisse zu finden und zu sehn ist und diese daher als ganz willkürlich und beliebig gewählt erscheinen; dennoch aber so höchst genau bestimmt sind, und in allen Ländern und allen Zeiten diese Bestimmungen gelten und bleiben: das muß uns in Verwunderung setzen: wir können doch nicht annehmen daß uns die drei Säulenordnungen angeboren sind, wie den Bienen die sechsseitige Form ihrer Zellen! Es muß also im ästhetischen Wesen der Architektur ein Grund liegen der jene Verhältnisse der Säule so und nicht anders bestimmt. Erinnern wir uns an den rein ästhetischen Zweck der Architektur: sie will die Ideen der Schwere und Starrheit, und zwar wie diese im Stein vereinigt sind, zur deutlichsten Entfaltung ihres Wesens bringen. Die besondre Vereinigung jener Naturkräfte im Stein, also die Natur des Steins, ist es, von der jene Regeln eigentlich ausgehn. Die Verhältnisse von Schwere und Starrheit oder Tenacität sind in den verschiednen Steinarten ziemlich dieselben: Granit ist schwerer als Sandstein, hat aber auch festern Zusammenhang. Marmor zwischen beiden. Nämlich Stütze und Last, so vertheilt, wie die Säulenordnung es fordert, zeigen aufs deutlichste den Kampf zwischen Starrheit und Schwere. Ich will dies deutlich machen. Wie groß die Last sei, die eine Säule tragen kann, das hängt bloß von ihrer Dicke ab, nicht von der Höhe: also bestimmt die Last bloß die Dicke. Allein wenn, bei dieser Last und bei dieser Dicke, die Höhe der Säulen sehr beträchtlich ist, und sie also sehr lang und dünn ausfallen, so nehmen wir augenscheinlich wahr, daß bei irgend einer Erschütterung entweder der Last und der Säulen durch Wind und Wetter oder Zufälle, oder des Erdbodens die Säulen leicht einbrechen könnten, weil lange dünne Säulen etwas gebrechliches haben. Wir sehn also daß sodann, in jenem Kampf zwischen Schwere und Starrheit, die Schwere leicht die Oberhand erhalten könnte, die Starrheit nachgäbe, die Säulen zu knicken drohten. – Sind hingegen die Säulen kurz und dick, so ist hiezu keine Gefahr: allein der Kampf zwischen Schwere und Starrheit stellt sich sehr schwach dar: die Starrheit leistet zu wenig: sie hält die Last nur eine verhältnißmäßig kurze Strecke über der Erde gehoben. Die Schwere äußert ihre Macht nicht sichtbarlich genug: das Ziel ihres Strebens, der Erdboden ist nicht weit genug von der Last, um anschaulich zu machen wie stark sie dahin strebt. Zwischen diesen beiden Extremen, in deren einem die Schwere offenbare Uebermacht hat und die Starrheit zu ohnmächtig erscheint, und in deren anderm die Starrheit zu wenig zu thun hat, die Schwere daher auch nur lässig strebt, nach einem zu nahen Ziel; – muß es einen Punkt geben, wo Last und Stütze sich grade gewachsen sind, sich sichtbarlich das Gleichgewicht halten und ihr Kampf recht augenscheinlich wird: dieser Punkt muß ziemlich genau zu bestimmen seyn, es ist der der Griechischen Säulenordnung überhaupt; dieser Punkt ist nicht so ganz genau bestimmbar, daß er nicht nach Maaßgabe der Umstände in etwas variabel wäre, einige Modifikationen zuließe; diese Modifikationen sind die drei Griechischen Säulenordnungen: die Anwendung einer derselben vor der andern wird angerathen durch das besondre Verhältniß der Höhe, der Last, und der Breite des Gebäudes. Im ganzen ist es aber doch ein Punkt, aber kein mathematischer, er hat eine gewisse Breite; man hat ihn nach und nach gefunden, durch allmälige Annäherung beider Extreme. Die dorische Ordnung, die älteste, war zu Anfang sehr niedrig im Verhältniß der Dicke, dabei sehr spitz: wie noch Paestum zeigt. Die alt-griechischen Monumente zeigen wie man nach und nach zum besten Verhältniß der Säulenordnung gekommen; und zwar an der dorischen als der ältesten. Man hat sie nach und nach höher gemacht und ist allmälig von *8* Modeln des Schafts zu *14* gestiegen; dabei man bis auf den heutigen Tag geblieben. Dabei giebt nun die Säulenweite auch ein Moment, eine nähere Bestimmung an: Nämlich man könnte um dieselbe Last zu stützen und bei gleicher Höhe über dem Boden, die Säulen doch verhältnißmäßig dünner machen, als die Säulenordnung angiebt, wenn man nur mehr Säulen und dichter aneinander setzte; oder auch umgekehrt sie verhältnißmäßig dicker machen, wenn sie dann nur weiter auseinander und ihrer wenige wären: nun aber bestimmt die Natur des Steins auch gewissermaaßen die Säulenweite. Der Stein hat einen bestimmten Grad von Tenacität und Zusammenhang, Kohäsion: vermöge dieses kann der Queerbalken, das Gebälk, wenn es an *einem* Punkt gestützt ist, sich halten, eine gewisse Strecke weit, bis zu einem andern, wo es wieder einer Stütze bedarf: daß es nun grade in solchen Abständen gestützt sei als seine Natur erfordert, dies macht eben den Kampf zwischen Starrheit und Schwere recht sichtbar: sind die Stützpunkte zu weit von einander, so droht, für den Augenschein das Gebälk einzubrechen, wenn auch die Säulen für die Last stark genug sind: denn die Schwerpunkte der Theile des Gebälks liegen dann zu weit von den einzelnen Säulen weg: sind sie zu nah an einander, und verhältnißmäßig nicht zu stark für die Last; so kann die Starrheit des Gesteins ihre Kraft nicht offenbaren, indem sie nicht zeigen kann, wie sie fähig wäre auch in größern Zwischenräumen frei zu schweben. Hier erlaubt jedoch die Baukunst schon freiern Spielraum, indem man für größere Weiten der Säulen, stärkre

Säulen nehmen kann, deren größre, dadurch herbeigeführte Höhe, doch noch nicht die Säulen gebrechlich macht: daher giebt es für die Säulenweite nicht so enge Schranken als für die Dimensionen der Säulen selbst.

Sie sehn also daß der Grund für die Säulenordnung zu finden ist in der Natur des Steins, d. h. eigentlich in dem Verhältnisse in welchem Starrheit, Tenacität und Schwere im Stein zusammen verbunden sind: und dies bestätigt abermals unsre Theorie, daß das was die Baukunst zur ästhetischen Anschauung bringen will der Kampf jener Grundkräfte der Natur ist. Da nun vermöge der *drei* Ordnungen die Verhältnisse der Dimensionen der Säule etwas variabel sind, innerhalb enger Schranken; so muß der Architekt die Wahl der Säulenordnung nach der Last nehmen: ist die Last groß, so sind dorische Säulen zu nehmen, ist sie geringer korinthische. Will man bei beträchtlicher Last, doch korinthische Säulen, etwa um die Höhe herauszubringen, so müssen sie so viel dichter an einander stehn: will man bei geringrer Last doch dorische, so müssen sie weiter auseinander. Also die Verhältnisse der Last, der Höhe, der Breite des Gebäudes, die passende Zahl der Säulen müssen die Wahl bestimmen. Gewöhnlich giebt man an, diese Wahl sei zu machen nach dem individuellen Zweck des Gebäudes: das korinthische Kapitäl sei heiter und prächtig, also zu Pallästen, Schauspielhäusern u. dgl. Das Jonische einfach und ernst, also zu Kirchen und Privathäusern, das Dorische noch einfacher und ernster, also zu Thören, Zeughäusern u. dgl. – Ich sage, das Aesthetische hat gar nichts zu thun mit den menschlichen Zwecken, und der ästhetische Genuß verlangt nicht daß man an die Bestimmung des Gebäudes denkt oder sie kennt: ferner wie schwach ist nicht der vermeinte Ausdruck von Pracht oder Heiterkeit im korinthischen oder von Ernst im Jonischen Kapitäl! Das ist meist imaginär. Die Last muß bestimmen ob eine im Verhältniß dickre oder dünnre Säule zu wählen sei. Zu dickern Säulen paßt ein verhältnißmäßig kleinres Kapitäl, wie das Dorische und Jonische: hohe schlanke Säulen können auch ein großes Kapitäl vertragen, wie das korinthische; sie haben weniger zu tragen, erlauben daher reichern Zierrath. – Wollte man zu schweren Lasten die schlanke korinthische Säule nehmen, so wird nun, da sie dick werden muß, ihre

Höhe sehr groß: ist dies für den Fall zweckmäßig, nun so nehme man sie: fordert der Fall bei gleicher Last, doch geringre Höhe, so ist die dorische Säule zu nehmen: oder wenn es korinthische Säulen seyn sollen, und doch nicht die Höhe wachsen soll, müssen sie dichter an einander stehn, in größrer Anzahl daseyn: an die Bestimmung des Gebäudes ist dabei unmittelbar nicht zu denken: das architektonisch richtige und Schöne muß unmittelbar an die Anschauung sich wenden, nicht an die Reflexion über das was die Menschen nun in dem Gebäude vornehmen werden: das ist ein Kommentar dessen es nicht bedürfen muß. Es trifft sich aber daß Thöre, Zeughäuser u. dgl. von schwererer Bauart sind als Palläste und Schauspielhäuser; daher dort die dorische Säule meistens paßt. Der Zweck des Gebäudes bestimmt dessen Schwerfälligkeit oder Leichtigkeit und diese bestimmt die Wahl der Säulenordnung und des ganzen Stils überhaupt: Meistens wird gelehrt, eine Hauptregel sei, daß das Aeußere des Gebäudes den Zweck desselben ankündigen soll, eine Kirche ernst, ein Pallast prächtig, Schauspielhaus lustig u. dgl. m. Man kann es so machen, weil der Bauherr es so will: aber es ist nicht *ästhetisch* wesentlich: ästhetisch schön könnte auch ein Gebäude seyn, was zu gar nichts diente; wie gesagt, das Aesthetische kennt gar nicht den menschlichen Zweck des Gebäudes zum Nutzen, sondern geht für sich, und hat es mit ganz andern Dingen zu thun, mit dem Kampf der Naturkräfte im Stein: es verlangt nicht daß man an den Zweck des Gebäudes denke: und ein Gebäude kann an sich sehr schön seyn, wenn man ihm äußerlich seinen Zweck auch gar nicht ansieht: so ist in Venedig ein schönes zierliches Gebäude, durch eine bedeckte Brücke in einem großen Bogen hoch durch die Luft dem Dogenpallast verbunden: wer könnte rathen, daß es ein Staatsgefängniß ist, mit dem *ponte de' sospiri*. Gekuppelte, paarweise stehende Säulen sind eine Erfindung der Neuern, die Alten haben sie nie gebraucht, eben weil sie von falschem Geschmack sind: denn im Grundthema der Baukunst, Stütze und Last, liegt kein Grund dazu. Die Last ist doch, bei einem regelmäßigen Gebäude, *gleich* vertheilt, darum muß es auch die Stütze seyn: und die einzelnen Säulen müssen dick genug seyn, um die Last zu tragen, und auch die ganze Reihe der Säulen nahe genug stehn um bei gegebner Dicke der Last zu entsprechen, ohne daß es solcher Doppelsäulen bedarf. – Freilich giebt es Fälle, wo die Umstände zu doppelten Säulen Anlaß geben, wenn nämlich die Stütze stark seyn soll, bei geringer Höhe: aber das soll eben vermieden werden.

Das *Gebälk* mit seinen drei Theilen und ihren Verhältnissen ist nun auch ganz und gar herbeigeführt durch das einzige Thema der Baukunst, Stütze und Last, d. h. Kampf zwischen Schwere und Starrheit. – (Hier Erklärung des Gebälks nach Sulzers Artikel »Gebälk« [in: Allgemeine Theorie der schönen Künste, Leipzig ⁹1786], – und Erläuterung.)

Neben dem dargestellten ästhetischen Hauptstoff der Werke der schönen Baukunst haben sie noch einen zweiten ästhetischen Zweck. Nämlich sie haben eine besondre Beziehung zum *Lichte*. Jedes schöne Gebäude erscheint doppelt schön, wenn es in vollem Sonnenschein gesehn wird und den blauen Himmel zum Hintergrunde hat. Eine ganz andre Wirkung thut es wieder im Mondenlichte. (Berlin im Mondschein.) Dieserwegen nimmt man, bei Aufführung eines Werkes der schönen Baukunst immer besondre Rücksicht auf die Himmelsgegenden, wegen der Wirkung des Lichtes. Dieses alles hat seinen Grund zwar großentheils darin, daß durch eine helle und scharfe Beleuchtung alle Theile und ihre Verhältnisse erst recht sichtbar werden. Allein ich bin der Meinung, daß die Baukunst, so wie sie bestimmt ist Schwere und Starrheit in ihrem Kampfe zu offenbaren, auch zugleich den Zweck hat, das Wesen des *Lichtes*, welches ganz entgegengesetzter Natur ist, in seiner Wirksamkeit zu entfalten und zu offenbaren. Nämlich indem die großen, undurchsichtigen, scharf begränzten und mannigfach gestalteten Massen des Gebäudes das Licht auffangen, hemmen, zurückwerfen, da entfaltet das Licht seine Natur und Eigenschaften am reinsten und deutlichsten, zum großen Genuß des Beschauers: denn, wie schon erwähnt, das Licht ist das erfreulichste der Dinge; – weil es die Bedingung und das objektive Korrelat der vollkommensten anschaulichen Erkenntnißweise ist.

Diesem zweiten Zweck der schönen Baukunst, das Licht seinem Wesen nach zu offenbaren, kann der in unsern Tagen und hier in Berlin zuerst gemachte Versuch architektonischer Werke von *Eisen*, kein Genüge thun: weil die schwarze Farbe des Eisens die Wirkung des Lichts aufhebt, das Licht verschluckt: der metallische Glanz beim rothen Abendlicht ist nur ein schwacher Ersatz dafür, und wird auch wohl allmälig verschwinden. Ueberhaupt ist die schwarze Farbe, dem deutlichen Hervortreten der Theile hinderlich. Dem ersten ästhetischen Zweck der Baukunst, Schwere, Starrheit, Kohäsion zur Anschaulichkeit zu bringen, entsprechen hingegen eiserne Gebäude sehr wohl: denn sie haben jene Eigenschaften in noch höherm Grade: aber eben weil in ihnen die Proportion beider Kräfte zu einander eine verschiedne ist als beim Stein und weil die Tenacität des Eisens hinzukommt, so sind die Proportionen welche für steinerne Gebäude und ihre Theile als die besten befunden worden, nicht auf das Eisen sofort anwendbar: daher müßte man für die schöne Baukunst aus Eisen andre Säulenordnungen und andre Regeln überhaupt erfinden. An dem Monument läßt sich das nicht erläutern weil es leider Gothisch ist und die Gothische Baukunst meiner ästhetischen Theorie nicht entspricht. (*Suo loco.*) –

Ich sagte früher daß die beiden Hälften in welchen das Wesen der ästhetischen Auffassung besteht, nämlich Erkenntniß der Idee, und Zustand des willensreinen Erkennens, – beide immer zugleich eintreten; daß jedoch der ästhetische Genuß bisweilen mehr auf der objektiven Seite liegt, bisweilen mehr auf der subjektiven. Letzteres ist der Fall beim ästhetischen Genuß architektonischer Werke. Denn die Ideen, welche hier zur deutlichen Anschauung gebracht werden, sind die niedrigsten Stufen der Objektität des Willens: folglich ist die objektive Bedeutsamkeit dessen, was uns die Baukunst offenbart, verhältnißmäßig gering: daher wird der ästhetische Genuß beim Anblick eines schönen und günstig beleuchteten Gebäudes nicht so sehr liegen in der Auffassung der Idee, als in dem mit dieser Auffassung nothwendig eintretenden subjektiven Korrelat derselben, also der ästhetische Genuß wird hauptsächlich daher entspringen, daß der Beschauer, während er diesem Anblick ganz hingegeben ist, sich losgerissen hat von der Erkenntnißart die ihm als Individuum eigen ist, welche dem Willen dient und den Relationen nachgeht, und er ist emporgehoben zum reinen willensfreien Subjekt des Erkennens. Der ästhetische Genuß besteht also hauptsächlich in der reinen Kontemplation selbst, in welcher der Beschauer befreit ist von allen Leiden des Wollens und der Individualität. – Also beim ästhetischen Genuß der Architektur ist die subjektive Seite durchaus überwiegend: der Gegensatz der Architektur in dieser Hinsicht und insofern das andre Extrem in der Reihe der schönen Künste ist das Drama: hier ist die objektive Seite der ästhetischen Auffassung durchaus überwiegend, weil die Ideen welche hier zur Erkenntniß gebracht werden die allerbedeutsamsten sind, die vollständigsten Objektivationen des Willens.

Die Baukunst hat von den bildenden Künsten und der Poesie das Unterscheidende, daß sie nicht ein Nachbild giebt, sondern die Sache selbst: bildende Künste und Poesie wiederholen die Idee, welche der Künstler gefaßt hat: also leiht hier der Künstler dem Beschauer seine Augen: der Architekt hingegen läßt den Beschauer durch dessen eigne Augen sehn, und stellt ihm bloß das Objekt zurecht; dadurch erleichtert er ihm die Auffassung der Idee, indem er das wirkliche und individuelle Objekt zum deutlichen und vollständigen Ausdruck seines Wesens bringt.

Jetzt vom Verhältniß der Baukunst als schöner Kunst zu ihr selbst als nützlicher Kunst. – Die Werke der übrigen schönen Künste haben in der Regel keine andre als bloß ästhetische Zwecke: dies ist aber bei denen der Baukunst sehr selten der Fall: vielmehr ist ihr Hauptzweck gewöhnlich ein der Kunst selbst fremder, der Nützlichkeit dienender Zweck und diesem bleibt der ästhetische untergeordnet. Unter diesen Bedingungen besteht nun das große Verdienst des Baukünstlers darin, daß er die rein ästhetischen Zwecke, in jener ihrer Unterordnung unter fremdartige, doch durchsetzt und erfüllt: er sucht daher auf mannigfaltige Weise dem jedesmaligen willkürlichen Zweck des Gebäudes die ästhetischen Zwecke geschickt anzupassen: dazu muß er richtig beurtheilen welche ästhetisch-architektonische Schönheit sich verträgt und vereinigen läßt mit einem Tempel, welche mit einem Pallast, Thore, Zeughaus, Schauspielhaus u. dgl. m. –

Dieses Verhältniß zwischen der schönen und der nützlichen Baukunst hängt hauptsächlich vom Klima ab. Denn ein rauhes Klima vermehrt die Forderungen des Bedürfnisses und der Nützlichkeit, schreibt sie fester bestimmt und unerläßlicher vor, und da bleibt dem Schönen in der Baukunst desto weniger Spielraum. Darum erreichte die schöne Baukunst ihre Vollkommenheit unter milden Himmelsstrichen, in Indien, Aegypten, Griechenland und Rom: denn hier waren vom Klima und der Nothwendigkeit die Forderungen geringer und loser bestimmt und die Baukunst konnte sehr frei ihre ästhetischen Zwecke verfolgen. Hingegen werden ihr diese sehr verkümmert unter dem nordischen Himmel: die Kälte macht ganz zugeschloßne Gebäude, also viereckige Kasten nothwendig: Säulen, welche dieser Bauart eigentlich fremd sind, werden eingemauert: der düstre Himmel fordert viele Fenster darin, welche in warmen Ländern die Sonnenhitze verbietet: die Last des Schnees gebietet die abscheuligen hohen, abschüssigen, spitzen Dächer, dieserhalb sind auch die Thürme angemeßner als die Kuppeln: – so bestimmte Forderungen schließen den Spielraum für das Schöne der Baukunst in enge Schranken ein: zum Ersatz dafür ziert sich dann die Architektur desto mehr mit dem von der Skulptur geborgten Schmuck: deshalb mag die Gothische Bauart im Norden so viel Beifall gefunden haben: sie sucht die Schönheit in der Skulptur, in dem wunderlichen Schnitzwerk mit welchem die Gothischen Gebäude von Außen und Innen bedeckt sind. Auf die Gothische Baukunst ist übrigens meine ganze Theorie des Aesthetischen in der Baukunst nicht anwendbar: der Kampf zwischen Schwere und Starrheit ist nicht ihr Thema: fast möchte es scheinen als ob ihre Grundidee wäre den völligen Sieg der Starrheit über die Schwere darzustellen, die bloße Starrheit sich äußern zu lassen, ohne daß der Druck der Massen sichtbar würde: denn alles ist nach oben zugespitzt und die Masse liegt unten: sie gefällt sich in vielen hoch emporragenden Spitzen ohne Last, in Bündeln dünner Säulen wie Pfeifenstiele, die nichts tragen, in kleinen Bogen und Zirkeln die durchsichtig in freier Luft schweben. Die Ueberladung mit nichtssagendem Schnitzwerk in verworrener schwer zu fassender Symmetrie zerstückelt die großen Massen und verwirrt den Betrachter. – Es ist übrigens der Gothischen Baukunst eigen, dieselbe Form in immer kleinerm Maaße und immer näher aneinander zu wiederholen: dies giebt ihr eine gewisse Aehnlichkeit mit dem Pflanzenreich, wo das auch so ist: aber diese Aehnlichkeit ist zufällig und ist nicht die leitende Idee.

In der That weiß ich nicht worin das Schöne der Gothischen Baukunst liegt: ich vermuthe daß das Wohlgefallen, welches manche an ihr haben, auf bloßer *Ideenassociation* beruht; gewisse Favorit-Ideen aus dem Mittelalter knüpfen sich daran: demnach wäre dies ein gänzlich *subjektiver* Geschmack, ohne ein *objektives* Schönes das Jeder anzuerkennen hätte. Uebrigens werde ich die gar nicht Aesthetische Grundidee welche bei der Gothischen Baukunst als das leitende Princip ziemlich deutlich nachzuweisen ist, bei Erwähnung der Gartenkunst zu erläutern die beste Gelegenheit haben.

Wir haben gesehn, wie die Baukunst in ihrem ästhetischen Wirken große Beschränkungen leiden muß, durch die Forderungen der Nothwendigkeit und Nützlichkeit: aber andrerseits hat sie eben an dieser Vereinigung mit dem Dienst der Nothwendigkeit eine sehr kräftige Stütze, ohne welche sie nicht bestehn könnte: denn ihre Werke sind von großem Umfang und daher von großer Kostbarkeit: dabei ist ihre ästhetische Wirkung auf eine enge Sphäre beschränkt: dieserhalb würde die Baukunst als bloß schöne Kunst, zu bloß ästhetischen Zwecken sich gar nicht erhalten können: und es ist ihr Glück, daß sie zugleich als ein nützliches und nothwendiges Gewerbe einen festen und ehrenvollen Platz unter den menschlichen Handtierungen einnimmt. Dieses eben ist es was einer andern Kunst abgeht die eben dadurch verhindert wird als die eigentliche Schwester der Baukunst ihr zur Seite zu stehn, da sie in ästhetischer Rücksicht ganz eigentlich als Seitenstück der Baukunst beizuordnen ist: ich meine die schöne *Wasserleitungskunst*. Denn eben das, was die Baukunst leistet für die Idee der Schwere, wo diese mit der *Starrheit* verbunden erscheint: dasselbe leistet die schöne Wasserleitungskunst für dieselbe Idee, da wo sie erscheint verbunden mit der *Flüssigkeit*, d. h. Formlosigkeit, leichteste Verschiebbarkeit, Durchsichtigkeit. Denn Wasserfälle, die schäumend und brausend über Felsen stürzen, still zerstäubende Katarakte, Springbrunnen, die als hohe Wassersäulen emporstreben, und klarspiegelnde Seen, diese alle offenbaren die Ideen der flüssigen, schweren Materie grade so, wie die Werke der Baukunst die Ideen der starren schweren Materie entfalten. – Allein die Werke der schönen Wasserleitungskunst sind selten und daher wohl noch nicht zu der Vollkommenheit gebracht, deren sie fähig sind: weil hier die Stütze eines nützlichen Zwecks fehlt. Zwar giebt es auch eine nützliche Wasserkunst; aber selten kann diese zu ästhetischen Zwecken die Hand bieten. In Rom allein habe ich diese Vereinigung gefunden. Das Wasser welches durch die langen Aquaeducte, welche zum Theil noch die von den Alten erbauten sind, weit her nach Rom geschafft wird, wird an den Stellen wo es sich zum Gebrauch des Volks ergießt, zugleich ästhetisch benutzt: sehr schöne mit vielen Säulen und Statuen geschmückte Wasserfälle, auch Fontänen zieren solche Plätze, dergleichen sind besonders die berühmte *Fontana di Trevi*; die *Fontana in S. Pietro in montorio*; *Fontana del Tritone* u.s.w. –

CAP. 12.
Gartenkunst und Landschaftsmalerei.

Wir haben also jetzt die zwei Künste betrachtet, deren ästhetischer Stoff die Ideen sind welche die niedrigsten Stufen der Objektität des Willens offenbaren. – Die zunächst höher liegende Stufe giebt vegetabilische Natur; – zwei Künste sind mit Offenbarung dieser Ideen beschäftigt: die schöne *Gartenkunst*, indem sie, nach Weise der Architektur dem Beschauer das Objekt zurecht stellt, um ihm so die Auffassung der Ideen zu erleichtern; und die *Landschaftsmalerei*, indem sie die aufgefaßten Ideen im Bilde wiederholt. Inzwischen können wir die schöne Gartenkunst nur halb zu den schönen Künsten rechnen, weil ihre Wirkung sehr beschränkt ist, da sie ihres Stoffes lange nicht so sehr Meister ist, als etwa die Architektur und die Wasserkunst. Das Schöne was die Gartenkunst vorzeigt, gehört fast ganz der Natur an: sie selbst hat am Ende wenig dazu gethan. Andrerseits ist sie wieder sehr ohnmächtig gegen die Ungunst der Natur und wo ihr diese nicht vor- sondern entgegengearbeitet hat, sind ihre Leistungen gering. (Charlottenburg.) Uebrigens ist der reine und gute Geschmack in der Gartenkunst erst im verfloßnen Jahrhundert gefunden worden und zwar von England ausgegangen. Vorher herrschte der Altfränkische oder Holländische Geschmack, der am Ende doch wohl von Italien ausgegangen ist, wenigstens herrscht er dort noch; und sogar muß man aus dem Wenigen was die Alten von ihren Gärten berichten vermuthen, daß diese auch solcher Art gewesen. Bekanntlich bestehn diese Altfränkischen Gärten in graden Alleen, bekappten Bäumen, geschornen Hecken, Bogengängen, Schnörkeln von bunten Beeten, zu allerhand wunderlichen Gestalten geschnittenen Baumkronen u. dgl. Dagegen thut die Englische Gartenkunst weiter nichts als daß sie der Natur Gelegenheit giebt ihre ganze Schönheit zu entfalten und möglichst vortheilhaft zu zeigen, stellt die Bäume zu schönen Gruppen zusammen, eröffnet Aussichten, Durchblicke, stellt verschiedne und abstehende Baumarten und Stauden neben einander um Abwechselung zu geben und den Reichthum der Gestalten sehn zu lassen, läßt Höhen und Tiefen abwechseln, sorgt für Wasser und läßt dieses auf alle Weise seine Natur entfalten. Also sie geht darauf aus, durch günstiges Stellen der Objekte, die Auffassung der in der vegetabilischen und unorganischen Welt sich aussprechenden Ideen zu erleichtern: sie ist gleichsam nur die Toilette der schönen Natur. Von hieraus werden wir nun gleich einen Rückblick auf die Gothische Baukunst thun: daher ich etwas tiefer auf diesen Gegenstand eingehe. – Nämlich der mächtige Unterschied zwischen Französischen und Englischen Gärten beruht im Grunde darauf, daß die Englischen im *objektiven Sinn* angelegt sind, die Französischen im *subjektiven*: dies heißt: in der Englischen Gartenkunst geht der Zweck auf das Objekt, die Pflanzenwelt: man will nämlich die Ideen in welchen der Wille sich objektivirt in jeder Baumart, jeder Staude, in Berg, Fels, Gewässern, zu möglichst reinem und deutlichem Ausdruck bringen: also die Objektität des Willens auf dieser Stufe, d. h. in dieser Idee, soll möglichst rein hervorgehoben werden: das ist die leitende Idee: insofern ist die Englische Gartenkunst *objektiv*. Die Französischen Gärten sind *subjektiv* gedacht: damit meine ich: sie deuten durchweg auf die subjektive Absicht des Besitzers: sie zeigen überall nur das Gepräge des Willens des Besitzers und seiner Zwecke: diesem Willen ist die Natur unterthan gemacht, ihre Formen, d. h. die Ideen in welchen der Wille in der vegetabilischen Natur sich objektivirt, sind verneint, den Pflanzen ist ihre natürliche Form und Stellung genommen: ein fremder Wille, der des Besitzers ist ihnen aufgezwungen: diesen und dessen Zwecke drückt alles aus, die graden Alleen, die steifen geschornen und geschnörkelten Hecken, die langen schattigen Bogengänge, das Holzwerk daran die Pflanzen geheftet sind um Lauben zu bilden, die phantastischen Formen zu welchen man den Taxus und Buxbaum geschnitten hat: alles trägt das Gepräge der Dienstbarkeit der Natur unter dem Willen des Besitzers. Also in diesem Sinne sage ich, die Englischen Gärten sind objektiv gedacht, die Französischen subjektiv. – Nun scheint mir dasselbe Verhältniß obzuwalten zwischen der *Griechischen Baukunst* und der *Gothischen*: jene ist objektiv gedacht, diese subjektiv. Die antike Baukunst bringt die im Stein sich aussprechenden Ideen der Starrheit und Schwere zur deutlichsten Offenbarung durch den Kampf in den sie sie versetzt: die subjektiven Zwecke der Nützlichkeit sind mit diesem ästhetischen und objektiven Zweck nur glücklich vereint. Hingegen im Gothischen Gebäude ist der subjektive Zweck des Menschen recht absichtlich hervorgehoben und recht tyrannisch ausgesprochen: hier deutet alles auf den Menschen und auf seinen Dienst, zu dem es da ist: das Ganze und alle Theile deuten auf Behausung und Bedachung: die durch zwanzig koncentrische spitze Bogen vertieften Eingänge stoßen recht mit der Nase darauf daß es ein Durchgang für den Menschen ist: die Griechische Thüre läßt den Menschen bloß ein, es sind zwei Pfeiler die einen Balken tragen: sehn Sie die schöne Thüre des Opernhauses, die nach der Bibliothek sieht, oben auf der Treppe. Eben so die spitzen Gewölbe überall, deuten recht auf das freie Durchspazieren des Menschen: die Pfeiler, die die Gewölbe tragen, sind aus den Fortsetzungen der Ränder der spitzen Bogen des Gewölbes entstanden, daher ihre abgeschmackte sonst unverständliche und zwecklose Form: überall sind Thürme zum Schauen für den Menschen, Balkone zum Harangiren, alles zu subjektiven Zwecken. Auch alle die zahllosen Verzierungen innen und außen repräsentiren solchen Dienst zu subjektiven Zwecken, stellen *en mignature* Thürmchen, Schutzdächer, Geländer, Pförtchen dar. Alles spricht nur davon, daß der Mensch hier Herr und Meister ist und ihm die Materie mit ihren Kräften dienstbar. Darum ist die Gothische Baukunst barbarisch, die Griechische ästhetisch. Ich glaube daß der gegebene Gesichtspunkt der Gothischen Baukunst der richtige ist und die leitende Idee enthält. –

Die Gartenkunst gab uns Gelegenheit zu dieser Ansicht. Ihr Thema ist die Vegetabilische Natur: aber wegen des geringen Umfangs ihrer Leistungen ist sie nur halbe Kunst. Ohne Vermittelung der Kunst bietet sich die Pflanzenwelt fast überall zum ästhetischen Genusse an. Sofern sie aber eigentlich Objekt der Kunst ist, liegt sie im Gebiete der *Landschaftsmalerei*: zugleich mit ihr liegt in diesem Gebiete die ganze übrige erkenntnißlose

Natur, d. h. Felsen und Gebäude. Gemahlte Architektur, Ruinen, Kirche von Innen, halten das Mittel zwischen dem Stillleben und der Landschaftsmalerei: Bei solchen Darstellungen ist die subjektive Seite des ästhetischen Genusses die überwiegende: d. h. unsre Freude daran liegt nicht hauptsächlich in der Auffassung der dargestellten Ideen unmittelbar; sondern mehr im subjektiven Korrelat dieser Auffassung, im Zustande des reinen, willenlosen Erkennens: der Maler läßt uns nämlich die Dinge durch seine Augen sehn, macht uns seiner rein objektiven Auffassung theilhaft, und eben dadurch erhalten wir zugleich eine Mitempfindung und Nachgefühl des gänzlichen Schweigens des Willens, welche im Maler daseyn mußten, als er seine Erkenntniß so ganz versenkte in jene leblosen Gegenstände und sie mit so viel Liebe auffaßte, d. h. eben mit solchem Grade der Objektivität. – Die Wirkung der eigentlichen Landschaftsmalerei ist nun zwar im Ganzen auch noch von dieser Art: allein weil die dargestellten Ideen, höhere Stufen der Objektität des Willens und also bedeutsamer und vielsagender sind, so tritt hier schon die objektive Seite des ästhetischen Wohlgefallens mehr hervor und hält der subjektiven das Gleichgewicht. Das reine Erkennen als solches ist nicht mehr ganz die Hauptsache; sondern mit gleicher Macht wirkt auf uns die erkannte Idee: wir sehn in jeder Landschaft die Welt als Vorstellung auf einer bedeutenden Stufe der Objektität des Willens. –

CAP. 13.
Thiermalerei.

Wir haben bisher die Künste betrachtet deren Thema die erkenntnißlose Natur ist, das Unorganische mit seinen Kräften und die Pflanzenwelt. Die nächste Hauptstufe der Objektität des Willens ist nun die erkennende Natur, zuerst die bloß anschauenden, unvernünftigen, nicht denkenden Wesen, die Thiere. Auch sie sind Stoff der Kunst in der *Thiermalerei*, die vielerlei Abwechselungen hat: sie stellt dar die Thiere aller Klassen, am häufigsten Quadrupeden und Vögel, zeigt daher bald Vieh auf der Weide, im Stall, gejagtes Wild, Pferde mit Reitern und dann Kampf der Thiere unter einander oder mit Menschen, von Hunden giebt es schon Porträtts: Katzenmaler in Bern: auch die Skulptur stellt Pferde, Hunde u.s.w. dar: im Vatikan ein ganzes Zimmer voll Thieren, theils antik: sehr schöne Windspiele. – Bei der Thiermalerei da sie eine viel höhere Stufe der Objektivation des Willens offenbart als die Landschaftsmalerei, liegt das ästhetische Wohlgefallen schon entschieden auf der objektiven Seite. Die Ruhe des diese Ideen erkennenden Subjekts, das den eignen Willen beschwichtigt hat, ist zwar vorhanden wie bei jeder ästhetischen Betrachtung: aber ihre Wirkung wird nicht empfunden: denn uns beschäftigt die Unruhe und Heftigkeit des dargestellten Willens. Es ist jenes Wollen, welches auch unser Wesen ausmacht, das uns hier vor die Augen tritt, in Gestalten, in denen seine Erscheinung nicht, wie in uns, durch die Besonnenheit beherrscht und gemildert ist, sondern sich in stärkern Zügen und mit einer Deutlichkeit, die ans Grotteske und Monstrose streift, darstellt. Aber auch ohne die Verstellung der Ueberlegung, welche bei uns so vieles und grade die grellen Farben bedeckt, sondern ganz naiv, frei dargelegt. Theophrastus Paracelsus hat gesagt: »Die Thiere sind ein Spiegel, darin der Mensch sich selbst beschaut.« [Theophrasti Paracelsi Opera, ed. Huser, Strassb. 1616, Vol. II, p. 325 B] Das Karakteristische der Gattungen trat schon bei den Pflanzen hervor, zeigte sich jedoch nur in den Formen: hier wird es viel bedeutender, spricht sich nicht nur in der Gestalt, sondern in Stellung, Handlung, Geberde aus: aber immer nur noch Karakter der Art, nicht des Individuums. –

Dieser Erkenntniß der Ideen höherer Stufen, welche wir in der Malerei durch fremde Vermittlung empfangen, können wir auch unmittelbar theilhaft werden durch rein kontemplative Anschauung der Pflanzen und Beobachtung der Thiere, und zwar letzterer in ihrem freien natürlichen, behaglichen Zustande. Ein lebendiges Thier ist mir lieber als hundert ausgestopfte: bei diesen fehlt eben der Geist und der ist ja überall alles in allem. Wenn man so rein objektiv die mannigfaltigen, wundersamen Gestalten der Thiere, ihr Thun und Treiben beobachtet, so empfängt man eine lehrreiche Lexion aus dem großen Buche der Natur: es ist ja das wahre innre Wesen aller Dinge, was sich durch diese Gestalten ausspricht: überall ist das Beste nicht in Worte zu fassen, man muß anschauen. Indem wir so, durch Anschauung der lebendigen Welt, unmittelbar das wahre Wesen der Dinge zu uns reden lassen, so entziffern wir die ächte *Signatura rerum* [Kennzeichnung der Dinge (Titel einer Schrift von Jakob Böhme)], von der die alten Alchemisten und Theosophen sprachen. Wir sehn in ihr die vielfachen Grade und Weisen der Manifestation des Willens, welcher in allen Wesen der Eine und selbe ist und überall dasselbe will, was eben als Leben, als Dasein, sich objektivirt, in so endloser Abwechselung, so verschiednen Gestalten, die alle Ackomodationen zu den verschiedenen äußeren Bedingungen sind, Variationen des Themas. Ganz gefaßt haben wir aber das durch diese Gestalten sich offenbarende Wesen erst dann, wann wir es als unser eignes erkennen, die Thierwelt aus unserm eignen Selbst verstehn lernen, und auch wieder das eigne Selbst aus der Thierwelt. [Hier folgte ursprünglich, mit Tinte wieder ausgestrichen, der Sanskritsatz »Das bist Du (tutwa = tat twam asi), o Çvetaketu!« aus den Upanischaden des Oupnek'hat, Nr. XVII, Bd. I, S. 58 ff. (vgl. Chândogya-Upanishad, 6, 8, 7): Tutwa: – O Sopatkit! Tatoumes.]

CAP. 14.
Historienmalerei und Skulptur und zugleich über Schönheit, Karakter und Grazie.

Die Idee, in welcher der Wille den höchsten Grad seiner Objektität erreicht, unmittelbar anschaulich darzustellen, ist endlich die große Aufgabe der *Historienmalerei* und der *Skulptur*.

Es sind allgemeine Betrachtungen vorher anzustellen, über Schönheit, Karakter und Grazie: also: die objektive Seite der Freude am Schönen ist hier durchaus überwiegend und die subjektive in den Hintergrund getreten. Ferner ist dieses zu beachten: noch auf der nächsten Stufe unter dieser, in der Thiermalerei, ist das Karakteristische völlig Eins mit dem Schönen: der am meisten karakteristische Löwe, Wolf, Pferd, Schaaf, Stier, war auch allemal der schönste. Der Grund hievon ist, daß die Thiere bloß Gattungskarakter haben und keinen Individual-Karakter. Darum eben auch fällt in den Fabeln wo Thiere agiren, z. B. im Reineke Fuchs der Eigennamen mit dem der Species zusammen oder vielmehr ist jener nur noch ein pleonastischer Zusatz zu diesem: Nobel der Löwe, Isegrimm der Wolf, Braun der Bär. Wie der Unterschied zwischen Thiermalerei und Historienmalerei; so ist auch der zwischen der Aesopischen Fabel oder dem Reineke Fuchs und dem Roman und Schauspiel hiedurch verständlich. Der Mensch allein hat Individualkarakter: darum sondert sich bei der Darstellung des Menschen in der Malerei und Skulptur der Karakter der Gattung von dem des Individuums: jener heißt nun *Schönheit*, im objektiven Sinn: dieser behält den Namen Karakter oder Ausdruck bei: und es tritt die neue Schwierigkeit ein beide zugleich im nämlichen Individuo vollkommen darzustellen.

Menschliche Schönheit ist ein objektiver Ausdruck: er bedeutet die vollkommenste Objektivation des Willens auf der höchsten Stufe seiner Erkennbarkeit: also die Idee des Menschen überhaupt vollständig ausgedrückt in der angeschauten Form. So sehr hier aber auch die objektive Seite des Schönen hervortritt, so bleibt doch die subjektive ihre stete Begleiterin. Eben weil kein Objekt uns so schnell zum rein ästhetischen Anschauen hinreißt als das schönste Menschenantlitz und Gestalt, bei deren Anblick uns augenblicklich ein unaussprechliches Wohlgefallen ergreift und uns hinaushebt über uns selbst und über alles was uns quälen mag; so ist dieses nur dadurch möglich, daß diese allerdeutlichste und reinste Erkennbarkeit des Willens uns auch am leichtesten und schnellsten in den Zustand des reinen Erkennens versetzt, in welchem unsre Persönlichkeit und unser Wollen, aus dem alle Pein hervorgeht, sich aus dem Bewußtseyn entfernt, so lange diese ästhetische Freude anhält. Daher kommt es, daß Jeder, welcher starke Empfänglichkeit für das Schöne überhaupt hat, durch den Anblick der menschlichen Schönheit gleichsam begeistert und entzückt wird, mehr als durch irgend etwas. – Daß nun der Natur eine schöne Menschengestalt gelingt, dies müssen wir daraus erklären, daß der Wille, indem er sich auf dieser höchsten Stufe in einem Individuo objektivirt, durch glückliche Umstände und seine eigne Kraft, alle die Hindernisse besiegt und den Widerstand überwindet, welchen ihm die Willenserscheinungen niedrer Stufen entgegensetzen, dergleichen sind eben die blinden Naturkräfte, die sich in jeder Materie äußern, nach physischen und chemischen Gesetzen: diesen muß er die Allen angehörende Materie immer erst abgewinnen und entreißen. Ferner hat die Erscheinung des Willens auf den obern Stufen die Mannigfaltigkeit zur Form: schon der Baum ist nur ein systematisches Aggregat der zahllos wiederholten sprossenden Faser: diese Zusammensetzung aus disparaten Theilen nimmt höher herauf immer zu, und der menschliche Körper ist ein höchst kombinirtes System ganz verschiedner Theile, deren jeder ein dem Ganzen untergeordnetes, aber doch eignes Leben hat, *vita propria*: (*illustr.*): daß nun alle diese Theile auf die gehörige Weise dem Ganzen unter- und einander nebengeordnet sind, harmonisch konspiriren zur Darstellung des Ganzen, nichts verkümmert, nichts übermäßig ist: – – dies sind die seltnen Bedingungen deren Resultat die Schönheit, der vollkommen dargestellte Gattungskarakter ist. – So die Natur. – Wie aber die Kunst? Man hat gemeint, durch Nachahmung der Natur. Woran soll aber der Künstler ihr gelungenes und nachzuahmendes Werk erkennen, und es unter den mislungenen herausfinden? wie soll er das, wenn er nicht *vor aller Erfahrung* das Schöne anticipirt? – Hat überdies auch jemals die Natur einen in allen Theilen vollkommen schönen Menschen hervorgebracht? – Da hat man gemeint, der Künstler müsse die an viele Menschen einzeln vertheilten schönen Theile zusammensuchen und aus ihnen ein schönes Ganzes zusammensetzen: das ist aber eine verkehrte und besinnungslose Meinung. Denn es frägt sich abermals, woran soll er erkennen daß grade diese einzelnen Theile die schönen sind, und jene nicht? – Daß bloße treue Nachahmung der Natur nicht zur Schönheit führt, sehn wir an den alten Teutschen Malern. Betrachten sie die nackten Figuren, Adam und Eva von Lukas Kranach, die keusche Lukrezia von demselben, von Dürern u. a. – – –

Rein *aposteriori* und bloß empirisch ist gar keine Erkenntniß des Schönen möglich: sie ist immer wenigstens zum Theil *apriori:* aber diese Erkenntniß *apriori* ist von ganz andrer Art als die uns *apriori* bewußten Gestaltungen des Satzes vom Grund, die reinen Anschauungen der Zeit und des Raumes: diese nämlich betreffen die allgemeine Form der Möglichkeit aller Erscheinung als solcher, das allgemeine *Wie* alles Erscheinens überhaupt und aus dieser Erkenntniß geht Mathematik und reine Naturwissenschaft hervor: hingegen jene andre Erkenntnißart *a priori*, welche die Darstellung des Schönen möglich macht, die betrifft nicht die *Form* der Erscheinung, sondern ihren *Inhalt*, nicht das *Wie* des Erscheinens, sondern das *Was* der Erscheinung. – Das Formelle *apriori* der Mathematik u.s.w. schreibt der Erscheinung vor, wie sie schlechterdings ausfallen *muß*, bestimmt es schlechthin für alle Fälle. Die ästhetische Anticipation *apriori* weiß nur *was* eigentlich erscheinen *sollte*, nicht so bestimmt daß sie ganz vor aller Erfahrung es darstellen könnte, aber doch so daß sie *urtheilen* kann ob das wirklich Erscheinende ihrem Gesetz gemäß ist oder nicht, und auch es danach *berichtigen* kann. Nämlich daß wir alle die Schönheit erkennen, wenn wir sie sehn, im ächten Künstler aber dies mit solcher Klarheit geschieht, daß er sie zeigt, wie er sie nie gesehn hat, und daher mit seiner Darstellung die Natur übertrifft; – das ist nur dadurch möglich, daß der Wille, dessen adäquate Objektität auf ihrer höchsten Stufe hier beurtheilt und gefunden werden soll, ja *wir selbst sind*. Dadurch haben wir in der That eine *Anticipation* dessen, was die Natur darzustellen sich bemüht: denn ihr innres Wesen ist ja eben unser eigner Wille. – Im Genie ist nun diese Anticipation von solchem Grade der Besonnenheit begleitet, daß er im einzelnen Dinge die Idee erkennt, gleichsam *die Natur auf halbem Worte versteht*, und nun das rein ausspricht, was sie bloß stammelt: daß er die Schönheit der Form, welche der Natur in tausend Versuchen mislingt, dem harten Marmor aufdrückt, nun sein Werk der Natur gegenüberstellt, ihr gleichsam zurufend: »das war es, was du sagen wolltest!« – Nur so konnte der geniale Grieche den Urtypus der menschlichen Gestalt finden und ihn als Kanon der Schule der Skulptur aufstellen: und auch allein vermöge derselben Anticipation ist es uns allen möglich, das Schöne zu erkennen da wo es der Natur im einzelnen wirklich gelungen ist. Diese Anticipation ist das *Ideal*. Es ist die Idee, sofern sie, wenigstens zur Hälfte, *apriori* erkannt ist und indem sie als solche dem *aposteriori* durch die Natur Gegebenen ergänzend entgegenkommt, für die Kunst praktisch wird. Die Möglichkeit solcher Anticipation des Schönen *apriori* im Künstler, wie seiner Anerkennung *aposteriori* im Kenner, liegt darin, daß beide das Ansich der Natur, der sich objektivirende Wille selbst sind. Nur vom Gleichen wird das Gleiche erkannt; sagte Pythagoras. Obwohl nun also bei der Bildung des Ideals menschlicher Schönheit im Künstler, die Hauptsache *apriori* ist, eine Anticipation der Absicht der Natur; so ist doch nicht zu leugnen, daß die Erfahrung dieser Anticipation entgegenkommen muß, indem sie ihr ein bestimmtes Schema unterlegt, sie überhaupt anregt und durch Vorzeigung menschlicher Körper, welche, in diesem oder jenem Theil, der Natur mehr oder minder gelungen sind, jener Anticipation im Geiste des Künstlers gleichsam Fragen vorlegt, und so durch eine Sokratische Methode, jene Anticipation zur Deutlichkeit und Bestimmtheit hervorruft: denn auch diese ästhetisch-plastische Anlage, will, wie jede andre, geübt seyn. In dieser Hinsicht hatten nun die Griechischen Bildhauer allerdings ein großes Erleichterungsmittel darin, daß das Klima und die

Sitte ihres Landes ihnen Gelegenheit gab den ganzen Tag nackte oder größtentheils nackte Gestalten zu sehn. Jedes nackte Glied forderte ihren plastischen Schönheitssinn auf zur Beurtheilung desselben und zur Vergleichung mit dem Ideal: sie übten so ihren Blick an den feinsten Nüancen aller Formen und Körpertheile und dadurch konnte ihr anticipirtes Ideal der menschlichen Schönheit nach und nach zu solcher Deutlichkeit des Bewußtseyns in ihnen gelangen, daß sie endlich fähig wurden es außer ihrem Geist als Kunstwerk aufzustellen. (Ideale von Thieren.)

Ich erwähnte vorhin die verkehrte Meinung daß die Griechen das Ideal der menschlichen Schönheit, welches sie uns in ihren Werken überliefert haben, ganz empirisch aufgefunden hätten, indem sie nämlich die einzelnen schönen Theile von verschiedenen Menschen zusammengelesen hätten, hier einen Arm, dort eine Hand, ein Knie, ein Bein schön gefunden, sich gemerkt und daraus das Ideal zusammengesetzt hätten. – Einen ganz analogen Irrthum giebt es in Betreff der Dichtkunst: indem man nämlich bei den Dichtern und vor Allen beim Shakespear erstaunte über die große Wahrheit und Richtigkeit der Karaktere, wie der Dichter so unzählig mannigfaltige Karaktere auftreten lasse und doch jeder in sich so übereinstimmend, so wahr, so gehalten, so aus der innersten Tiefe herausgearbeitet ist: – da meinte man, Shakspear müsse in seiner eignen Erfahrung im Weltleben sich alle diese Karakterzüge gemerkt und dann gelegentlich wieder angebracht haben, wirkliche Persönlichkeiten gefaßt und wiedergegeben haben. Wie schlimm wäre der Dichter daran, wenn er keinen Karakter auftreten lassen könnte, als der ihm selbst in der Wirklichkeit begegnet wäre: wie selten würde er da alle zu einer Handlung nöthigen Karaktere zusammenbringen können. Diese Annahme ist also eben so absurd als die erste. Und wie es sich mit der Darstellung des Schönen verhält, so auch mit der des Karakteristischen. Wie die Werke der bildenden Kunst, nur durch eine ahndende Anticipation des Schönen möglich waren, so die Werke der Dichtkunst nur durch eine eben solche Anticipation des Karakteristischen: wiewohl beide der Erfahrung bedürfen, als eines Schema's, woran allein jenes ihnen *apriori* dunkel bewußte zur vollen Deutlichkeit hervorgerufen wird und die Möglichkeit besonnener Darstellung nunmehr eintritt. (*Suo loco*.)

Von der Grazie.

Wir haben menschliche Schönheit erklärt als adäquate Objektivation des Willens auf der höchsten Stufe seiner Erkennbarkeit. Sie drückt sich aus durch die Form und diese liegt im Raum allein, ohne direkte Beziehung auf die Zeit; wie z. B. Bewegung eine hat. – Daher können wir sagen: die adäquate Objektivation des Willens durch eine bloß räumliche Erscheinung ist Schönheit, im objektiven Sinn. Die Pflanze ist keine andre als eine solche bloß räumliche Erscheinung des Willens; da keine Bewegung und folglich keine Beziehung auf die Zeit, zum Ausdruck ihres Wesens gehört (abgesehn von der Entwickelung): ihre bloße Gestalt spricht ihr Wesen aus und legt es offen dar. Interessante Physiognomie der Pflanzen, wegen ihrer Naivetät. Thier und Mensch aber bedürfen zur vollständigen Offenbarung des in ihnen erscheinenden Willens noch einer Reihe von Handlungen, wodurch in ihnen, die Erscheinung des Willens eine unmittelbare Beziehung auf die Zeit erhält. (Schon oben gesagt.) Wie nun die bloß *räumliche* Erscheinung des Willens diesen auf jeder bestimmten Stufe vollkommen oder unvollkommen objektiviren kann, was eben *Schönheit* oder Häßlichkeit ausmacht; so kann auch die *zeitliche* Objektivation des Willens, d.i. die *Handlung*, und zwar die unmittelbare, also die *Bewegung*, dem Willen, den sie objektivirt, rein und vollkommen entsprechen, ohne fremde Beimischung, ohne Ueberflüssiges, ohne Ermangelndes, nur grade den bestimmten jedesmaligen Willensakt ausdrücken: dann geschieht die Bewegung mit *Grazie*: – umgekehrt, daron. Wie also Schönheit die entsprechende Darstellung des Willens überhaupt durch seine bloß *räumliche* Erscheinung ist; so ist *Grazie* die entsprechende Darstellung des Willens durch seine *zeitliche* Erscheinung, d. h. der vollkommen richtige und angemessene Ausdruck jedes Willensakts durch die ihn objektivirende Bewegung und Stellung. Da Bewegung und Stellung den Leib schon voraussetzen; so ist *Winkelmanns* Ausdruck sehr treffend und richtig (Bd. 1, *p258* [Gesamtausgabe, Dresden 1808]): »Die Grazie ist das eigenthümliche Verhältniß der handelnden Person zur Handlung.« – Pflanzen haben Schönheit, aber keine Grazie (es sei denn figürlich), Thiere und

Menschen haben beides. Grazie der Thiere, des Pferdes, des Windspiels, im Gehn, Anspringen, Spielen unter einander, im *Liegen;* so auch liegende Rinder auf der Weide: werden daher gemalt. Die Grazie also besteht darin daß jede Bewegung und Stellung auf die angemessenste, leichteste, bequemste Weise ausgeführt werde und sonach der rein entsprechende Ausdruck ihrer Absicht oder des Willensaktes sei, ohne Ueberflüssiges, was als zweckwidriges, bedeutungsloses Handtieren oder verdrehte Stellung erscheint; ohne Ermangelndes, was als hölzerne Steifheit sich darstellt. Grazie wird sich also hauptsächlich zeigen in der Wirklichkeit, und in den Künsten in Schauspielkunst, Tanzkunst, und in den bildenden Künsten, wo sie eine Hauptsache ist, wenn diese gleich nur die bleibende Stellung und einen Moment der Bewegung geben können. Man spricht aber auch von *Grazie* in den Werken der *redenden Künste:* hier ist dies schon in etwas metaphorisch zu verstehn und bedeutet die leichte, zwanglose Angemessenheit der Worte zu den Gedanken; daß die Rede mit Leichtigkeit und gradezu ihren Zweck genau trifft: Gegentheil davon, Mangel an Grazie ist hier Steifheit des Stils, oder zwecklose hin und her redende Weitschweifigkeit, preziöse, blumenreiche Phrase, poetische Kandidatenprose (Lichtenberg, Affektation und Manier jeder Art. Wie der Mensch oft natürliche Grazie hat, ja diese allein ächt ist; so der Stil, aus deutlichem Bewußtsein des Gedankens geht der gute Stil hervor: *Le stile c'est l'homme. Buffon.* [Der Stil, das ist der Mensch. Ungenau; Worte Buffons, gesprochen in der Académie Française am 25. 8. 1753]

Vom Karakter.

Es gehört, wie schon erwähnt, zum Auszeichnenden der Menschheit, daß bei ihr der Karakter der *Gattung* und der des *Individuums* auseinandertreten, so daß jeder Mensch gewissermaaßen eine ganz eigenthümliche Idee darstellt. Die Künste daher, deren Zweck die Darstellung der Idee der Menschheit ist, haben neben der Schönheit, dem Karakter der Gattung, noch den Karakter des Individuums, welcher κατ' εξοχην Karakter genannt wird, zur Aufgabe: diesen jedoch auch nur wieder, sofern er nicht als etwas Zufälliges, dem Individuo in seiner Einzelnheit ganz und gar Eigenthümliches anzusehn ist, sondern nur als eine in diesem Individuo ganz besonders hervortretende Seite der Idee der Menschheit, zu deren Offenbarung die Darstellung eines solchen Individuums daher zweckdienlich ist. Daher muß der Karakter, obschon er als solcher individuell ist, dennoch idealisch aufgefaßt und dargestellt werden, d. h. mit Hervorhebung seiner Bedeutsamkeit in Hinsicht auf die Idee der Menschheit überhaupt, zu deren Objektivirung er auf seine Weise beiträgt: außerdem ist die Darstellung Porträt, Wiederholung des Einzelnen als solchen, mit allen seinen Zufälligkeiten. (Auch das Porträt Ideal des Individuums nach Winkelmann.)

Jener idealisch aufzufassende *Karakter*, der die Hervorhebung einer eigenthümlichen Seite der Idee der Menschheit ist, stellt sich nun sichtbar dar, theils durch die bleibende Physiognomie und Korporisation, theils durch vorübergehenden Affekt und Leidenschaft, Modifikation des Erkennens und Wollens wechselseitig durch einander, welches alles sich in Miene und Bewegung ausdrückt. Da nun das Individuum immer der Menschheit angehört, und andrerseits die Menschheit sich immer im Individuo und sogar mit eigenthümlich idealer Bedeutsamkeit desselben offenbart; so darf weder die Schönheit durch den Karakter, noch dieser durch jene aufgehoben werden: denn Aufhebung des Gattungskarakters durch den des Individuums ist *Karikatur*, und Aufhebung des Individuellen durch den Karakter der Gattung wäre Bedeutungslosigkeit. Daher wird die Darstellung, indem sie auf *Schönheit* ausgeht, welches hauptsächlich die *Skulptur* thut, dennoch die Schönheit, d. i. den Gattungskarakter immer in etwas modifiziren durch den individuellen Karakter, und wird die Idee der Menschheit immer auf eine bestimmte individuelle Weise ausdrücken, eine besondre Seite jener Idee hervorhebend, weil das menschliche Individuum als solches gewissermaaßen die Dignität einer eignen Idee hat, und der Idee der Menschheit es eben wesentlich ist, daß sie sich in Individuen von eigenthümlicher Bedeutsamkeit darstellt. Daher finden wir in den Werken der Alten die von ihnen deutlich aufgefaßte menschliche Schönheit, nicht dargestellt durch eine einzige Gestalt (oder zwei), sondern durch viele, verschiednen Karakter tragende Gestalten, gleichsam immer die Idee der Menschheit von einer andern Seite gefaßt, demzufolge anders dargestellt im Apoll, Bakchus, Herkules, Antinous, Jupiter, Neptun u.s.f., gleichsam bleibende Hauptseiten der Idee der Menschheit; die wieder Variation zulassen. So also wird das Schöne durch das Karakteristische modifizirt: ja das Karakteristische kann das Schöne beschränken und endlich sogar bis zur Häßlichkeit hervortreten im trunkenen Silen, im Faun u.s.w. – Geht aber das Karakteristische bis zur Aufhebung des Karakters der Gattung, also bis zum Unnatürlichen; so wirds Karikatur. – Noch viel weniger als die Schönheit darf die Grazie durch den Karakter beeinträchtigt werden: welches auch die Stellung oder Bewegung sei, die der Karakter erfordert; so muß sie doch auf die der Person angemessenste, leichteste, zweckmäßigste Weise vollzogen werden. Dies wird nicht nur der Bildhauer und Maler, sondern auch jeder gute Schauspieler beobachten: sonst entsteht auch hier Karikatur, Verzerrung, Verrenkung.

In der *Skulptur* bleiben Schönheit und Grazie die Hauptsache. Der eigentliche Karakter des Geists, hervortretend in Affekt, Leidenschaft, Wechselspiel des Erkennens und Wollens, allein darstellbar durch den Ausdruck des Gesichts und der Geberde, ist vorzüglich Eigenthum der *Malerei*. Daß die Skulptur im Karakteristischen ihr nicht gleichkommt liegt vorzüglich daran, daß Augen und Farbe außer dem Gebiet der Skulptur liegen. Denn Augen und Farbe tragen zwar auch viel zur *Schönheit* bei; aber für den Karakter sind sie noch weit wesentlicher. Dagegen hat die Skulptur für die Darstellung der *Schönheit* den Vortheil vor der Malerei voraus, daß ihre Werke von allen Seiten und jedem Standpunkt aus betrachtet werden können, wodurch die Schönheit der Form sich erst ganz entfaltet. Der Mangel hievon ist indessen der Malerei zur Darstellung des Karakteristischen nicht sehr hinderlich, weil Karakter und Ausdruck auch aus *einem* Standpunkt vollkommen aufgefaßt werden können.

(Hier beliebig die Episode über den *Laokoon*; die Gränzen der Kunst zu zeigen.)

Weil Schönheit nebst Grazie der Hauptgegenstand der Skulptur, liebt sie das Nackte. Sie leidet die Bekleidung nur sofern diese die Formen nicht verbirgt, sondern sogar beiträgt die Form besser zu zeigen. Nämlich die Drapperie soll nicht verhüllen, sondern soll die Form mittelbar zeigen: die Lage der Falten ist Wirkung der Form und wir werden von dieser Wirkung unmittelbar auf deren Ursache, die Form geleitet; so daß wir aus den Datis des Faltenwurfs die Form in der Phantasie konstruiren und anschauen: diese mittelbare Darstellung der Form beschäftigt also sehr den Verstand. Sie ist in der Drapperie [offenbar Schreibfehler für Skulptur, vgl. WI, § 47 und HN I, Nr. 459, S. 302] gewissermaaßen das, was in der Malerei die *Verkürzung* ist. (Erläuterung und Beispiel aus der *galleria Giustiniani*.) Drapperie und Verkürzung sind beides Andeutungen, aber nicht symbolische, sondern solche, welche, wenn sie gelungen sind, den Verstand unmittelbar zwingen das Angedeutete anzuschauen, als ob es wirklich gegeben wäre.

(Gleichniß über die redenden Künste.) [Vgl. WI, § 47, S. 270 f. [322 f.]]

Die *Historienmalerei* hat nun neben der Schönheit und Grazie noch den Karakter zum Hauptgegenstand: darunter ist überhaupt zu verstehn die Darstellung des Willens auf der höchsten Stufe seiner Objektivität, wo das Individuum, als Hervorhebung einer besondern Seite der Idee der Menschheit, eigenthümliche Bedeutsamkeit hat und diese zu erkennen giebt nicht durch die bloße Gestalt allein, sondern durch Handlung jeder Art und die sie veranlassenden und begleitenden Modifikationen des Erkennens und Wollens, sichtbar in Miene und Geberde. Indem die Idee der Menschheit in diesem Umfange dargestellt werden soll, muß die Entfaltung ihrer Vielseitigkeit vor die Augen gebracht werden in bedeutungsvollen Individuen und diese wieder können in ihrer Bedeutsamkeit nur sichtbar gemacht werden durch mannigfaltige Scenen, Vorgänge und Handlungen. Diese ihre unendliche Aufgabe löst nun die Historienmalerei dadurch daß sie Lebensscenen jeder Art, von großer oder geringer Bedeutsamkeit vor die Augen bringt. Weder irgend ein Individuum, noch irgend eine Handlung kann ohne Bedeutung seyn: in allen und durch alle entfaltet sich mehr und mehr die Idee der Menschheit. Darum ist durchaus kein Vorgang des Menschenlebens von der Malerei auszuschließen. Man thut folglich den vortrefflichen Niederländern großes Unrecht, wenn man bloß ihre technische Fertigkeit schätzt, im Übrigen aber verachtend auf sie herabsieht, weil sie bloß Gegenstände aus dem täglichen Leben darstellten, und man hingegen nur die Vorfälle aus der Weltgeschichte oder biblischen Historie für bedeutsam hält. Man muß zuvörderst unterscheiden die *innere* und die *äußere Bedeutsamkeit* einer Handlung: beide sind ganz verschieden und gehn oft getrennt von einander einher. Die *äußere Bedeutsamkeit* ist die Wichtigkeit einer Handlung in Beziehung auf die Folgen derselben für und in der wirklichen Welt: also nach dem Satz vom Grunde. Die *innere Bedeutsamkeit* der Handlung ist die Tiefe der Einsicht in die Idee der Menschheit, welche sie eröffnet, indem solche Handlung die seltner hervortretenden Seiten jener Idee an das Licht zieht, dadurch, daß sie deutlich und entschieden sich aussprechende Individualitäten ihre Eigenthümlichkeit entfalten läßt durch zweckmäßig gestellte Umstände. Nur die innre Bedeutsamkeit gilt in der Kunst, die äußere in der Geschichte. – Beide sind völlig unabhängig von einander, können zusammen eintreten, aber auch jede allein erscheinen. Eine für die Geschichte höchst bedeutende Handlung kann an innrer Bedeutsamkeit eine sehr alltägliche und gemeine seyn: z. E. ein König schließt einen nachtheiligen Frieden; und umgekehrt kann eine Scene aus dem gemeinen Leben von großer innrer Bedeutsamkeit seyn, wenn in ihr menschliche Individuen und menschliches Thun und Wollen bis auf die verborgensten Falten in einem hellen und deutlichen Licht erscheinen. Tischbeins Vater und Sohn in der Lawa. Auch kann, bei sehr verschiedner äußerer Bedeutsamkeit, die innre die gleiche und selbe seyn: Exempel: so z. B. kann die innre Bedeutsamkeit dieselbe seyn auf zwei Bildern, deren eines darstellt, wie einige bevollmächtigte Minister verschiedner Nation, bei einem Friedensschluß, über der Landkarte in Streit über die Gränzen begriffen sind, wodurch das Schicksal von vielen tausend Menschen bestimmt wird: das andre Bild stelle Bauern dar die in der Schenke über Spielkarten und Würfeln sich gegenseitig ihr Recht darthun wollen. – Außerdem sind die Scenen, welche das Leben so vieler Millionen von Menschen ausmachen, ihr Thun und Treiben, ihre Noth und Freude, schon deshalb wichtig genug, um Gegenstand der Kunst zu seyn, und müssen, durch ihre reiche Mannigfaltigkeit, Stoff genug geben zur Entfaltung der vielseitigen Idee der Menschheit. Endlich haben die geschichtlichen und nach Außen bedeutenden Gegenstände der Malerei oft den Nachtheil, daß grade das Bedeutende derselben nicht anschaulich darstellbar ist, sondern hinzugedacht werden muß. Caesar geht über den Rubico, Karl der Große stiftet die Universität Paris. – In dieser Hinsicht muß überhaupt die *nominale Bedeutung* eines Bildes von der *realen* unterschieden werden: jene ist die individuelle, aber nur durch den Begriff hinzukommende Bedeutung: diese die Seite der Idee der Menschheit welche durch das Bild für die Anschauung offenbar wird. Exempel: Moses. [Vgl. WI, § 48, S. 273 [325]] – Urias. – Madonna. – Rachel und Jakob am Brunnen. – Aus der Geschichte genommene Gegenstände haben daher nichts voraus vor den aus der bloßen Möglichkeit genommenen, die nicht individuell sondern nur generell benannt werden. Exempel: der heimgekehrte Jäger. – Die Alte mit dem Pantoffel in Dresden. – Denn auch in den geschichtlichen Vorwürfen ist das eigentlich Bedeutsame doch nicht das Individuelle, die einzelne Begebenheit als solche; sondern das Allgemeine in ihr, die Seite der Idee der Menschheit, die sich darin ausspricht. Andrerseits sind historische Gegenstände doch wieder auch nicht zu verwerfen: nur geht die eigentlich künstlerische Ansicht derselben, sowohl im Maler als im Betrachter, nie auf das Individuell-Einzelne in ihnen, was eigentlich das Historische ausmacht, sondern auf das Allgemeine das sich darin ausspricht, auf die Idee. Auch sind nur solche historische Gegenstände zu wählen, wo die Hauptsache wirklich darstellbar ist und nicht bloß hinzugedacht werden muß: sonst entfernt sich die nominale Bedeutung zu sehr von der realen. Das bei dem Bilde bloß Gedachte wird das Wichtigste und thut dem Angeschauten Abbruch. – Wie auf der Bühne es nicht taugt, wenn die Hauptsache hinter der Scene vorgeht, wie meistens im Französischen Trauerspiel, so ist dies ein noch weit größrer Fehler im Bilde; weil dieses doch nicht einmal die Sache erzählen kann. Entschieden nachtheilig wirken historische Vorwürfe nur dann wann sie den Maler auf ein Feld beschränken was willkürlich und nicht nach Kunst- sondern nach andern Zwecken gewählt ist. So, wann man um das Andenken gewisser politischer Begebenheiten zu verewigen, dem Maler solche Sujets aufgiebt, die zwar Haupt- und Staatsaktionen sind, aber keine rein menschlichen Handlungen die sich anschaulich darstellen lassen. So sieht man in Venedig im Dogen-Saal, Hauptvorgänge aus der Venetianischen glänzenden Epoche vortrefflich gemalt von Titian, den beiden Palmas und P. Veronese: aber da figuriren Kaiser, Pabst, Doge in steifen Staatskleidern, ohne menschliche Regung und Bewegung, es ist Ceremonie, nicht Handlung. Der beängstigte Maler hilft sich durch die Nebenpersonen. – Solche willkürliche Beschränkung der Kunst war auch die Forderung von lauter Gegenständen aus der heiligen Geschichte welche leider die Blüthezeit der Malerei traf im 15. und 16. Jahrhundert. Das Alte Testament zeigt die Geschichte eines kleinen, abgesonderten, eigensinnigen, hierarchisch d. h. durch Wahn beherrschten Winkel-Volks, welches die gleichzeitigen großen Völker alle verachteten. Die Künstler mußten zu Miseren aller Art greifen: Esau und die Linsen, Jakob und Rachel am Brunnen: der Engel zeigt dem Abraham an, daß seine Sara noch gebären soll. – Das Neue Testament ist seinem historischen Theil nach fast noch ungünstiger als das Alte: Beschneidung, – drei Könige – Präsentation der Maria im Tempel – dann die Geschichte der Kirchenlehrer und Märtyrer ein unglücklicher Gegenstand, Marter und Hinrichtung. Nachäfferei der heutigen Maler. –

Beispiele passender Motive zu Bildern: Odysseus beim Phäaken-König von Hajes. Die vier Bilder im Saal von Capo di Monte. Charlemagne, Harun al Raschid: Pericles bei Phidias. – Septuaginta.

Jedoch hat man von den Bildern, deren Gegenstand das Historische oder Mythische des Judenthums und Christenthums ist, gar sehr die zu unterscheiden, in welchen der eigentliche d. h. der ethische Geist des Christenthums für die Anschauung offenbart wird, durch Darstellung von Menschen, die dieses Geistes voll sind. Diese Darstellungen sind in der That die höchsten und bewundrungswürdigsten Leistungen der Malerkunst. – Auch sind sie nur den größten Meistern gelungen: dem Raphael, Korreggio, diesem besonders in den früheren Bildern, Domenichino, Carlo Dolce. – Gemälde dieser Art sind eigentlich nicht den historischen beizuzählen: denn sie stellen meistens keine Begebenheit, keine Handlung dar; haben daher auch gar kein Motiv: sondern es sind bloße Zusammenstellungen von Heiligen, dem Erlöser selbst, oft noch als Kind, mit seiner Mutter, Engeln u. s. w. – Dabei die größten Anachronismen, recht wissentlich, weil hier nicht eine Handlung vorgeht, daher auch keine Zeit zu berücksichtigen, sondern die Personen herausgerückt gedacht sind aus allen Verhältnissen. In ihren Mienen, besonders den Augen, sehn wir den Ausdruck, den Wiederschein der vollkommensten Erkenntniß, derjenigen nämlich, welche nicht auf die einzelnen Dinge gerichtet ist, sondern auf die Ideen, also das ganze Wesen der Welt und des Lebens vollkommen aufgefaßt hat, welche Erkenntniß in ihnen auf den Willen zurückwirkend, nicht, wie die der einzelnen Dinge, *Motive* für den Willen liefert, sondern im Gegentheil ein *Quietiv* alles Wollens geworden ist, aus welchem die vollkommenste Resignation, die der innerste Geist des Christenthums, wie der Indischen Weisheit ist, das Aufgeben alles Wollens, die Zurückwendung, Aufhebung, des Willens, und mit ihm des ganzen Wesens dieser Welt, also die Erlösung hervorgegangen ist: (Sie werden das später verstehn). So haben jene unsterblichen Meister der Kunst in ihren Werken die höchste Weisheit anschaulich ausgesprochen. Und hier ist der Gipfel aller Kunst: wir haben gesehn, wie sie den Willen, in seiner adäquaten Objektität, den Ideen, darstellte auf allen Stufen, von den niedrigsten an, wo ihn Ursachen bewegen, dann wo ihn Reize und endlich wo ihn Motive so mannigfach bewegen und sein Wesen entfalten: hier endigt nun die Kunst mit der Darstellung seiner freien Selbstaufhebung, durch das eine große Quietiv, welches ihm aufgeht, aus der vollkommensten Erkenntnis seines eigenen Wesens.

Ich sagte, daß das Objekt der Skulptur hauptsächlich Schönheit und Grazie ist; Karakter, Ausdruck, Leidenschaft mehr der Malerei angehört. Daher nun verlangt die Skulptur Fülle und

Kraft in allen ihren Gestalten. Die Malerei hingegen nicht so: ein magerer Jesus am Kreuz, ein abgezehrter heiliger Hieronymus im Sterben (Domenichino), lassen sich ganz wohl mahlen: aber als Skulptur wirken dergleichen Dinge widerlich: z. B. ein berühmtes Werk von Donatello auf der Gallerie zu Florenz: der vom Fasten ganz abgezehrte heilige Johannes der Täufer. Darum ist Malerei die Kunst des Christentums dessen Geist Resignation und Buße ist, d. h. Verneinung des Willens zum Leben. Skulptur war die Kunst der alten Welt, deren Geist Bejahung des Willens zum Leben ist.

So viel über das Was man darstellen soll. Das Wie wäre die technische Anweisung zu den Künsten. – Nur so viel: das Bild sei wahr wie die Natur; schön wie die Natur nicht ist; richtig beleuchtet; verständig gruppiert. [Hier folgte ursprünglich, mit Bleistift wieder ausgestrichen: Das Wesentliche, die Idee sei ausgesprochen.] – Denn außerdem daß die Mahlerei die Ideen zur Anschaulichkeit bringt, hat sie noch eine davon unabhängige und für sich gehende Schönheit: diese liegt in der Harmonie der Farben, dem Wohlgefälligen der Gruppirung, der Wirkung des Lichtes und Schattens, dem Ton des Ganzen. Diese hinzukommende Schönheit ist in der Malerei das, was in der Poesie die Diktion, das Metrum, der Reim: beide sind das, was zuerst und ganz unmittelbar auf uns wirkt.

CAP. 15.
Vom Verhältniß der *Idee* zum *Begriff*, und demgemäße Beurtheilung der *Allegorie*.

Allen unsern bisherigen Betrachtungen über die Kunst, liegt überall die Wahrheit zum Grunde, daß das Objekt der Kunst, dessen Darstellung der Zweck des Künstlers ist, dessen Erkenntniß folglich seinem Werk als Keim und Ursprung vorhergehn muß, – die Idee ist, und durchaus nichts andres: nicht das einzelne Ding, das Objekt der gemeinen Auffassung, auch nicht der Begriff, das Objekt des Denkens und der Wissenschaft. Obgleich Idee und Begriff etwas Gemeinsames haben, darin, daß beide als Einheiten eine Vielheit wirklicher Dinge vertreten; so wird doch die große Verschiedenheit beider Ihnen deutlich geworden seyn, aus der Darstellung die ich früher vom Begriff und jetzt von der Idee gegeben habe.

Der *Begriff* ist abstrakt, diskursiv, innerhalb seiner Sphäre völlig unbestimmt, nur ihrer Grenze nach bestimmt, Jedem, der nur Vernunft hat, erreichbar und faßlich, durch Worte ohne fernere Vermittlung mittheilbar, durch seine Definition ganz zu erschöpfen. Die *Idee* dagegen, allenfalls als adäquater Repräsentant des Begriffs zu definiren, ist durchaus anschaulich und obwohl eine unendliche Menge einzelner Dinge vertretend, dennoch durchgängig bestimmt: vom Individuo als solchem wird sie nie erkannt; sondern nur von dem, der sich von allem Wollen und aller Individualität losgemacht hat und sonach reines Subjekt des Erkennens geworden ist: daher ist sie nur dem Genie erreichbar, sodann dem der durch eine Erhöhung seiner reinen Erkenntnißkraft, welche meistens durch die Werke des Genies veranlaßt worden, in einer genialen Stimmung ist. Daher ist die Idee nicht schlechthin, sondern nur bedingt *mittheilbar*: denn die Idee welche der Künstler auffaßte und durch sein Werk wiederholt kann Jeden nur ansprechen nach Maasgabe seines eignen intellektualen Werthes. Daher eben sind grade die vortrefflichsten Werke jeder Kunst, die edelsten Erzeugnisse des Genies nur für Wenige da: den Meisten sind sie unzugänglich und ewig verschlossene Bücher: denn eine weite Kluft trennt das Genie und seine Werke von der Plattheit und Stumpfheit der Menge. Denken Sie nicht daß alle die, welche große Männer mit den Geberden der tiefsten Ehrfurcht nennen, auch eine wirkliche Erkenntniß vom Verdienst derselben und vom Werth ihrer Werke haben. Sie haben eine bloße Verehrung auf Treu und Glauben, nicht eine Verehrung aus eigner Schätzung. Nichts ist seltner als Urtheil aus eigner Ueberzeugung. Die Verehrung der größten Menschen kommt zu den kleinsten, d. h. den meisten, nur so wie der Befehl des Fürsten an die niedern Beamten durch die Unterschriften der Staatsdiener abwärts (*illustr.*). – So giebt jeder seinen Beifall auf Autorität dessen, dessen Ueberlegenheit er im Stillen fühlt. Wäre das nicht, so würden die Platten, unfähig das Vortreffliche zu fassen, sich eben so laut und mit derselben *suffisance* gegen anerkannt große Werke auflehnen, als sie es wagen, wenn einmal ein großes Werk noch neu ist und keine Autorität zum Wächter hat. – Denn jeder liebt das Homogene, und haßt das Heterogene. Der Unfähige wird durch das Große und Schöne das ihn nicht anspricht und doch anerkannt ist im Stillen gedemüthigt: er haßt es: aber er wagt nicht dies laut werden zu lassen, um sich nicht bloß zu stellen. Also die Idee spricht jeden nur an nach Maasgabe seiner eignen reinen Erkenntnißkraft, so sehr sie auch im Kunstwerk ausgedrückt sei: sie ist also nur bedingt mittheilbar: der Begriff unbedingt: – Endlich kann man den Unterschied zwischen Begriff und Idee noch gleichnißweise ausdrücken, so: der Begriff gleicht einem todten Behältniß, in welchem, was man hinein gelegt hat, wirklich neben einander liegt: was man hineingelegt hat (durch synthetische Reflexion), läßt sich auch wieder herausnehmen (durch analytische Urtheile), aber nicht mehr: hingegen die Idee entwickelt in dem welcher sie gefaßt hat, Vorstellungen, die in Hinsicht auf den ihr gleichnamigen Begriff neu sind: daher gleicht sie dem lebendigen Organismus, welcher sich selbst entwickelt, mit Zeugungskraft begabt ist, und hervorbringt, was nicht in ihm eingeschachtelt lag. –

Allem Gesagten zufolge ist nun der *Begriff* zwar für das Leben, auch für die Wissenschaft nützlich, nothwendig, ergiebig: hingegen *für die Kunst ewig unfruchtbar.* Die wahre und einzige Quelle jedes ächten Kunstwerks ist die aufgefaßte Idee. Sie wird nur aus dem Leben, der Natur, der Welt selbst geschöpft, vom Genie oder von dem für den Augenblick bis zur Genialität Begeisterten. Nur aus solcher unmittelbaren Empfängniß entstehn ächte Werke die unsterbliches Leben in sich tragen. Eben weil die Idee anschaulich ist und bleibt, ist sich der Künstler der Absicht und des Ziels seines Werks nicht *in abstracto* bewußt; nicht von einem Begriff geht er aus, sondern eine Idee schwebt ihm vor: daher kann er von seinem Thun keine Rechenschaft geben, er arbeitet, wie man sagt, aus bloßem Gefühl, unbewußt, ja instinktmäßig. Ganz umgekehrt machen es die Nachahmer, Manieristen, *imitatores, servum pecus* [Nachahmer, sklavisches Gesindel (Horaz, Ep. I, 19,19)]. Die sind sich sehr deutlich ihres Thuns bewußt: denn sie gehn in der Kunst vom Begriff aus. Sie haben nämlich gesehn was an ächten Werken gefällt und wirkt; das merken sie sich, machen es sich deutlich, fassen es im Begriff, also abstrakt auf und nun gehn sie mit kluger, besonnener Absichtlichkeit ans Werk, um, offen oder versteckt, jene Werke nachzuahmen. Indem sie also ihre Nahrung aus fremden Werken saugen, gleichen sie parasitischen Pflanzen: aber auch, wie die Polypen die Farbe dessen was sie gefressen haben annehmen, so die Nachahmer. Eigne Gedanken haben, selbst die Ideen auffassen und wiedergeben, ist der Vorzug äußerst weniger: daher nachdem ein Mann von Genie aufgetreten ist, findet man nachmals seine Gedanken in den Werken von tausend Nachahmern wieder, bloß in der Stellung und Ordnung verändert, aber ohne eine wesentliche Zuthat. Insofern gleichen die Nachahmer Maschinen, die, was man hineinlegt, zwar fein zerhacken und durcheinander mengen, aber nie es verdauen können, daher aus jener Mischung sich die fremden Bestandtheile noch immer sondern und hervorsuchen lassen: dagegen ist das Wirken des Genies dem eines organischen, assimilirenden, umwandelnden und producirenden Leibes zu vergleichen. Denn es wird von den Vorgängern und ihren Werken zwar erzogen und gebildet, aber befruchtet wird es nur vom Leben und der Welt selbst unmittelbar, durch den Eindruck des Anschaulichen. Daher schadet auch die höchste Bildung nie der Originalität des Genies. Die Nachahmer also und Manieristen fassen das Wesen fremder musterhafter Leistungen in *Begriffen* auf: aber aus Begriffen kann kein Werk hervorgehn, das innres Leben hätte, also kein ächtes Kunstwerk: das geht bloß aus der anschaulich aufgefaßten Idee hervor. Inzwischen finden solche manierirte Werke oft schnellen und lauten Beifall bei den Zeitgenossen: denn diese, d. h. die große stumpfe Menge, können selbst nur Begriffe fassen und kleben daran. Aber nach wenig Jahren sind solche Werke schon ungenießbar: weil dann schon der Zeitgeist, d. h. die herrschenden Begriffe sich in etwas geändert haben, und die waren der Grund auf welchem solche Werke wurzelten. Da zeigt sich dann daß Quinquenniumskredit noch kein Nachruhm ist. Dagegen sehn Sie die Werke des ächten Genies in jeder Art Jahrhunderte ja Jahrtausende bestehn, ewig jung und stets urkräftig. Dies daher weil die ächten Werke aus der Natur, dem Leben selbst, unmittelbar geschöpft sind, nicht die zufällige Form der Erscheinungen wiedergeben, welche so schnell wechselt, sondern das Wesen der Natur, oder der Menschheit, welches allezeit dasselbe bleibt, eben weil es die Idee ist, die außer der Zeit liegt: darum gehören die ächten Werke keinem Zeitalter an, sondern der Menschheit überhaupt. Darum sind die Werke der Maler, Bildhauer, Dichter von ächtem Genie, aus jedem Jahrhundert noch heute genießbar, Homer und Dante, Kalderon und Voltaire. Oft wurden solche Werke von ihrem eignen Zeitalter lau aufgenommen und nie wird ihr ganzer Werth sogleich erkannt: grade weil sie es verschmähten, dem Geist d. h. den Begriffen ihrer eignen Zeit sich anzuschmiegen: ja sie stehn sogar immer in einem gewissen Widerspruch mit der eignen Zeit, weil sie deren Verirrungen, mittelbar und negativ aufdecken. Sie werden spät und ungern anerkannt: dafür aber können sie nie veralten, sprechen auch in der spätesten Zeit immer noch frisch und immer wieder neu an. Ein philosophisches Beispiel: wie veraltet ist nicht Christian Wolf und ganz ungenießbar: wie immer jung und frisch Plato! Aus allem diesem wird leicht deutlich, warum das Genie oft vom Urtheil seines Zeitalters an die Nachwelt appelliren mußte: wer ist diese Nachwelt? macht die Zeit die kommende Generation weiser? o nein, der große Haufen, die entschiedene

Mehrzahl, wird immer ohne Sinn für das Vortrefflichste bleiben, zu jeder Zeit: aber die seltnen Menschen, welche eignes und richtiges Urtheil haben, und wenn sie auch nicht selbst unsterbliche Werke produciren können, doch solche zu fassen und das ächte anzuerkennen vermögen, diese erscheinen, weil sie selten sind, nur allmälig im Laufe der Zeit: sie haben sich anderweitig Autorität erworben und daher gilt ihr Urtheil bei ihren Zeitgenossen: diese einzelnen, successiv Erscheinenden legen im Lauf der Jahrhunderte ihr Urtheil der Anerkennung ächter Werke ab: diese Stimmen summiren sich langsam auf: und das ist jener Richterstuhl den man meint, wenn man an die Nachwelt appellirt. Denn eine Generation trägt nicht einmal soviel urtheilsfähige Köpfe als nöthig sind, eine bleibende Autorität zu begründen.

Allegorie.

Wenn nun der Zweck der Kunst Mittheilung der aufgefaßten Idee ist, welche eben durch diese Vermittelung durch den Geist des Künstlers, in der sie von allem Fremdartigen gesäubert und isolirt erscheint, nunmehr auch dem faßlich wird, der schwächere Empfänglichkeit und keine Productivität hat; wenn ferner das Ausgehn vom Begriff in der Kunst verwerflich ist, so werden wir es nicht billigen können, wenn man ein Kunstwerk, absichtlich und eingeständlich zum Ausdruck eines Begriffs bestimmt: dieses ist der Fall in der *Allegorie.* Eine Allegorie ist ein Kunstwerk welches etwas anderes bedeutet als es darstellt. Αλλο μεν αγορευει, αλλο δε νοει. [Es sagt etwas anderes, als es meint.] – Dem Allegorischen ist entgegengesetzt das Kyriologische. (*Illustr.*) Nun aber das Anschauliche, folglich auch die Idee, spricht unmittelbar und ganz vollkommen sich selbst aus und bedarf nicht der Vermittelung eines Andern, dadurch es angedeutet werde. Was also auf diese Weise durch ein ganz Anderes angedeutet und repräsentirt wird, weil es nicht selbst vor die Anschauung gebracht werden kann, das ist allemal ein *Begriff*. Also durch die Allegorie soll allemal ein *Begriff* bezeichnet werden, und folglich der Geist des Beschauers von der dargestellten anschaulichen Vorstellung weg geleitet und auf eine andre nicht anschauliche, also abstrakte hingeleitet werden. Hier soll also Bild oder Statue leisten, was sonst die Schrift, nur viel vollkommner, leistet. Was also wir für den Zweck der Kunst erklärt haben, Darstellung der nur anschaulich aufzufassenden Idee, ist hier nicht der Zweck. Für das aber was hier beabsichtigt wird, ist auch gar keine große Vollendung des Kunstwerks erforderlich: sondern es ist hinreichend, daß man sehe, was das Ding seyn soll: ist das erkannt, so ist der Zweck erreicht: denn nun wird der Geist auf eine Vorstellung ganz anderer Art geführt, auf einen abstrakten Begriff, welcher das vorgesetzte Ziel war. Daher sind Allegorien in der bildenden Kunst nichts anderes als Hieroglyphen: wenn sie sonst als anschauliche Darstellungen Kunstwerth haben, so kommt ihnen dieser nicht zu sofern sie Allegorien sind, sondern anderweitig: so z. B. sind die Horen von Poussin, der Genius des Ruhms von Hannibal Carraccio, die Nacht von Correggio sehr schöne Bilder: aber dies ist ganz davon zu trennen, daß sie Allegorien sind. Als Allegorien leisten sie nicht mehr als eine Inschrift, ja weniger. Ich stellte früher die Unterscheidung auf zwischen der realen und der nominalen Bedeutung eines Bildes: bei allegorischen Bildern ist die nominale Bedeutung grade das Allegorische, der Gedanke den das Bild hervorrufen soll: die reale Bedeutung ist das was es wirklich darstellt: z. B. bei den Horen von Poussin ist der allegorische Sinn der Kreislauf der Jahreszeiten durch die Zeit selbst bedingt: das ist die nominale Bedeutung. Hingegen die reale, das wirklich Dargestellte sind vier schöne Mädchen im Kreise tanzend, nach der Musik die ein betagter Greis macht, neben dem ein Stundenglas steht: diese reale Bedeutung, diese anschauliche Darstellung spricht Ideen aus, die Idee des Menschen als junges Weib, als Greis u.s.f., aber diese reale Bedeutung wirkt auf den Zuschauer nur so lange als er an die nominale, den allgorischen Sinn, nicht denkt: aber richtet er seine Aufmerksamkeit auf diesen allegorischen Sinn, so hat er schon die Anschauung verlassen und ihn beschäftigen jetzt Begriffe *in abstracto*: der Uebergang von der Idee zum Begriff ist aber immer ein Fall. – In der ehemaligen Giustinianischen Sammlung findet sich von Michael Angelo da Caravaggio, die allegorische Darstellung der sinnlichen Liebe, oder Wollust: ein schönes Bild: ein geflügelter Jüngling mit Bogen und Pfeilen, den Ausdruck der wilden Lust im Gesicht: er hat einen Panzer, Bücher, mathematische und musikalische Instrumente, auch einen Lorbeerzweig und Krone und Scepter unter die Füße geworfen: um auszudrücken, daß die Macht der Wollust so groß ist, daß wo sie herrscht alle edleren Bestrebungen von ihr verdrängt werden und sie triumphirend den ganzen Menschen einnimmt: dieser abstrakte Gedanke ist das Allegorische, die nominale Bedeutung und führt offenbar von dem wirklich Dargestellten ab zu bloßen Begriffen: jedoch schließt hier die allegorische Bedeutung sich so nahe an die reale Darstellung an, daß man leicht von ihr zu dieser zurückkehrt. Immer, aber liegt der eigentliche Werth des Bildes nicht darin, daß es Ausdruck einer moralischen Sentenz ist; sondern unmittelbar in der Darstellung eines solchen nackten Jünglings. In jeder Hinsicht viel schlechter ist eine Allegorie von Luca Cambiasi: sie soll den Gedanken der allgemeinen Menschenliebe ausdrücken: dargestellt ist eine kniende, matte Frau, an der drei Kinder herumklettern, davon sie einem die Brust giebt. Das drückt den Gedanken der Menschenliebe sehr schwach und indirekt aus: der abstrakte Gedanke knüpft sich nicht leicht an das Bild, wie es hingegen bei jenem andern geschieht. – In den großen Fresko-Gemälden von Raphael im Vatikan, steht als bloße Verzierende Figur, unter anderm eine schöne große Frau, die einen Zaum in der Hand hält: das soll nun die Selbstbeherrschung seyn: offenbar ist um dies auszudrücken die Figur nur eine sehr unvollkommne Hieroglyphe und wird uns über die Selbstbeherrschung keine andern Gedanken geben, als die wir schon mitbringen: der Werth des Bildes liegt ganz in dem wirklich Dargestellten, einer schönen, kräftigen Frau, wobei man die allegorische Bedeutung ganz vergessen muß, als etwas dem Kunstzweck Fremdes. – Oft thut jene nominale Bedeutung, jene allegorische Absicht, der realen Bedeutung, der Wahrheit des anschaulichen Eintrag: Dies ist genau genommen schon der Fall bei der berühmten Nacht von Correggio: in dieser ist nämlich das Licht eigentlich allegorisch zu verstehn: aber das Ausströmen desselben vom Kinde, ohne ein eigentlich leuchtendes Centrum, ist etwas Widernatürliches, und so schön es auch ausgeführt ist, verstößt es gegen die Wahrheit des Anschaulichen, der Natur. – Ein Beispiel von einem Bilde wo der allegorische Sinn alle unmittelbare und anschaulich faßliche Wahrheit aufhebt, ist ein Bild von Michael Angelo da Carravaggio im Pallast Borghese zu Rom: das ganze Bild ist eine Hieroglyphe die den biblischen Spruch ausdrücken soll: »Der Saame des Weibes soll der Schlange den Kopf zertreten.«[1. Mos. 3,15] Da sehn Sie die Maria mit dem Jesuskinde, welches, etwa zehn Jahre alt, einer Schlange auf den Kopf tritt, ganz gelassen, ohne Schrecken oder Furcht: auch die Maria sieht ganz gelassen zu: dabei steht noch die heilige Elisabeth, feierlich und tragisch zum Himmel blickend. – (*Illustr.* wie ganz anders die anschauliche Wahrheit es fordert:) Was müßte ein Grieche oder Römer dabei denken? – Hingegen giebt es auch allegorische Bilder, die zugleich historische sind, wo der allegorische Sinn nur beliebig hinzugefügt wird und die nominale (allegorische) Bedeutung der realen gar keinen Abbruch thut, indem das Bild auch abgesehen von der allegorischen Bedeutung einen vollkommnen Sinn und Zweck hat: da ist freilich die Allegorie ganz zulässig. So ist in den Logen Raphaels der »Ursprung der Zwietracht« ausgedrückt durch dieses Bild: Adam und Eva arbeiten, Kain und Abel streiten sich um einen Apfel. – Obgleich also allegorische Bilder oft vielen Kunstwerth haben; so ist dieser doch ganz gesondert und unabhängig von dem was sie als Allegorien leisten. Ein solches allegorisches Kunstwerk dient zweien Zwecken zugleich: nämlich dem Ausdruck eines Begriffs und dem Ausdruck einer Idee. Kunstzweck kann bloß der Ausdruck der Idee seyn: der Ausdruck des Begriffs ist ein der Kunst fremder Zweck, ist die spielende Ergötzlichkeit, ein Bild zugleich den Dienst einer Inschrift als Hieroglyphe leisten zu lassen: so z. B. der Gedanke: Die Geschlechtsliebe ist das mächtigste Agens in der Natur, wird uns noch obendrein auf eine angenehme Weise beigebracht durch die Darstellung des Amors der auf einem Löwen reitet, oder der die Keule und Löwenhaut des Herkules schleppt. Da ist die Darstellung an sich sehr hübsch, auch nicht mit der Natur im graden Widerspruch: und die Zugabe ist die moralische Reflexion, die es ausdrückt. Eben so die Zeit (Greis mit Sense und Stundenglas) die dem Amor die Flügel beschneidet. Das ist erfunden zu Gunsten derer, welche das eigentliche Wesen der Kunst gar nicht ansprechen kann und die doch auch etwas bei einem Bilde denken möchten. Es ist damit, wie wenn ein Kunstwerk zugleich ein nützliches Werkzeug ist, und also auch zweien Zwecken dient: z. B. eine Statue, die zugleich Kandelaber, oder Karyatide ist, oder ein Basrelief, das zugleich der Schild des Achills ist. Reine Freunde der Kunst werden weder das eine noch das andre billigen. – Ich will gar nicht in Abrede seyn, daß ein allegorisches Bild, selbst grade in dieser Eigenschaft lebhaften Eindruck auf das Gemüth hervorbringen kann: aber dasselbe würde dann, unter gleichen Umständen, auch eine Inschrift wirken. Z. B. wenn Einer, der sich edle und ruhmwürdige Zwecke vorgesetzt hätte, in die Schlingen der Wollust gerathen wäre, und er würfe nun einen Blick auf jenes allegorische Bild von Michael Angelo da Caravaggio; – so könnte ihn dieses lebhaft erschüttern indem es sein Gewissen weckte: aber dasselbe würde auch erfolgen, wenn er unerwartet irgendwo eine Inschrift erblickte wie etwa: »Wer den Lüsten sich hingiebt, wird von den Musen verstoßen und entsagt dem Lorbeer des Ruhms.« – Oder wenn ein Mensch eine große Wahrheit entdeckt und ausgesprochen hätte, aber keinen Glauben fand; so wird ein allegorisches Bild die Zeit darstellend, wie sie den Schleier hebt und nun die nackte Wahrheit sehn läßt, gewaltig und herzerhebend auf ihn wirken: aber dasselbe würde auch die Devise leisten: *le tems découvre la vérité.* [Die Zeit enthüllt die Wahrheit.] Noch mehr der Italiänische Spruch *il tempo è gallant uomo: dice la verità.* [Die Zeit ist ein Ehrenmann: Sie sagt die Wahrheit.] Denn was hier eigentlich wirkt, ist immer nur der abstrakte Gedanke, nicht das Angeschaute; und die Wirkung ist eine vernünftige Einwirkung, nicht eine ästhetische.

Also in der bildenden Kunst ist die Allegorie ein fehlerhaftes Streben, weil es einem der Kunst fremden und oft ihr entgegenstehenden Zwecke dient. Vollends unerträglich aber wird es, wenn es so weit abführt, daß gezwungene und bei den Haaren herbeigezogene Deuteleien das Kunstwerk erklären sollen, wo es dann ins Alberne fällt. Z. B. Eine Schildkröte zur Andeutung weiblicher Eingezogenheit; das Herabblicken der Nemesis in den Busen ihres Gewandes, anzudeuten daß sie auch ins Verborgene sieht; die Auslegung des Bellori, daß Hannibal Carraccio deswegen die Wollust mit einem gelben Gewand bekleidet habe, weil er andeuten gewollt, daß ihre Freuden bald welken und gelb wie Stroh werden. – So gezwungen und abgeschmackt dergleichen Deutungen sind, so ist doch noch eine Beziehung zwischen dem Dargestellten und dem dadurch Angedeuteten, es ist eine Verbindung da, beruhend auf Subsumtion unter den weitern Begriff, oder auf einer objektiven Association der Vorstellungen: darum ist dies alles noch Allegorie zu nennen. Es entspricht noch dem Wort Αλληγορια, αλλο μεν αγορευω, αλλο δε νοεω: »ich sage etwas Anderes als ich meine, aber man wird mich schon verstehn; denn das was ich meine ist ein Begriff und was ich sage ist ein darunter begriffnes Beispiel, das von selbst auf den Begriff zurückweist.« – Eine andre Art indirekt den Begriff zu bezeichnen, ebenfalls durch ein Einzelnes und Anschauliches, ist *das Symbol*. Dieses nämlich ist die Bezeichnung einer Sache durch eine ganz und gar andre, wo selbst jene Art der Verbindung ganz fehlt, wo folglich Zeichen und Bezeichnetes nicht natürlich und von selbst sondern bloß konventionell zusammenhängen, nämlich durch eine Verabredung, durch eine willkürliche zufällig veranlaßte Satzung. Dann ist es nicht mehr Allegorie im eigentlichen Sinn, sondern bloßes *Symbol*. So ist die Rose Symbol der Verschwiegenheit, der Lorbeer Symbol des Ruhms; die Palme des Sieges, die Muschel der Pilgerschaft, das Kreuz Symbol der christlichen Religion, die Schlange, die sich in den Schwanz beißt, der Ewigkeit. [Dazu die Notiz: Symbol der Philosophie der magre Bär – – – oder die Sphynx.] – Dahin gehören auch alle Andeutungen durch bloße Farben unmittelbar, Gelb – der Falschheit; Blau der Treue. Das Wort Symbol, ξυμβολον, von συμβαλλειν, bedeutet eine *Uebereinkunft*, eine *Verabredung*. Man hat sich darüber *vereinigt*, daß ein gewisses Bild oder Zeichen einen gewissen Begriff andeuten solle, mit dem es an sich keine Verbindung hat. Der Ursprung des συμβολον ist die *tessera hospitalis* [Erkennungsmarke, durch welche sich Gastfreunde legitimierten]: (*illustr.*): sodann hieß *jedes Zeichen* einer Verabredung συμβολον; auch das Wort heißt so (*Aristot.* περι αισδησ.): kurz jedes willkürliche Zeichen. (Ein alter Lexikograph (*fragm. Lexici Graeci Augustan. ad calcem Hermanni de emendanda ratione*

Gramm. gr. p 319) sagt: »εικων και ομοιωμα [Bild und Nachbildung] hieße das, was φυσει [von Natur] wäre und überall verstanden würde, z. B. das Bild eines Löwen; hingegen συμβολον [Symbol] und σημειον [Zeichen], was θεσει [durch Konvention] wäre, wie z. B. die Zeichen für Krieg und Friede, die bei den Römern so, bei den Persern anders wären.«) – Die Eingeweihten der Mysterien hatten gewisse Zeichen daran sie sich erkannten. Fast jede Religion hat Symbole, Zeichen mit denen die Gläubigen gewisse Begriffe verknüpfen; und besonders wo diese Begriffe dunkel, mystisch, nicht scharf bestimmt und nicht leicht zu fassen sind, wo folglich unter den Gläubigen selbst die genaue Meinung und Bedeutung streitig seyn möchte, da tritt das Symbol ein und ist von Nutzen, weil es den Begriff bloß allgemein andeutet, die nähere Bestimmung desselben Jedem anheimstellend und ihn bloß als einen Vereinigungspunkt des Glaubens allgemein bezeichnend. So die Sakramente. So scheint es daß bei den alten Aegyptiern die symbolischen, selbst den Hieroglyphen sich annähernden Idole des Osiris, Isis, Anubis, Harpokrates, Horus, Typhon, bei verschiedenen Klassen der Beschauer ganz verschiedene Begriffe bezeichnet haben, obgleich sie im Symbol sich alle vereinigten. So waren (wie es scheint) für das Volk Isis und Osiris u.s.w. wirkliche Personen, verkörperte Götter, die auf Erden gelebt und gestorben. Andre schon gelehrtere, etwa Priester dachten dabei lauter physikalische und astronomische Gegenstände, Isis = Aegypten, Osiris = Nil, oder auch Sonne, so unter den andern Planeten und unter den Begebenheiten ihres Lebens astronomische Ereignisse und Perioden. Endlich die ganz Eingeweihten sahn in jenen Mythen und Skulpturen nur die symbolische Bezeichnung allgemeiner, metaphysischer Wahrheiten betreffend das innre Wesen der Natur. Dieser religiose Gebrauch des Symbols hat in unsern Tagen manche verleitet den religiosen Rang des Symbols mit seinem ästhetischen Rang zu vermengen. Da sprechen sie vom Symbol überhaupt mit Ehrfurcht und Mysterium. Manche Künstler machen Allegorien, aus falschem Geschmack, und nennen sie Symbole, weil sie meinen, das sei mehr *exquisite* gesprochen, sei vornehmer. In der That aber ist das Symbol nichts andres als das beschriebene: denn wir müssen die Worte nach ihrer ursprünglichen und etymologischen Bedeutung gebrauchen, nicht nach der Mode und Grille des Tags; und da unterscheiden sich Allegorie und Symbol in der Sache und im Ausdruck. In der Kunst ist also das Symbol noch viel niederer Art als die Allegorie: denn es ist etwas ganz willkürliches, konventionelles, auf nichts Objektivem beruhendes, sondern auf subjektiver Willkür und Bestimmung. Für das Leben haben dergleichen Symbole oft ihren Nutzen, besonders in Mysterien und Religionen: der *Kunst* aber ist ihr Werth fremd: sie sind ganz wie Hieroglyphen oder gar wie Chinesische Wortschrift anzusehn: sie stehn in einer Klasse mit dem Busch, der ein Wirthshaus andeutet, dem Schlüssel der Kammerherrn, dem Leder der Bergleute: die *parole* ist ein Symbol: alle Wappen sind Symbole. Endlich giebt es noch das *Emblem*: es ist das ein für allemal festgesetzte Symbol, wodurch gewisse mythische oder historische Personen, auch personifizirte Begriffe kenntlich gemacht werden: die Thiere der Apostel; die Eule der Minerva; Apfel des Paris; Anker der Hoffnung; Bogen und Pfeile des Amors; Schlangenstab Aeskulaps; u.s.w. Der eigenthümliche Spielraum der Symbole und Embleme sind *Siegelringe*, *Vignetten* u. dgl., weil hier die Absicht nicht sowohl ist, etwas Schönes, als etwas *Bedeutsames* zu liefern, ein Zeichen, daran die Person oder ihre Gesinnung zu erkennen; oft ein Geheimnißvolles (der Fisch ιχθυς), wie auch eigentlich dies der Ursprung aller Wappen ist, deren Natur ganz symbolisch.

Die dargelegte Ansicht über die Allegorie und ihre Untauglichkeit für die bildende Kunst, geht hervor aus meiner Darstellung der Kunst selbst: nun aber ist diese Ansicht grade entgegengesetzt der *Winkelmanns*: dieser redet überall der Allegorie das Wort, ja erklärt sie gradezu für den höchsten Zweck der Kunst, indem er sagt, daß dieser sei »die Darstellung allgemeiner Begriffe und nichtsinnlicher Dinge« (Werke Bd.1, p 55, ff. [Gesamtausgabe, Dresden 1808]). Einem jeden bleibt sein Urtheil frei, welche Ansicht die richtige sei. Ich freilich muß diese und ähnliche Ansichten Winkelmanns über die eigentliche Metaphysik des Schönen verwerfen, so sehr ich ihn übrigens verehre: es zeigt sich eben hieran, daß man die größte Empfänglichkeit für das Schöne der Kunst und das richtigste Urtheil über die Werke der Kunst haben kann; ohne jedoch im Stande zu seyn vom Wesen der Kunst eine abstrakte, eigentlich philosophische Rechenschaft zu geben. Es ist wie im Ethischen: es kann Einer sehr edel und tugendhaft seyn und ein Gewissen haben, das mit der Genauigkeit einer Goldwage über die einzelnen Fälle entscheidet: aber damit ist man noch nicht im Stande die ethische Bedeutsamkeit der Handlungen philosophisch zu ergründen und *in abstracto* darzustelln.

Ein ganz andres Verhältniß hat nun aber die Allegorie zur *Poesie* als zur bildenden Kunst: wenn gleich in dieser verwerflich, ist sie dort sehr zulässig und zweckdienlich. – Denn in der bildenden Kunst ist das unmittelbar Gegebne das Anschauliche; und eben das Anschauliche ist auch der Zweck aller Kunst: von diesem aber leitet hier die Allegorie weg, zu abstrakten Gedanken. In der *Poesie* ist das Verhältniß umgekehrt: hier ist das in Worten unmittelbar Gegebne der Begriff, und der nächste Zweck ist allemal von diesem auf das Anschauliche zu leiten, dessen Darstellung durch die Phantasie des Hörers ausgeführt werden muß. – Wenn in der bildenden Kunst von dem unmittelbar Gegebnen auf ein Andres geleitet wird, so muß dies allemal der Begriff seyn, weil hier nur das Abstrakte nicht unmittelbar gegeben werden kann: aber ein Begriff darf nie der Zweck und Gegenstand eines Kunstwerks seyn. Hingegen in der Poesie ist der Begriff das Material der Darstellung, das zuerst Gegebne, welches man daher sehr wohl verlassen darf, um ein davon ganz verschiedenes Anschauliches hervorzurufen, in welchem eigentlich das Ziel erreicht wird. Das Ziel der Kunst ist immer die Idee; die ist aber an sich anschaulich und bedarf keiner Vermittelung: in der bildenden Kunst daher, deren Wirkungssphäre ganz im Anschaulichen liegt, darf gar keine mittelbare Darstellung statt finden, kein Uebergang gefordert werden vom Dargestellten zu etwas anderm. Hingegen im Zusammenhang einer Dichtung kann mancher ganz abstrakte Gedanke ganz unentbehrlich seyn, der gleichwohl an sich und unmittelbar gar keiner Anschaulichkeit fähig und dadurch der Kunst fremd ist: dieser wird dann oft durch ein unter ihn zu subsumirendes Beispiel, Einzelnes, zur Anschaulichkeit gebracht. So wird der Begriff, der an sich der Kunst fremd, mithin nicht ästhetisch ist, in eine *Idee* verwandelt und so von der Kunst assimilirt. Solches geschieht schon in jedem tropischen Ausdruck: es geschieht in jeder Metapher, Gleichniß, Parabel, und Allegorie. Diese alle unterscheiden sich theils, durch die Länge und Ausführlichkeit ihrer Darstellung, sodann durch einige Nebensachen die nur in der Form liegen. Ihr Gemeinsames läßt sich kurz so bezeichnen daß sie den Gedanken durch ein Bild ausdrücken: ist das Bild bloß ein besondrer Fall des Begriffs oder Gedankens, so heißt es ein *Beispiel*. Wird sowohl der Gedanke selbst als das Bild ausgesprochen, so ist es ein *Gleichniß*, wobei beide gewöhnlich durch »gleichwie« verbunden werden. Spricht man aber den Begriff oder Gedanken selbst nicht aus, sondern stellt bloß das Bild auf, es dem Hörer überlassend von demselben zum Gedanken überzugehn, dann ist es eigentliche *Allegorie*: zu dieser gehört auch die *Fabel* und *Parabel*: sie sind eben Allegorien. Wenn man das Bild selbst nicht eigentlich aufstellt, sondern stillschweigend voraussetzt, und nun von dem Begriffe aussagt, was eigentlich von dem Bilde gilt, dann ist es *Metapher*, im strengen Verstande. Z. B. »Die Jugend verblüht bald.« »Sein Zorn braust schnell auf und sinkt eben so schnell.« »Der Schlüssel zum Geheimniß.« Nachdem nun das Gleichniß seinen Dienst geleistet hat, das Abstrakte anschaulich zu machen, den Begriff auf eine Idee zurückzuführen, wird es wieder verlassen und der Stoff des Gedichts wieder aufgenommen. Daher sind in den redenden Künsten Gleichnisse und Allegorien von vortrefflicher Wirkung [Vgl. WI, § 50, S. 283–285 [336–339]]:

Cervantes – Ατη (Hom. [Ilias] 19,91) – Menenius Agrippa – Plato's Höhle – Persephone – Don Quixotte – Gulliver. –

Alter hircum mulget, alter cribrum supponit [Der eine melkt den Bock, der andere hält ein Sieb unter. (Lucian, Demonax 28)]; ein völlig vergebliches Bestreben auszudrücken, kommt bei Lucian vor.

»Die deren nächtliche Lampe den ganzen Erdball erleuchtet.«
[Ewald Christian von] Kleist, Der Frühling.

Allegorien durch Personifikation bloßer Begriffe, besonders menschlicher Eigenschaften, wie Tugenden und Laster, Affekte und Leidenschaften, machen gleichsam eine eigne Art der

Allegorie aus; Darstellungen dieser Art, besonders dramatische, werden von Einigen κατ' εξοχην [im höchsten Sinne] Allegorien genannt. In der Poesie sind sie oft vortrefflich. Horaz hat sehr schöne.

1) *Timor et minae*
Scandunt eodem quo dominus; neque
Decedit aerata triremi, et
Post equitem sedet atra cura.
[Aber Gefahr und Furcht,
Sie steigen mit dorthin, wo der Herr; und auch
Vom Panzerschiff entfernt sich nicht, und
Hinter dem Reiter sitzt dunkle Sorge.
(Horaz, Od. III, 1)]

2) *Scandit aeratas vitiosa naves*
Cura, nec turmas equitum relinquit,
Ocior cervis, et agente nimbos
Ocior Euro.
[Arge Sorge steigt auf die Panzerschiffe,
Wird auch nicht vom Reitergeschwader weichen,
Schneller als die Hirsche, und als der Wolken
Jagende Oststurm.
(Horaz, Od. II, 16)]

3) *Te semper anteit saeva Necessitas*
Clavos trabeales et cuneos manu
Gestans ahena, nec severus
Uncus abest, liquidumque plumbum.
[Vor dir geht immer grause Notwendigkeit,
Die Balkennägel trägt und die Keile sie
In eh'rnen Händen, und es fehlt die
Klammer, die harte, auch flüss'ges Blei nicht.
(Horaz, Od. I, 35)]

Poetische Allegorien sind die Sprüche der Pythagoreer: »meide den Heerweg«, »Schüre nicht das Feuer mit dem Schwerdt«. – Sie gehn ins Symbolische über, wenn die Meinung nicht zu enträthseln ist, sondern der Mittheilung bedarf. »Zerreiß den Kranz nicht.« »Sitze nicht auf dem Scheffel.« –

Allegorische Handlungen in der Wirklichkeit: Tarquinius Superbus haut die höchsten Mohnköpfe ab; seinem Sohn Sextus anzudeuten, daß er die Vornehmsten in Gabii vertilge. – Symbolische Handlungen: Brod und Salz dem Landesherrn zum Zeichen der Unterwürfigkeit überreicht. – (Eine allegorische Handlung steht *Herodot. IV, 131 seqq.*)

Eine ganz eigne Architektonische Allegorie war es, daß man in Rom zum Tempel der Ehre nur durch den Tempel der Tugend gehen konnte.

Indem also der poetischen Allegorie der Begriff immer das Gegebne ist, welches sie durch ein Bild anschaulich machen will, mag sie auch bisweilen durch ein gemaltes Bild ausgedrückt oder unterstützt werden: dieses wird darum doch nicht Werk der bildenden Kunst; sondern ist nur als bezeichnende Hieroglyphe zu betrachten und macht nicht Anspruch auf malerischen sondern allein auf poetischen Werth. [Vgl. WI, § 50, S. 285 f. [338 f.]] Exempel: Lavater. – Grabstein. – Stammbaum. Allegorien dieser Art sind immer den poetischen beizuzählen, nicht den mahlerischen; und sind eben dadurch gerechtfertigt. Auch bleibt hier die bildliche Ausführung immer Nebensache: es wird von ihr nicht mehr gefordert als daß sie die Sache nur kenntlich darstelle. – Hieher zu rechnen ist es auch wohl wenn man den Begriff, daß wir Andrer Fehler leicht, unsre eignen nicht erkennen, ausdrückt durch das Bild eines Menschen, der zwei Ränzel übergehängt hat; in dem einen welcher vorne hängt liegen die fremden Fehler, in dem welcher hinten hängt die eignen. Es ist ein witziger Einfall, der gesagt eben so sehr wirkt als gemalt.

Wie aber in der bildenden Kunst, so auch in der Poesie geht die Allegorie über ins Symbol, wenn zwischen dem Vorgeführten und dem Bezeichneten Abstrakten, kein andrer als willkürlicher Zusammenhang ist. Nachtheil des Symbols daß mit der Zeit seine Bedeutung ganz vergessen wird und es verstummt: so ist als poetische Allegorie die Offenbarung Johannes das was als bildliche Darstellung die Aegyptischen Hieroglyphen sind.

CAP. 16.
Ueber die Dichtkunst.

Nach unsrer Theorie der schönen Künste im Allgemeinen dürfen wir voraussetzen, daß eben so wie die bildenden Künste, auch die Poesie den Zweck hat, die Ideen, die Stufen der Objektivation des Willens zu offenbaren, und sie mit der Deutlichkeit und Lebendigkeit in welcher das dichterische Gemüth sie auffaßt, dem Hörer mitzutheilen. Ideen sind wesentlich anschaulich: in der Poesie ist aber das durch Worte unmittelbar Mitgetheilte, nur der abstrakte Begriff: die Absicht aber ist, durch die Repräsentanten dieser Begriffe den Hörer die Ideen des Lebens anschauen zu lassen, was nur mit Hülfe seiner eignen Phantasie geschehn kann. Nun also ist der Zweck diese Phantasie dem Zweck entsprechend in Bewegung zu setzen; allein man kann unmittelbar doch durch Worte nichts andres mittheilen als abstrakte Begriffe: diese sind also das Material der Poesie wie der trockensten Prosa. Worte wirken daher unmittelbar bloß auf die Vernunft; nicht auf die Phantasie. Dies können sie folglich nur mittelbar. Also liegt dem Dichter ob, durch solche mittelbare, nämlich durch Begriffe vermittelte Einwirkung auf die Phantasie, diese dennoch in Bewegung zu setzen, so daß sie selbst im Hörer die Bilder schafft in denen er die Ideen erkennt, deren Mittheilung der Dichter beabsichtigt. Jetzt wollen wir sehn durch welche Mittel der Dichter dies bewerkstelligt.

1) Das erste Mittel ist die *Zusammensetzung der Begriffe:* diese muß nämlich so geschehn, daß ihre Sphären sich dergestalt schneiden, daß keiner in seiner abstrakten Allgemeinheit beharren kann; sondern statt des Begriffs ein *anschaulicher Repräsentant* desselben vor die Phantasie tritt, den nun die Worte des Dichters immer weiter modifiziren, nach seiner jedesmaligen Absicht. Wie der Chemiker zwei völlig klare und durchsichtige

Flüssigkeiten zusammengießt und diese durch die Vereinigung nun einen festen Niederschlag geben; so ist auch das Verfahren des Dichters: aus der abstrakten, farblosen, durchsichtigen Allgemeinheit der Begriffe, weiß er, durch die Art, wie er sie verbindet, das Konkrete, Individuelle, die anschauliche Vorstellung, gleichsam zu fällen, sie konsistent zu machen in der Phantasie des Hörers. Dieses Hervorrufen anschaulicher Vorstellungen ist nothwendig, weil die Idee nur anschaulich erkannt wird: Erkenntniß der Idee aber ist der Zweck aller Kunst. Wie in der Chemie die Meisterschaft darin besteht, daß man allemal grade den Niederschlag erhält, welchen man beabsichtigt; so auch in der Poesie: die Verbindung der Begriffe muß so seyn, daß aus ihnen allemal die Bilder der Phantasie entspringen, die man beabsichtigt. Diesem Zweck eben dienen die vielen Epitheta, welche dem poetischen Vortrag eigen sind: jeder Hauptbegriff wird durch Epitheta aus seiner Allgemeinheit zu immer größrer Bestimmtheit gebracht, bis zur Anschaulichkeit. Daher setzt Homer zu fast jedem Hauptwort allemal ein Beiwort, dessen Begriff die Sphäre des erstern Begriffs schneidet und sogleich beträchtlich vermindert, wodurch er der Anschaulichkeit gleich viel näher gebracht wird. So heißt Zeus ευρυωψ, der weithinschauende; auch τερπικεραυνος, der donnerfrohe, sich im Donnern ergötzende; Poseidon heißt ενοσιγαιος, der erderschütternde; – Apollon heißt ἑκατηβολος, der fernhintreffende; Iris heißt ποδηνεμος, windschnell; Aphrodite heißt φιλομμειδης, die gern lächelnde; – die Worte heißen επη πτεροεντα, geflügelt; – das Meer πολυφλοισβος, lautaufrauschend; – die Erde ζηδωρος αρουρα, die Leben gebende, alles ernährende; der Tod θανατος τανηλεγης, der lang hinstreckende; – die Götter heißen ρεια ζωοντες, die leicht, ohne Mühe, lebenden und dagegen die Sterblichen δειλοι βροτοι, die mühseligen Sterblichen. Hesiodus nennt den Feuerfunken, den Prometheus dem Zeus entwandte, ακαματοιο πυρος τηλεσκοπον αυγην (Theogonie 566) des *unermüdlichen* Feuers *fernsichtlichen* Strahl: (*illustr.*).

Beispiel von Göthe.

Also die Epitheta, zweckmäßig angebracht, sind das erste Mittel die Phantasie in Bewegung zu setzen, indem sie von der

Allgemeinheit der Begriffe zum Besondern und Bestimmten leiten.

2) Das zweite Mittel die Phantasie in Bewegung zu setzen ist die *Anschaulichmachung des Dargestellten*, welches man auch versteht unter Lebendigkeit der Darstellung und des Ausdrucks. Es ist das Hinleiten vom Begriff zur Anschauung. Dies wird erreicht dadurch, daß der Dichter nicht kalt und allgemein sagt was vorgeht, sondern es ausmahlt, indem er es ganz bestimmt bezeichnet, daß er also die Allgemeinheit des abstrakten Begriffs verläßt und herabgeht auf das ganz Besondre, das Konkrete, das durchgängig Bestimmte und es mit wenigen Worten so treffend bezeichnet, daß das Bild vor die Phantasie tritt. So sagt Homer nicht kurz und gut »es ward Tag« sondern:

> Ημος δ' ηριγενεια (früherstehende) φανη ϱοδοδακτυλος Ηως
> [Kaum war mit rosigen Fingern die frühe Eos erschienen (z. B. Odyss. XVIl, 1)],

oder auch (*Il.* 19,1):

> Ηως μεν κροκοπεπλος απ' Ωκεανιο ροαων
> Ωρνυθ', ίνα αθανατοισι φοως φεροι ηδε βροτοισιν
> [Eos im Krokosgewande entstieg des Okeanos Fluten
> Um den Unsterblichen Licht und dem sterblichen Menschen zu bringen],

und Shakespeare:

> *Good morrow, masters, put your torches out:*
> *The wolves have prey'd; and look the gentle day,*
> *Before the wheels of Phoebus, round about*
> *Dapples the drowsy east with spots of gray.*
> *Much ado. [Viel Lärm um nichts] V, [3].*
> [Guten Morgen, Herren, löscht die Fackeln aus:
> Der Wolf hat Beute; seht den holden Tag,
> Wie er vor Phoebus' Rädern rings umher
> Schlaftrunken Ost mit grauem Licht besprengt.]

Homer sagt nicht schlechtweg »Es ward Abend«: Sondern:

Δυσετο τ' ηελιος, σκιοωντο δε πασαι αγνιαι
[Helios sank, und die Wege bedeckten sich alle mit Schatten. (Odyss. II, 388)]:

[Daneben am Rand: *Virgil. Aeneid. 8,369. Nox ruit et fuscis tellurem amplectitur alis.* (Nacht bricht herein und umfängt mit dunklen Flügeln die Erde.)]

und Göthe

»Der Abend wiegte schon die Erde
Und an den Bergen hieng die Nacht.

Schon stand im Nebelkleid die Eiche,
Ein aufgethürmter Riese, da,
Wo Finsterniß aus dem Gesträuche
Mit hundert schwarzen Augen sah.«
[Willkommen und Abschied]

Daß Pandaros einen Pfeil auf den Menelaos abschießt schildert Homer so *(Il. 4, 124)*:

Αυτας επειδη κυκλοτερες μεγα τοξον ετεινεν,
Λιγξε βιος, νευρη δε μεγ' ιαχεν, άλτο δ' οιστος
Οξυβελης, καθ' όμιλον επιπτεσθαι μενεαινων.

Voß:

Als er nunmehr kreisförmig den mächtigen Bogen gespannet,
Schwirrte das Horn, und tönte die Senn', und sprang das Geschoß hin,
Scharfgespitzt in den Haufen hineinzufliegen verlangend.

Daß nach dem Tode aller Unterschied des Standes aufhört, ist ein gemeiner Gedanke: aber er kann uns ergreifen und bewegen, dadurch daß er anschaulich wird: Der Kaliph Harun Al Raschid begegnete einem Einsiedler der einen Todtenkopf aufmerksam betrachtete: »Was machst Du damit.« »Ich suche zu entdecken, ob dies der Schädel eines Bettlers oder eines Monarchen gewesen.« –

Der Gedanke, daß Philosophen und Forscher das menschliche Geschlecht aufklären, wird ungemein frappant durch das

Anschauliche Bild, in einem Vers in [Ewald Christian von] Kleists »Frühling«, wo er sie nennt

»Die deren nächtliche Lampe den ganzen Erdball erleuchtet«.

Es ist merkwürdig daß dieses Anschaulichmachen der Dinge, indem es erreicht wird durch das Herabgehn zum ganz Bestimmten und Individuellen, eine ganz eigne Schwierigkeit hat darin, daß *das Unedle des Ausdrucks* vermieden werden muß. Nämlich alle Ausdrücke die sehr enge Begriffe bezeichnen haben etwas Unedles, Gemeines, hingegen ist der Allgemeinere Ausdruck allemal der edlere: z. B. »er stand an der Thür« hat etwas gemeines: nicht so »er stand am Eingang«. »Er legte sein Gewand ab« – »er zog den Rock aus«, – »er verwahrte es in einem Behältniß« – »er legte es in eine Schachtel«. – Also die Anschaulichkeit muß nicht erreicht werden durch die Enge der Begriffe: sondern dadurch daß sie sich schneiden, wie oben gezeigt.

Alle große Dichter haben die Gabe der Anschaulichkeit: weil sie von Anschauungen ihrer Phantasie ausgehn, nicht von Begriffen, wie die Nachahmer. Das ist ein tolles Wagstück in Andren lebhafte Anschauung erregen zu wollen, während man selbst bloße Begriffe hat: Wärme mittheilen zu wollen, während man selbst kalt ist. – Aber am wunderbarsten wird jene Gabe da, wo sie uns Dinge anschauen läßt, die wir nicht aus der Wirklichkeit kennen, weil sie in der Natur nicht vorkommen, und also auch der Dichter selbst sie nicht in der Wirklichkeit gesehn hat; sie dennoch so schildert, daß wir fühlen, daß wäre Dergleichen möglich, so müßte es so und nicht anders aussehn. Hierin ist einzig *Dante*. Er schildert die Hölle: lauter Zusammenstellungen die in der wirklichen Welt nicht seyn können, und dennoch so wahr, daß wir Alles sehn, die Stadt der Ketzer, deren Wohnungen glühende Särge sind, darin sie liegen; – den Sumpf von siedendem Pech, daraus die Verdammten die Köpfe heraussteken, wie Frösche aus dem Sumpf: – Daher sage ich die Größe des *Dante* besteht darin, daß während andre Dichter die Wahrheit der wirklichen Welt haben; so hat er die *Wahrheit des Traums:* er läßt uns unerhörte Dinge grade so sehn, wie wir dergleichen im Traume sehn und sie täuschen uns eben so. Es ist als ob er jeden Gesang die Nacht über geträumt und am Morgen aufgeschrieben

hätte. So sehr hat alles die Wahrheit des Traums. Viele, ich glaube zuerst Lessing, haben gemeint die Anschaulichkeit werde besonders dadurch hervorgebracht daß man die Dinge stets in Bewegung schildere, nicht in Ruhe. Das ist scheinbar: aber doch nicht der Fall: auch ruhende Gegenstände lassen sich zur höchsten Anschaulichkeit bringen:
Voß:

»Auf die Postille gebückt, zur Seite des wärmenden Ofens.« [Der siebzigste Geburtstag, Anfang]

Shakespear: What you will: 2, [4].
She sat like patience on a monument
Smiling at grief.
Sie saß wie die Geduld auf einem Grabmal,
die zu ihrem Gram lächelt.

Es ist bloß zufällig, daß die meisten sehr anschaulichen Darstellungen bewegte Gemälde schildern: es kommt daher, daß im Zusammenhang des fortschreitenden Gedichts viel öfter bewegte Scenen zu schildern Anlaß ist als ruhende: weil diese der Handlung des Ganzen nicht forthelfen.

3) Ein drittes Mittel die Phantasie in Thätigkeit zu setzen, daß sie anschaue, was der Dichter beabsichtigt, ist die Innerlichkeit und Eigentlichkeit des Ausdrucks, *proprietas verborum*, das Treffende der Bezeichnung, daß nämlich der Dichter das Eigenthümliche, das innere Wesen der Sache aufgefaßt hat und grade nur dieses ausspricht, ohne Beimischung des Zufälligen und Unwesentlichen. Dann steht die Sache mit einem Male vor uns da, und es bedarf keiner weitern Worte: wir fühlen genau was gemeint ist und malen das Unwesentliche nach unsrer Laune aus. Schon im Gespräch zeichnet der Geistreiche Mensch sich von den gewöhnlichen augenblicklich dadurch aus, daß seine Worte genau der Sache angepaßt sind, richtig treffen, während gewöhnliche Menschen nur in gewöhnlichen Phrasen reden, die Gang und Gebe sind wie die Scheidemünze des Landes. Der Geistreiche aber drückt seinen Worten seinen eignen Stempel auf, wie ein König der eigne Münze schlägt. Bei großen Dichtern finden wir nun dieses im höchsten Grade. Beispiele giebt jede schöne Stelle eines Dichters: immer sehn wir durch ihre Worte

den Gedanken so deutlich durchschimmern, wie durch ein enganliegendes nasses Gewand der Leib sichtbar ist: während schlechte Dichter umhertappen unter tausend Worten und Bildern, Ausdrücke häufen und doch nicht den rechten treffen, spricht der wahre Dichter mit einem Wort die ganze Sache aus und ihr Bild steht deutlich vor uns. Jede Zeile eines guten Dichters ist ein Beispiel.

Shaksp. Troilus and Cressida:
Cressida und Diomedes liebeln und karessiren: Thersites belauscht sie und sagt:

> »*How the devil luxury, with his fat rump and potato finger tickles these two together.*«

[Wie der Wollust-Teufel mit seinem fetten Leib und Kartoffelfinger diese zwei zusammenkitzelt. (V,2)]

[Daneben am Rand: *Virgil. Aen. 10,745.*
Illi dura quies oculos et ferreus urguet
Somnus, in aeternam clauduntur lumina noctem.
(Ihm sinkt lastende Ruhe und eiserner Schlaf auf die Lider,
Und ihm schließen zu ewiger Nacht sich die Lichter des Auges.)
Gedenken Sie dieser Verse, wenn Sie einmal den sterbenden Fechter auf dem Kapitol im Original, oder in Dresden im Mengsischen Abguß sehn.
– Welche *proprietas verborum!*]

[Goethe, Mignon] »Kennst Du das Land« ist durchweg ein vortreffliches Beispiel.

Die Schilderung des Menschenlebens in *As you like it, A. 2, sc. 7* [Shakespeare].

[Goethe,] Zigeunerlied:
Im Nebelgeriesel, im tiefen Schnee,
Im wilden Wald, in der Winternacht,
Ich hörte der Wölfe Hungergeheul,
Ich hörte der Eulen Geschrei.

4) Ein viertes Mittel, welches mit dem eben erörterten genau zusammenhängt, ist *Kürze des Ausdrucks*. Weitschweifigkeit ist überall schlecht; in der Poesie hebt sie alle Wirkung auf. Die Menge von Begriffen welche viele Worte bringen hält uns beim bloßen Denken fest und läßt uns nicht zur Anschauung gelangen. Eben weil der Dichter die Worte sorgfältig auszuwählen hat, muß er sparsam damit seyn. Die Worte müssen inhaltsschwer seyn: wenige Worte müssen Gedanken aussprechen welche viele und lebhafte Bilder zur Anschauung bringen.

Virg. Aen. 10, [360–]361:

> [*Haut aliter Troianae acies aciesque Latinae*]
> *Concurrunt, haeret pede pes, densusque viro vir.*
> [So auf einander prallen die troischen und der Latiner Schlachtreih'n, es haftet am Fuße der Fuß und am Manne der Mann dicht.]

Sophocl. Philoct. 787 [Vers 1230 der Ausgabe von Erfurdt, Leipzig 1805]:
Εοτω το μελλον. [Es sei, was sein soll.]

Darin liegt der ganze Fatalismus, die Unterwerfung unter das unwiderstehliche Schicksal.

Ein ganz vorzügliches Beispiel der Kürze im Ausdruck ist in Göthe's Iphigenia im 1sten Akt die ganze Erzählung der Iphigenia von den Schicksalen ihres Hauses, vom alten Tantalus an bis zum Agamemnon herab.

Wenn die beiden zuletzt erwähnten Mittel zur Erregung der Anschauung in der Phantasie, also das genau Treffende und die Kürze des Ausdrucks zusammen dasind, so heißt dies Stärke des Ausdrucks.

Palmira, am Schluß des Mahomets, stößt sich den Dolch in die Brust und ruft dem Mahomet zu:

> »Die Welt ist für Tyrannen, lebe Du!«
> [Goethes Übersetzung von Voltaires Mahomet, letzter Vers]

Im *King John* drückt ein unglücklicher Fürst seinen Lebensüberdruß so aus:

Life is as tedious as a twice told tale,
Vexing the dull ear of a drowsy man.
[Schal ist das Leben gleich zweimal Erzähltem,
Das dumpfe Ohr des Schläfrigen bedrängend.
(Shakespeare, König Johann, III,4)]

Also die Phantasie des Hörers wird angeregt und sie ist das Medium in welchem die Poesie die Bilder des Lebens, die Ideen der Natur, darstellt und mittheilt. Hiedurch nun hat die Poesie einen besondern Vortheil über die Bildenden Künste, welche nicht der Phantasie sondern den Augen ein Bild vorhalten. Nämlich, wo die Phantasie das Medium ist, wird die nähere Ausführung und die feinern Züge allemal für Jeden so ausfallen, wie es grade seiner Individualität, seiner Erkenntnißsphäre, seiner Bildung, seiner Laune am allerangemessensten ist, und wird ihn so am lebhaftesten anregen; statt daß die bildenden Künste sich nicht so nach Jedes Individualität bequemen können, sondern Ein bestimmtes Bild geben, was nun für Alle taugen muß: und dazu kommt noch, daß der Künstler doch auch noch seine Individualität nicht ganz ablegen kann, und daher das Bild auch von dieser eine Tinte trägt, die etwas bloß subjektives, bloß für den Künstler wahres ist und daher für die andern ein fremder unwirksamer Zusatz bleibt, ein Ballast: zwar wird dieser um so geringer seyn je objektiver d.h. je genialer der Künstler ist. – Aus diesem Vortheil den die Poesie wesentlich hat ist es erklärlich daß wir die große Masse der Menschen, die Mehrzahl, das Volk viel öfter lebhaft und tief angeregt sehn, durch ein Werk der Poesie, ein Lied, eine Ballade, eine Erzählung, ein Mährchen, einen Roman, als durch Bilder und Statuen. Denken Sie selbst zurück.

Ein ganz eignes und besondres Hülfsmittel der Poesie sind *Rhythmus und Reim*. Ihre Wirkung ist unglaublich groß. Wir müssen diese daraus erklären, daß unsre ganze Vorstellungsweise durchweg wesentlich an die Zeit gebunden ist, und wir dadurch die Eigenthümlichkeit erhalten, daß wir jedem regelmäßig wiederkehrenden Geräusch stets innerlich folgen und gleichsam mit einstimmen. Dadurch werden Rhythmus und Reim erstlich ein Bindemittel unsrer Aufmerksamkeit, indem wir williger dem Vortrag folgen, und zweitens entsteht durch sie in uns ein blindes, allem Urtheil vorhergängiges, unüberlegtes Einstimmen in das Vorgetragene, wodurch dieses eine gewisse emphatische Ueberzeugungskraft für uns erhält, die von allen Gründen unabhängig ist. Der Rhythmus, welchen die Alten allein anwandten, ist anerkannt ein viel edleres und würdigeres Hülfsmittel zu jenem Zweck als der Reim, den die Alten wohl kennen mußten, aber gänzlich verschmähten, und den man daher meistens als eine Barbarische Erfindung ansieht. Dieser Vorzug des Rhythmus ist aus folgendem erklärlich. Der Rhythmus oder das Zeitmaaß, wird gefaßt durch die bloße reine, *apriori* gegebene Anschauung der *Zeit*, er gehört also der *reinen* Sinnlichkeit an, nicht der empirischen, physischen. Dieser aber, also der sinnlichen Empfindung gehört der *Reim* an: denn er ist Sache der Empfindung im Gehör-Organe. –

Zwei Regeln für den Reim:

1) Der Reim muß nicht Assonanz des vorhergegangenen Reims seyn, sondern möglichst heterogen.

2) Gleiche Redetheile sollen nicht den Reim machen, d.h. nicht Verbum auf Verbum, Substantiv auf Substantiv; sondern Verbum auf Substantiv.

Vermöge der Allgemeinheit des Stoffes dessen die Poesie sich bedient, um die Ideen mitzutheilen, also der Begriffe, ist der *Umfang ihres Gebiets sehr groß*. Die ganze Natur, die Ideen aller Stufen, sind durch sie darstellbar: nach Maasgabe der mitzutheilenden Idee, verfährt sie bald beschreibend, bald erzählend, bald unmittelbar dramatisch darstellend. Jedoch in der Darstellung der niedrigeren Stufen der Objektität des Willens, wird sie meistens von den bildenden Künsten übertroffen, weil die erkenntnißlose Natur und auch die bloß thierische in einem einzigen wohlgefaßten Moment fast ihr ganzes Wesen offenbart. Hingegen ist der *Mensch*, so weit er sich nicht durch bloße Gestalt und Ausdruck der Miene, sondern durch eine Kette von Handlungen und sie begleitender Gedanken und Affekte ausspricht, der Hauptgegenstand der Poesie: keine andre Kunst kann es ihr hier gleich thun, weil ihr die Fortschreitung zu Statten kommt, welche den bildenden Künsten mangelt.

Das Objekt der Poesie ist also vorzüglich Offenbarung der Idee, welche die höchste Stufe der Objektität des Willens ist, Darstellung des *Menschen* in der zusammenhängenden Reihe seiner Bestrebungen und Handlungen. – Zwar lehrt auch *Erfahrung* und auch *Geschichte* den Menschen kennen: Es frägt sich daher wozu wir der Poesie bedürfen, die uns das wieder vorhält, was uns täglich umgiebt? Ich könnte im Allgemeinen antworten, daß sie zur Erfahrung und Geschichte sich verhält, wie die Landschaftsmalerei zur wirklichen Natur, oder wie die Bildhauerei zu den Gestalten wirklicher Menschen. Doch will ich hiebei mehr ins Besondere gehn und untersuchen welches Verhältniß die Poesie zur wirklichen Erfahrung und zur Geschichte hat. Dies wird viel beitragen Ihnen vom Wesen, Zweck und Werth der Poesie richtige Begriffe zu geben.

Geschichte und Erfahrung lehren uns nicht sogleich *den* Menschen überhaupt kennen; sondern vorerst nur einzelne Menschen, *die Menschen*, wie sie erscheinen: d. h. sie zeigen uns wohl die Wirkungen der menschlichen Natur, nicht aber diese selbst: sie geben uns mehr empirische Notizen vom Benehmen der Menschen gegeneinander, woraus wir uns Regeln für unser eignes Verhalten abziehn können; aber in das innre Wesen des Menschen gestatten sie, in der Regel, keine tiefe Blicke. Zwar bleibt es immer möglich aus der Geschichte und der eignen Erfahrung auch das innre Wesen der Menschheit, den Menschen überhaupt, seine Idee, kennen zu lernen: aber wenn dieses geschieht, so haben wir selbst die eigne Erfahrung, oder auch der Historiker die Geschichte schon mit künstlerischem Blicke, schon poetisch aufgefaßt, d. h. nicht bloß der Erscheinung und den Relationen nach, sondern der Idee und dem innern Wesen nach aufgefaßt. Die eigne Erfahrung ist unumgänglich nöthige Bedingung zum Verständniß sowohl der Poesie als der Geschichte: denn sie ist gleichsam das Wörterbuch der Sprache, welche beide reden. – Die Geschichte verhält sich zur Poesie, wie Porträttmalerei zur Historienmalerei: denn Geschichte giebt das im Einzelnen Wahre, Poesie das im Allgemeinen Wahre: – Geschichte hat die Wahrheit der Erscheinung und kann sie aus derselben beurkunden: Poesie hat die Wahrheit der Idee, die in keiner einzelnen Erscheinung zu finden ist, dennoch aus allen spricht. Der Dichter stellt mit Wahl und Absicht bedeutende Karaktere in bedeutenden Situationen dar: der Historiker nimmt beide wie sie kommen. Ja, was noch mehr ist, bei der Wahl der Begebenheiten und Personen, die er darstellen will, darf er nicht sehn auf ihre innere, ächte, die Idee ausdrückende Bedeutsamkeit, sondern er muß sie wählen nach der äußern, scheinbaren, relativen Bedeutsamkeit, deren Wichtigkeit in ihrer Beziehung auf die Verknüpfung, auf die Folgen besteht. Der Maasstab des Wichtigen für den Historiker ist nicht die Bedeutsamkeit der Personen und Begebenheiten ihrem wesentlichen Karakter und dem Ausdruck der Idee nach; sondern die Bedeutsamkeit nach der Relation, in der Verkettung, im Einfluß auf das Folgende, ja besonders auf sein eignes Zeitalter. Darum wird der Historiker eine an sich selbst unbedeutsame, ja innerlich gemeine Handlung, wenn sie die Handlung eines Königs ist, nicht übergehn; denn sie hat Folgen und Einfluß. Hingegen wird er Handlungen der Einzelnen, die an sich höchst bedeutsam sind, und sehr ausgezeichnete Individuen doch nicht darstellen, weil sie keine Folgen, keinen Einfluß haben auf die Begebenheiten der Völker im Großen. Dies alles kommt zuletzt daher daß die Betrachtung des Historikers dem Satz vom Grunde nachgeht und die Erscheinung zum Thema hat, deren Form jener Satz ist. – Dagegen hat der Dichter die Idee der Menschheit zum Thema, das Wesen der Menschheit, wie es immer und überall ist, außer aller Relation, außer aller Zeit, die adäquate Objektität des Willens auf ihrer höchsten Stufe. Nun wird zwar, auch bei jener dem Historiker nothwendigen Betrachtungsart, das innere Wesen der Menschheit, die eigentliche Bedeutsamkeit der Erscheinungen, der Kern aller jener Schaalen, nie gänzlich verloren gehn und kann immer, wenigstens von dem, der ihn sucht, auch in der Geschichte gefunden und erkannt werden: aber dennoch wird dasjenige, was nicht durch die Relation, sondern an sich selbst bedeutsam ist, die eigentliche Entfaltung der Idee, bei weitem deutlicher und richtiger sich in der Dichtung finden als in der Geschichte und in dieser Hinsicht können wir den paradoxen Satz aufstellen, daß der Poesie mehr eigentliche, ächte, innere Wahrheit beizulegen ist, als der Geschichte. Dies will ich doch näher nachweisen. Der Historiker soll der individuellen Begebenheit genau nach dem

Leben folgen, soll sie darstellen, wie sie an den vielfach verschlungenen Ketten der Gründe und Folgen sich in der Zeit entwickelt hat: aber es ist unmöglich, daß er hiezu alle Data wirklich besitze, daß er Alles gesehn oder Alles erkundet habe: folglich wird er jeden Augenblick vom Original seines Bildes verlassen, oder gar ein falsches schiebt sich ihm unter, und dies muß nothwendig so häufig geschehn, daß ich behaupten möchte, in aller Geschichte sei des Falschen mehr als des Wahren. Diese Nothwendigkeit erkennend hat Fontenelle gesagt: *l'histoire n'est qu'une fable convenue*. [Die Geschichte ist nur ein konventionelles Märchen.] – Ganz anders ist das Verhältniß des Dichters zu dem Original seiner Darstellung: seine Begeisterung, oder poetische Weihe besteht eben darin, daß er die Idee der Menschheit aufgefaßt hat von irgend einer bestimmten Seite, die er nun darstellen will: es ist das Wesen seines eigenen Selbst das ihm in jener Idee sich objektivirt und klar geworden ist: seine Erkenntniß ist daher, wie ich schon früher, bei Gelegenheit der Skulptur auseinandersetzte, in gewissem Sinn *apriori*, wenigstens halb *apriori:* deshalb steht sein Original vor seinem Geiste, fest, deutlich, hell beleuchtet und kann ihm nicht entweichen. Darum erblicken wir nun im Spiegel seines Geistes die Idee rein und deutlich und seine Schilderung ist wahr, wie das Leben selbst, bis auf das Geringfügigste herab. Wenn ich den Werth und die Wahrheit der Poesie so hoch anschlage, so bedenken Sie ja, daß ich immer nur die so seltnen, großen, ächten Dichter meine, deren jede Nation höchst wenige aufzuweisen hat: durchaus nicht gemeint sind die mediokren Poeten, Reimschmiede, Märchenersinner, ein schaales und erbärmliches Volk, deren es allezeit und besonders jetzt in Teutschland einen großen Schwarm giebt.

> *Mediocribus esse poëtis*
> *Non homines, non Di, non concessere columnae.*
> [Mittelmäßig zu sein erlauben weder die Götter
> Noch die Menschen noch auch die Anschlagsäulen dem
> Dichter. Horaz, Ars poetica 372]

Was die alten Historiker so groß macht ist eben, daß sie halbe Dichter sind: wo die Data sie verlassen, ergänzen sie richtig aus der Idee, so z. B. in den Reden ihrer Helden, ja auch in Dialogen derselben: ihre ganze Behandlungsart des Stoffes nähert sich dem Epischen: durch diese Ergänzung aus der Idee erhalten ihre Darstellungen vollkommne Einheit und innern durchgängigen Zusammenhang: dadurch wird bei ihnen, selbst da wo die äußere Wahrheit ihnen nicht zugänglich oder gar verfälscht war, immer doch die innre Wahrheit gerettet, d. h. die poetische Wahrheit, die Wahrheit der Idee der Menschheit. Ich sagte vorhin, die Geschichte verhielte sich zur Poesie, wie die Porträttmalerei zur Historienmalerei: nun können wir hier die noch früher erwähnte Regel anwenden, die Winkelmann für das Porträt gab, indem er sagte, es solle seyn das Ideal des Individuums. Das eben haben die alten Historiker in ihren Schilderungen geleistet; sie haben das Gegebne, Einzelne, Individuelle immer so dargestellt, daß die sich darin aussprechende Seite der Idee der Menschheit deutlich und rein hervortritt. Den Neuern Historikern möchte das selten nachzurühmen seyn, und wohl gar oft gelten was Göthe sagt, daß sie geben

> »Ein Kehrichtfaß und eine Rumpelkammer
> Und höchstens eine Haupt- und Staats-Aktion.«
> [Faust I, Verse 582–583]

Die Geschichte hat als solche ihren großen bleibenden und unbestrittenen Werth für die Erkenntniß des Zusammenhangs der Erscheinungen der Menschenwelt. Wem aber darum zu thun ist, die Menschheit, nach ihrem innern, in allen Erscheinungen und Entwickelungen identischen Wesen, also ihrer Idee nach, zu erkennen, – dem werden die Werke großer und ächter Dichter ein viel treueres und deutlicheres Bild vorhalten als die Historiker je vermögen: denn unter diesen sind selbst die besten als Dichter lange nicht die ersten und haben auch nicht freie Hände. Noch ein Gleichniß des Verhältnisses zwischen dem Dichter und dem Historiker: der bloße, reine, nach den Datis allein arbeitende Historiker gleicht Einem, der, ohne alle Kenntniß der Mathematik, aus Figuren, die er grade vorgefunden, die Verhältnisse derselben durch Messen erforscht; seine empirisch gefundene Angabe muß daher alle die Unrichtigkeiten an sich tragen, mit denen die gezeichnete Figur behaftet ist. Dagegen gleicht der Dichter dem Mathematiker, welcher jene Verhältnisse *apriori* konstruirt, in einer reinen, nicht empirischen Anschauung: er sagt daher die Verhältnisse aus, nicht wie die gezeichnete Figur sie wirklich hat, sondern wie sie in der Idee sind, welche die Zeichnung versinnlichen soll.

Eine besondre Art der Geschichte sind die Biographien: sie sind die speciellste Geschichte. – In der erwähnten Hinsicht, nämlich zum Zweck der Erkenntniß des wahren Wesens der Menschheit, muß ich den Biographien, zumal den Autobiographien, einen größern Werth zuerkennen, als der eigentlichen Geschichte, wenigstens wie sie gewöhnlich behandelt wird. Ueberhaupt ist zu jenem Zweck jede Geschichte um so dienlicher je specieller sie ist: und die Biographie ist die speciellste. Der Vorzug der Biographie in der angegebnen Hinsicht liegt darin, theils daß zu ihr die Data richtiger und vollständiger zusammenzubringen sind, als zur Geschichte, theils agiren in der eigentlichen Geschichte nicht sowohl Menschen, als Völker und Armeen; und die Einzelnen, welche noch auftreten, erscheinen in so großer Entfernung, mit so vieler Umgebung und so großem Gefolge, dazu verhüllt in steife Staatskleider und schwere unbiegsame Harnische, daß es wahrlich schwer hält, durch alles dieses hindurch die menschliche Bewegung zu erkennen. Dagegen nun zeigt uns das treu geschilderte Leben des Einzelnen, in einer engen und übersehbaren Sphäre die Handlungsweise der Menschen in allen ihren Nüancen und Gestalten: da sehn wir deutlich und ausführlich die Trefflichkeit, die Tugend, die Größe, ja die Heiligkeit Einzelner, dann die Verkehrtheit, Kleinheit, Erbärmlichkeit, ja die Tücke der Mehrzahl, die Ruchlosigkeit Mancher. In der Rücksicht die wir betrachten, nämlich zum Zweck der Erkenntniß des Wesens der Menschheit wie es sich darstellt, ist es ja ohne Bedeutung was die Gegenstände sind, um die sich die Handlung dreht, und welche die Handelnden in Bewegung setzen, es ist einerlei ob das Kleinigkeiten oder Wichtigkeiten, Königreiche oder Bauernhöfe sind; denn das ist eine ganz relative Schätzung: an sich sind alle diese Dinge ohne Bedeutung, sie erhalten solche allein dadurch daß durch sie des Menschen Wille bewegt wird und bloß in dieser Hinsicht: jedes Motiv hat seine Bedeutsamkeit bloß durch seine Relation zum Willen; hingegen die Relation die es als Ding zu andern dergleichen Dingen hat, kommt hier gar nicht in Betracht. – Man hat oft gemeint, die Autobiographien, seien voller Trug und Verstellung, bloße Blendwerke der Eitelkeit. Das ist irrig. Das Lügen ist freilich überall möglich: aber vielleicht ist es nirgends schwerer als grade in der Autobiographie. Verstellung ist am leichtesten in der bloßen Unterredung: es klingt paradox, aber schon in einem Briefe ist sie im Grunde schwerer: denn da ist der Schreibende sich selber überlassen, sieht zunächst in sich, nicht so nach Außen: jetzt wird es ihm schwer sich das Fremde und Ferne nahe zu bringen und es richtig zu sehn: dabei hat er den Maasstab des Eindrucks den er auf den Andern macht nicht vor Augen, wie in der Unterredung. Der Empfänger des Briefes dagegen liest ihn gelassen und in einer Stimmung die der Schreiber weder kennt noch theilt, er liest den Brief zu wiederholten Malen und zu verschiednen Zeiten: da kann er leicht die verborgne Absicht herausfinden. Wegen dieser nämlichen Beschaffenheit der Sache, lernt man einen Autor, auch als Menschen, am besten und leichtesten aus seinem Buche kennen: denn die angegebenen Bedingungen wirken beim Schreiben eines Buches noch stärker und anhaltender. Nun aber gar in einem Buche dessen Stoff der Schreiber selbst ist, also in einer Autobiographie sich zu verstellen, ist, aus den besagten Gründen, so schwer, daß es vielleicht keine einzige Selbstbiographie giebt, die nicht im Ganzen wahrer wäre als alle andre geschriebene Geschichte. Der Mensch, der sein Leben aufzeichnet, hat seinen Standpunkt gleichsam schon außerhalb desselben genommen: er überblickt es jetzt im Ganzen und Großen: da wird das Einzelne klein; das Nahe tritt zurück, das Ferne kommt wieder nah, die Rücksichten schrumpfen ein: so ein Standpunkt erhebt selbst den sonst Kleinen zu einer gewissen Größe: er sitzt jetzt sich selber zur Beichte und hat sich freiwillig hingesetzt: in solcher Lage ist das Lügen nicht so leicht als im Gedränge des Treibens im Leben: denn in jedem Menschen liegt auch eine ursprüngliche Neigung zu sagen was wahr ist: diese muß bei jeder

Lüge erst überwältigt werden und eben hier hat sie eine ungemein starke Stellung angenommen. Aus allen angeführten Gründen empfehle ich dem, der aus Büchern den Menschen überhaupt kennen lernen will die Selbstbiographien und gestatte ihnen in dieser Hinsicht den Vorzug vor der Geschichte d. h. der Geschichte der Welthändel. Noch ein Gleichniß, um das Verhältniß zwischen Biographie und Völkergeschichte anschaulich zu machen. Die Geschichte zeigt uns die Menschheit so, wie uns eine Aussicht von einem hohen Berge die Natur zeigt: da sehn wir gar Vieles auf einmal, weite Strecken, große Massen: aber nichts wird recht deutlich, nichts seiner ganzen Beschaffenheit nach erkennbar. Dagegen zeigt uns das dargestellte Leben des Einzelnen den Menschen so, wie wir die Natur erkennen, wenn wir umhergehn zwischen ihren Bäumen, Pflanzen, Felsen und Gewässern. Und jetzt die Anwendung des Gleichnisses auf die Dichtkunst, welche am allerbesten uns den Menschen kennen lehrt. Durch die Kunst der Landschaftsmalerei läßt uns der Künstler die Natur mit seinen Augen sehn, die reiner und klarer sind, er erleichtert uns dadurch die Auffassung der Ideen und den zu dieser erforderten Zustand des willenlosen nicht mehr individuellen Erkennens. Dasselbe leistet nun der Dichter für die Idee der Menschheit welche wir selbst viel schwerer in der Geschichte, in der Biographie und in der eignen Erfahrung auffassen: auch durch die Poesie, wie durch jede Kunst, hält das Genie den Andern den verdeutlichenden Spiegel vor: in diesem nun sehn wir alles Wesentliche und Bedeutsame zusammengestellt, ins hellste Licht gesetzt und gereinigt von allem Zufälligen und Fremdartigen.

Die Darstellung der Idee der Menschheit, welche dem Dichter obliegt, kann er nun entweder so ausführen, daß der Dargestellte zugleich auch der Darstellende ist: dies geschieht in der *lyrischen Poesie*, im eigentlichen Liede, wo der Dichtende nur seinen eigenen Zustand lebhaft anschaut und ihn objektivirt, wobei daher dieser Gattung eine gewisse Subjektivität wesentlich ist: – oder aber der Darzustellende ist vom Darstellenden ganz verschieden, wie in allen andern Gattungen, wo mehr oder weniger der Darstellende hinter dem Dargestellten sich verbirgt und zuletzt ganz verschwindet. – In der *Romanze* drückt der Darstellende seinen eigenen Zustand noch etwas aus durch Ton und Haltung des Ganzen: viel objektiver als das Lied, hat sie noch etwas Subjektives. Dieses verschwindet schon mehr im *Idyll*, noch mehr im *Roman*, fast ganz im eigentlichen *Epos*, bis auf die letzte Spur im *Drama*, welches die objektiveste und in mehr als einer Hinsicht vollkommenste, auch schwierigste Gattung ist. – *Die lyrische Gattung* ist die leichteste, eben deswegen. Obgleich sonst das ächte Genie allein in der Kunst etwas Gutes leisten kann; so scheint hievon die lyrische Poesie allein eine Ausnahme zu machen. Denn auch der im Ganzen nicht geniale Mensch kann bisweilen ein schönes Lied zu Stande bringen, nämlich wenn, in der That, durch starke Anregung von Außen sein Innerstes so erregt ist, daß eine vorübergehende Begeisterung seine Geisteskräfte über ihr gewöhnliches Maas erhöht: denn er bedarf dazu nur einer lebhaften Anschauung und objektiven Auffassung seines eignen Zustandes im aufgeregten Moment. Dies beweisen so viele schöne Lieder von Individuen, die übrigens ganz unbekannt geblieben sind, die Volkslieder und Liebeslieder aller Nationen, die Teutschen gesammelt im Wunderhorn, die Englischen in *Percy's relics of ancient poetry* [1765].

Wir wollen nun das eigenthümliche Wesen des Liedes im engsten Sinn betrachten: dabei müssen wir uns aber als Beispiele treffliche und zugleich recht eigentliche Lieder denken, nicht solche die sich schon einer andern Gattung nähern, etwa der Romanze, der Elegie, der Hymne, dem Epigramm. Die eigentlichen Lieder von Göthe sind vollkommne Muster: Schäfers Klagelied; – Willkommen und Abschied; Auf dem See; – Herbstgefühl. – Viele im Wunderhorn: O Bremen ich muß dich nun lassen. – Es ist das Subjekt des Willens, das eigne Wollen, welches das Bewußtseyn des Singenden füllt, oft als entbundnes, befriedigtes Wollen (Freude), wohl noch öfter als gehemmtes (Trauer), immer als Affekt, Leidenschaft, bewegter Gemüthszustand. Neben diesem jedoch und zugleich damit, wird durch den Anblick der umgebenden Natur der Singende sich seiner bewußt als Subjekt des reinen willenlosen Erkennens dessen unerschütterliche seelige Ruhe nunmehr in Kontrast tritt mit dem Drange des immer beschränkten, immer noch bedürftigen Wollens: die Empfindung dieses Kontrasts, dieses Wechselspiels, ist eigentlich was sich im Ganzen des Liedes ausspricht und was überhaupt den lyrischen Zustand ausmacht. In diesem Lyrischen Zustand tritt gleichsam das reine Erkennen an uns heran, um uns vom Wollen und seinem Drange zu erlösen: wir folgen, doch nur auf Augenblicke: immer von Neuem entreißt uns der ruhigen Beschauung das Wollen, die Erinnerung an unsre persönlichen Zwecke; aber auch immer wieder entlockt uns dem Wollen die nächste schöne Umgebung, in welcher die reine, willenlose Erkenntniß sich uns darbietet. Darum geht im Liede und in der lyrischen Stimmung das Wollen (das persönliche Interesse der Zwecke) und das reine Anschauen der sich darbietenden Umgebung wundersam gemischt durch einander: es werden zwischen beiden Beziehungen gesucht und imaginirt: die subjektive Stimmung, die Affektion des Willens theilt der angeschauten Umgebung ihre Farbe im Reflex mit, und umgekehrt diese wiederum jener: von diesem ganzen, so gemischten und getheilten Gemüthszustande ist das ächte Lied der Abdruck. Um diese abstrakte Zergliederung eines Zustandes, der von aller Abstraktion sehr ferne liegt, faßlich zu machen, wollen wir als Beispiel durchgehn Schäfers Klagelied.

»Es schlug mein Herz geschwind zu Pferde«
[Goethe, Willkommen und Abschied]:

hier ist größte Befriedigung des heftigsten Wollens: glückliche Liebe: dennoch füllt diese seinen weiten, schönen Geist nicht völlig aus, sondern es bleibt ein Ueberschuß der reinen Erkenntniß, mit welchem er den Abend und die Landschaft rein objektiv auffaßt.
(Parodie des lyrischen Karakters von Voß.)
Eigentlich beruht das ganze eigenthümliche Wesen und die Wirkung der lyrischen Poesie, darauf daß in uns auf eine wundersame Weise das Subjekt des Willens und das Subjekt des Erkennens Eins sind, ein Ich: und nun beide doch so sehr in Kontrast treten.
In den mehr *objektiven Dichtungsarten*, besonders dem *Roman*, *Epos* und *Drama*, wird der Zweck, die Offenbarung der Idee der Menschheit, besonders durch zwei Mittel erreicht: rich-

tige und tiefgefaßte Darstellung *bedeutender Karaktere*, und Erfindung *bedeutsamer Situationen*, an denen jene sich entfalten. Ein Gleichniß aus der Chemie. Dem Chemiker liegt zuvörderst ob, die einfachen Stoffe und ihre Hauptverbindungen rein und ächt darzustellen: doch ist dies nicht genug: er muß sie auch, vor unsern Augen, dem Einfluß solcher Reagenzien aussetzen, an welchen sie ihre specifischen Eigenthümlichkeiten äußern, damit solche recht deutlich und auffallend sichtbar werden: eben so nun liegt dem Dichter ob, erstlich bedeutsame Karaktere uns vorzuführen und sie darzustellen treu und wahr wie die Natur selbst: aber das ist noch nicht genug: sondern damit wir sie recht kennen lernen, muß er solche Situationen dazu erfinden, in welchen eben alle die Eigenthümlichkeiten jener Karaktere sich ganz entfalten und dadurch die Karaktere sich deutlich in scharfen Umrissen darstellen: das sind bedeutsame Situationen. Im wirklichen Leben und in der Geschichte führt der Zufall nur selten Situationen von jener Eigenschaft herbei, und sie stehn dort einzeln, verloren und verdeckt durch die Menge des Unbedeutsamen. Die durchgängige Bedeutsamkeit der Situationen soll den Roman, Epos, Drama vom wirklichen Leben unterscheiden, eben so sehr als die Zusammenstellung und Wahl bedeutsamer Karaktere [Daneben am Rand: Den Unterschied zwischen Epos und Drama setzt Göthe darin daß jenes die Begebenheit als ein längst Vergangenes, dieses als ein Gegenwärtiges darstelle.]: bei beiden ist aber die strengste Wahrheit unerläßliche Bedingung ihrer Wirkung, und Mangel an Einheit in den Karakteren, Widerspruch derselben gegen sich selbst oder gegen das Wesen der Menschheit überhaupt, wie auch Unmöglichkeit oder Unwahrscheinlichkeit in den Begebenheiten, sei es auch nur in Kleinigkeiten, beleidigen in der Poesie eben so sehr, als verzeichnete Figuren, oder falsche Perspektive oder fehlerhafte Beleuchtung in der Malerei.

[Schopenhauer verweist auf eine Notiz in seinem Handexemplar der 1. Auflage der »Welt als Wille und Vorstellung«] Siehe über den Gebrauch des *Wunderbaren*. [Die Notiz lautet:] Dieserhalb ist auch die Einmischung unnatürlicher Einflüsse und Begebenheiten, wozu die sogenannten *übernatürlichen* mit gehören, in der Poesie, ja eigentlich in aller Kunst, verwerflich: das Ergötzen, was dergleichen geben mag, ist kein rein ästhetisches, sondern anderweitig zu erklärendes. Wenn nun aber gar das ganze Kunstwerk sich um ein unnatürliches (auch sogenanntes übernatürliches) Princip dreht, so hat ein solches Werk eigentlich keine lebendige Seele, sondern gleicht einem Automat, das durch eine geheime Maschinerie bewegt wird und zwar Sprünge macht wie kein Mensch sie machen kann, aber kein wahres Leben zeigt: daher kann ein solches Werk uns nicht das Wesen des Lebens und der Welt kennen lehren, was doch der Zweck aller Kunst ist. Aller Maasstab zum Erkennen ob die Darstellung Wahrheit habe oder nicht ist uns genommen: es wird uns daher kalt lassen und das Schicksal des Helden, seine Noth kann uns nie lebhaft bewegen, da wir wissen, daß für den schlimmsten Fall Wunder bereit sind. Ein Kunstwerk dieser Art ist die Jungfrau von Orleans. Das ganze Stück hat ein übernatürliches d. h. unnatürliches Princip: daher gilt von ihm alles Gesagte, obgleich übrigens die Ausführung höchst vortrefflich ist. Ein Stück dieser Art kann, wenn es dem Zeitgeist angemessen ist, großen Beifall finden, eben nach Maasgabe seiner übrigen Vortrefflichkeit: aber es kann nicht zu aller Zeit gefallen und muß einmal im Ganzen ungenießbar werden. Daher der Dichter erster Größe, wenn auch seine Zeit ihm dergleichen erlauben sollte, von solcher Erlaubniß keinen Gebrauch machen wird. Das Unnatürliche ist schon weniger tadelhaft, wenn es nicht als innerstes Triebwerk das bewegende Centrum ist, wie in der Jungfrau v. Orleans, sondern bloß als Beihülfe benutzt wird um einen einzigen Umstand hervorzubringen, so daß wenn man es für das eine Mal eingeräumt hat, man es nachher los ist und nun Natur und Wahrheit ungestört freien Lauf haben; so im Hamlet: nicht zu gedenken, daß Mittheilung von Seiten eines Verstorbenen noch immer nicht zu den ausgemacht unmöglichen Dingen gehört, wenigstens Mittheilung von einem in der Ferne Sterbenden, nach den Erfahrungen des animalischen Magnetismus, nicht unbedingt für unmöglich erklärt werden darf. – Eben so als bloße Beihülfe zur Herbeiführung der Begebenheiten ist das Wunderbare im Faust benutzt: es ist sehr sparsam davon Gebrauch gemacht, und läßt Wahrheit und Natur immer einen ungestörten Lauf nehmen, neben sich: auch ist die Macht des Mephistopheles in engen Gränzen eingeschlossen und sehr beschränkt. So ähnlich hier die Art des Eingriffs des Uebernatürlichen mit den in der Jungfrau v. Orleans ist, so wenig trifft, durch Verschiedenheit der Behandlung der obige Tadel den Faust. – Bisweilen mag, damit die Phantasie einmal alle ihre Luftsprünge mit Freiheit machen kann, dem Wunderbaren ganz freier Lauf gelassen werden, mit völliger Suspension aller Naturgesetze: ein solches Kunstwerk ist untergeordneter Art, ist bloße Belustigung der Phantasie; macht keine Ansprüche auf den ersten Rang, sondern apellirt an die Natur des Traums, will nur die Welt des Traums und nicht die Ideen zeigen: der Art sind die Arabesken Raphaels, Shakespears Sommernachtstraum, Göthes Walpurgisnachtstraum und sein goldnes Mährchen, auch der goldene Esel des Apulejus. Weil aber die Phantasie allein uns schwerlich auf die Länge befriedigt und ausfüllt; so ist allen Werken dieser Art ein Streben zum Allegorischen und Symbolischen, d. h. zu geheimer abstrakter Bedeutung für die Vernunft, durchaus eigen, und selbst der Leser fühlt sich getrieben Allegorische und Symbolische Bedeutung von selbst darin zu suchen, ja hinein zu legen.

Denn wir verlangen, dort wie hier, den treuen *Spiegel des Lebens* [Daneben am Rand verweist Schopenhauer offenbar auf Notizen, die er im Jahre 1812 in F. A. Wolfs Kollegien »Ueber die Satiren des Horaz« und »Geschichte der Griechischen Literatur« in seine Kolleghefte eintrug: Ueber das wahre Wesen der Satyre: Wolf, über den Horaz [und] Litt ...], der Menschheit, der Welt, nur *verdeutlicht* [Daneben am Rand: Ueber die Schilderung der Gestalten durch ihre Bewegung: *Lessing Laokoon.*] *durch die Darstellung und bedeutsam gemacht durch die Zusammenstellung.* Wir wissen daß alle Künste nur Einen Zweck haben, nämlich Darstellung der Ideen: ihr wesentlicher Unterschied liegt bloß darin welche Stufe der Objektität des Willens die Ideen sind, welche sie darzustellen beabsichtigen: und hienach wieder bestimmt sich das Material der Kunst und die Art ihrer Ausführung. Dieserwegen nun lassen sich auch die von einander am meisten abstehenden Künste, doch durch Vergleichung mit einander erläutern. Wir wollen einmal die Poesie erläutern an der schönen Wasserkunst. Wenn wir die Ideen welche sich im Wasser aussprechen, vollständig auffassen sollen, so ist es nicht hinreichend, daß wir das Wasser sehn im ruhigen Teich und im ebenmäßig fließenden Strom; sondern jene Ideen entfalten sich ganz erst dann, wann das Wasser unter allen den Umständen und Hindernissen erscheint, welche auf dasselbe wirkend es zur vollen Aeußerung aller seiner Eigenschaften veranlassen. Darum eben sagen wir, das Wasser zeigt sich *schön*, wenn es herabstürzt, braust, schäumt, wieder in die Höhe springt, oder wenn es hoch herabfallend im Fall still zerstäubt, oder endlich künstlich gezwungen als Stral von unten nach oben steigt. Indem nun aber so das Wasser unter verschiednen Umständen sich verschieden bezeigt, behauptet es dabei aber doch immer getreulich seinen eigenthümlichen Karakter: denn es ist ihm nicht weniger natürlich aufwärts zu spritzen als spiegelnd zu ruhen, zu brausen oder zu schleichen: es ist zum Einen wie zum Andern allemal gleich sehr bereit, sobald nur die Umstände dazu dasind. Diese Umstände zu veranlassen ist Sache des Wasserkünstlers; und was er leistet an der flüssigen schweren Materie, das leistet der Baukünstler an der starren schweren Materie; und eben dasselbe leistet der epische oder dramatische Dichter an der Idee des Menschen. Denn Entfaltung und Verdeutlichung der im Objekt jeder Kunst sich aussprechenden Idee, der Objektivation des Willens auf jeder Stufe, das ist der gemeinsame Zweck aller Künste. – Das Leben des Menschen, wie es sich meistens in der Wirklichkeit zeigt, gleicht dem Wasser, wie es sich meistens zeigt in Teich und Fluß: aber wie durch die Wasserkunst dem Wasser Anlaß gegeben wird alle seine Eigenthümlichkeiten zu entfalten; so werden im Epos, im Roman, im Drama, erstlich bedeutende Karaktere aufgestellt und nun in solche Umstände versetzt an welchen alle ihre Eigenthümlichkeiten sich entfalten, dadurch die Tiefen des menschlichen Gemüths sich aufschließen und sichtbar werden in außerordentlichen und bedeutungsvollen Handlungen. So also objektivirt die Dichtkunst die Idee des Menschen, welcher es eigenthümlich ist sich in höchst individuellen Karakteren darzustellen. Die objektiven Dichtungsarten enthalten also zwei ganz verschiedne Aufgaben. Die Erfindung der Begebenheiten und die Darstellung der Karaktere. Letzteres ist mehr als ersteres ausschließlich Fähigkeit des Genies: denn es erfordert die tiefste unmittelbare Einsicht in das Wesen der Menschheit und ist die

Gabe, individuelle Wesen, welche die Gattung repräsentiren, hinzustellen, gleichsam zu schaffen wie die Natur selbst, ein Jedes derselben denken, reden und handeln zu lassen gemäß einer Individualität die von der des Dichters ganz verschieden ist.

Ich sage der Dichter soll seine Personen so schaffen wie die Natur selbst, sie denken und reden lassen, jedes seinem Karakter so gemäß, wie wirkliche Menschen dies thun. Hiebei ist jedoch eine Erklärung nöthig, um dem Misverständniß vorzubeugen daß die strengste Natürlichkeit aller Aeußerungen zu suchen sei. Das ist nicht; denn sonst wird die Natürlichkeit leicht platt. Bei aller Wahrheit in der Darstellung der Karaktere, sollen diese doch *idealisch* gehalten seyn. Wir wollen uns deutlich machen, was dies eigentlich heißt. – Wirkliche Menschen haben jeder seinen Karakter, manche haben einen sehr bestimmten eigenthümlichen Karakter: allein sie bleiben diesem nicht immer auf gleiche Weise getreu, sie handeln und reden nicht immer ihrer Individualität gemäß. Ich meine hier nicht die Möglichkeit der Verstellung, die setze ich bei Seite. Sondern die stets, besonders nach dem physischen Befinden, wechselnde Laune macht, daß Jeder seinen Karakter nicht allezeit gleich energisch äußert; irgend ein besondrer Eindruck, den er erhalten, giebt für eine Periode seinem Karakter eine ihm fremde Stimmung; gewisse Begriffe und allgemeine Wahrheiten die ihn zu einer Zeit frappirt haben, modifiziren dann eine Weile sein Reden und Thun, bis er zuletzt wieder doch zu seiner Natur zurückkehrt: daher also zeigt in der Wirklichkeit jeder Karakter mancherlei Anomalien, die sein Bild für den Augenblick undeutlich machen. Daher also wird das Thun und Reden eines Jeden nicht allezeit seiner Individualität gemäß ausfallen: und *Rochefoucauld* hat ganz recht zu sagen: »wir sind bisweilen uns selber so unähnlich, als wir Andern unähnlich sind. *On est quelquefois aussi différent de soi-même, que des autres.*« [Réflexions et Maximes, CXXXV] Daher wird in einzelnen Fällen der Weise sich thörigt zeigen, der Kluge dumm, der Tapfre feige, der Eigensinnige nachgiebig, der Harte und Rauhe sanft und milde, auch alles umgekehrt. Also in der Wirklichkeit fällt, durch vorübergehende Stimmungen oder Einflüsse, Jeder bisweilen aus seinem Karakter: aber in der Poesie darf dies nie seyn: denn unsre Bekanntschaft mit der poetischen

Person ist von kurzer Dauer und immer nur einseitig: daher müssen von ihr alle jene Anomalien des Karakters ausgeschlossen bleiben, sie muß in ihrem Thun und Reden ihren Karakter deutlich, rein und streng konsequent offenbaren: dies eben heißt, der Karakter muß *idealisch* dargestellt werden, nur das Wesentliche desselben und dieses *ganz* muß dargestellt werden, alles Zufällige und Störende muß ausgeschlossen bleiben. Wir selbst, indem wir von unsern Bekannten ein Bild ihres Karakters in unsre Erinnerung aufnehmen, idealisiren dasselbe, lassen das ihnen eigentlich Fremde, was sie zufällig gezeigt haben mögen, daraus weg und fassen nur das ihnen Wesentliche und Eigenthümliche darin auf. In dieser Art muß der Dichter seine Karaktere aufgefaßt haben und darstellen. Aus dieser Forderung des *Idealischen bei der Darstellung der Karaktere* folgt daß die poetische Darstellung nicht schlechthin *natürlich* seyn soll, sondern die Natur auch im Karakteristischen übertreffen soll, grade so wie ich oben zeigte daß bei der Darstellung des *Schönen* in den bildenden Künsten, der Künstler die Natur übertreffen soll. Eben durch das Ideale der Karaktere werden wir von den poetischen Darstellungen so sehr viel lebhafter ergriffen, als von der Wirklichkeit im gewöhnlichen Leben, indem wir die Idee des Menschen so viel lebendiger und deutlicher auffassen. Hieher gehört nun noch dieses, daß in der Wirklichkeit die Personen grade ihren lebhaftesten Empfindungen meistens keine Worte zu geben wissen, ihr heftigster Schmerz ist Stumm, ihre größte Freude unaussprechlich d. h. stumm, ihr Zorn und Haß spricht sich wild und unangemessen aus: wollte nun der Dichter auch hierin bloß der Natur folgen, so würden wir keine tiefe Blicke in das menschliche Gemüth thun können: also idealisirt er auch hierin die Natur, macht alle Menschen so beredt in ihren Affekten, als es eigentlich nur poetische Gemüther sind: er leiht jedem die Fähigkeit die Göthes Tasso sich selber beilegt:

»Und wenn der Mensch in seiner Quaal verstummt,
Gab mir ein Gott zu sagen, wie ich leide.« [V,5]

Darum ist jede Empfindung der poetischen Personen so beredt, zumal bei Shakspear, und wir haben sehr unrecht dies als unnatürlich zu tadeln, denn es gehört zum Idealischen der Poesie. Die

Franzosen sind darin der Natur getreuer: *Dieu! – Ciel! – Seigneur!* und so viel schlechter. Schiller ist auch hierin dem Shakspear gefolgt. Als die wirkliche Thekla den Tod ihres Geliebten vernahm, wird ihr Schmerz sich wohl nur in einzelnen abgebrochenen Ausrufungen und übel gewählten Worten geäußert haben: aber die poetische Thekla ergießt ihren Schmerz in jene schöne Strophen, wodurch eben auch wir ihre Empfindung kennen lernen und mitempfinden.

Wie ich früher bei den bildenden Künsten gezeigt habe, daß der geniale Künstler nicht der Natur die Schönheit ablernt, sondern eine Art von Erkenntniß *apriori* davon hat, eine Anticipation dessen was die Natur hervorbringen will, vermöge deren er sie auf halbem Worte versteht und vollkommen darstellt was ihr meistens mislingt: eben so ist auch die Kenntniß des Dichters von den Karakteren der Menschheit und ihrem daraus hervorgehenden Benehmen keineswegs rein empirisch, sondern auch anticipirend und gewissermaaßen *apriori*. Der Dichter ist selbst ein *ganzer* und vollständiger Mensch, er trägt die ganze Menschheit in sich und hat die Besonnenheit sich dessen klar bewußt zu werden. Dadurch hat er eine Kenntniß *des Menschen überhaupt* und weiß das, was vom Menschen überhaupt gilt, zu sondern von dem, was nur seiner eigenen Individualität angehört. Daher kann er in seiner Phantasie sein eigenes Wesen sofern es das Wesen der Menschheit überhaupt ist, modifiziren zu den verschiedensten Individualitäten, diese also auf solche Weise *apriori* konstruiren und sie dann den Umständen gemäß handeln lassen, in die er sie versetzt. Daher also geht er in seinem Dichten aus von der Erkenntniß *des Menschen* überhaupt die er hat, von der Erkenntniß des Wesens der Menschheit, die er aus seinem Innern schöpft, nicht von der Kenntniß der *Menschen*, d. h. einzelner Individuen die er beobachtet hat: deshalb nun kann er darstellen was er nie gesehn hat. Und was der Dichter im Darstellen thut, das thun wir im Anerkennen und Beurtheilen. Denn auch Jeder von uns trägt die ganze Menschheit in sich, d. h. Keime, Anlagen zu allen Neigungen und Leidenschaften deren der Mensch fähig ist: nur daß wir uns dessen nicht mit der Klarheit und Besonnenheit bewußt sind, die zur Darstellung fähig macht; wohl aber sind wir dadurch im Stande das Richtige der Darstellung anzuerkennen, selbst wenn in unsrer Erfahrung kein Original liegt womit wir es vergleichen können. Demzufolge, wenn der Dichter einen König auf die Bühne bringt und ihn mit seiner Familie und seinen Ministern handeln läßt, braucht er nicht ins Innre der Palläste gedrungen zu seyn und dort beobachtet zu haben; sondern aus seiner Kenntniß des Menschen überhaupt, weiß er zu konstruiren, wie ein bestimmter Karakter, den er in diese Lage bringt, unter solchen Verhältnissen, bei solcher Macht und Hoheit sich äußern muß. Und auch wir wissen das Richtige oder Unrichtige der Darstellung zu beurtheilen ohne eigne Erfahrung davon zu haben. Schiller konnte in Wallenstein's Lager, das Leben und Weben der Soldaten so treffend darstellen, ohne wohl je dergleichen in der Nähe gesehn zu haben, und so erkennen auch wir das Treffende und Richtige der Darstellung an, ohne eigne Erfahrung davon. Walter Scott, in seinen *tales of my Landlord*, schildert Scenen, die zwischen den verworfensten und scheußlichsten Straßenräubern in ihren Schlupfwinkeln vorgehn, mit einer Wahrheit und Lebendigkeit die uns beim Lesen bis zur Angst bewegt, indem wir das Richtige und Treffende davon empfinden: und doch hat weder er noch wir je dergleichen gesehn. [Hier folgte ursprünglich, mit Tinte wieder durchgestrichen: Schildert doch Dante Scenen der Hölle, zwischen Verdammten und Teufeln, die gar nie und nirgends sind.] Also die Schöpfungen des Dichters gehen aus von der klaren Erkenntniß seines eigenen Wesens und dadurch des Wesens der Menschheit: er blickt dabei mehr in sich, als um sich; und so thun auch wir, bei der Beurtheilung seiner Werke. Wir vergleichen das Thun der poetischen Personen weniger mit dem was uns in der Welt vorgekommen ist, als mit unserm eignen Wesen. So vieles also auch bei der Sache von der Erfahrung unabhängig und in diesem Sinne *apriori* ist; so trägt dennoch eigne reiche Erfahrung viel bei zur Bildung des Dichters und auch des Kenners. Sie wirkt wenigstens als Anregung der innern Erkenntniß und liefert Schemata zu bestimmten Karakterzeichnungen. Wenn der Dichter viele einzelne Menschen, von verschiednem Karakter, Alter, Stand, Vermögen, Schicksal beobachtet hat, und sie in mannigfaltigen und entscheidenden Lagen gesehn hat; so hat seine Kenntniß der menschlichen Natur dadurch überhaupt an Leben, an Bestimmtheit, an Umfang gewonnen, ist zum deutlichern Bewußtsein gebracht und zum Hervortreten angeregt worden und dadurch wird er um so besser seine bestimmten idealischen Personen darstellen können. Und dasselbe gilt auch vom Kenner und Beurtheiler: auch seine Kenntniß der menschlichen Natur wird durch Erfahrung reifer und richtiger, obgleich sie nicht der Hauptsache nach auf Erfahrung beruht. Umgekehrt gewinnen wir durch das Studium der Dichter auch an Menschenkenntniß für das wirkliche Leben: oder richtiger wir werden dadurch fähiger zur Erwerbung von Menschenkenntniß im wirklichen Leben: denn es ist nicht so, daß wir auf Personen stießen, die das Original uns bekannter poetischer Karaktere wären, und deren Thun wir dadurch zum Voraus beurtheilen könnten: sondern nur so daß wir durch Studium poetischer Karaktere fähiger werden die uns vorkommenden Individualitäten schnell und sicher aufzufassen, und das Karakteristische in ihrem Betragen vom Zufälligen zu unterscheiden. Unser Blick für die Auffassung des Karakteristischen der Menschen wird dadurch eben so geschärft wie durch Zeichnen der Blick für die Auffassung der räumlichen Verhältnisse geschärft wird.

Es ist übrigens sehr merkwürdig, daß wir alle im *Traum* vollkommne Dichter sind. Ueberhaupt, um sich von dem Wirken des Genies im ächten Dichter, von der Unabhängigkeit dieses Wirkens von aller Reflexion, einen Begriff zu machen, betrachte man sein eignes poetisches Wirken im Traum: wie richtig und anschaulich steht jedes da! durch wie feine und karakteristische Züge spricht es sich aus: die Personen, unsre eignen Geschöpfe, reden zu uns wie völlig fremde, nicht nach unserm Sinn, sondern nach ihrem: werfen Fragen an uns auf, die uns in Verlegenheit setzen, Argumente die uns schlagen, errathen was wir gern verhehlen möchten u. s. w.: wir veranstalten im Traum Begebenheiten, über die wir als unerwartete, selbst erschrecken: wie weit übersteigen solche Schilderungen alles was wir mit Absicht und aus Reflexion vermöchten: wenn Sie einmal aus einem recht lebhaften und ausführlichen dramatischen Traum erwachen, so gehn Sie ihn durch und bewundern Ihr eignes poetisches Genie! – Daher man sagen kann, ein großer Dichter, z. B. Shakspear ist ein Mensch der wachend thun kann, was wir alle im Traum. So konnte Phidias mit Besinnung und Bewußtsein, was wir alle daron: die menschliche Form hervorbringen.

Die Erfindung der Begebenheiten und Situationen ist von untergeordnetem Werth, da sie nur die äußere Form der Erscheinung nachahmt; hingegen die Darstellung der Karaktere das innere Wesen des Menschen darstellt. Erfindung der Begebenheiten kann durch Uebung, Erfahrung, Studium sehr vervollkommnet werden, doch ist auch sie ein angebornes Talent: welches jedoch daseyn kann ohne daß das eigentliche Genie zur Dichtung, d. h. zur Darstellung von Menschen ihrem Wesen nach, dasei: so Kotzebue.

Wie schwer aber auch die Erfindung von Begebenheiten sei, ist daran zu sehn, daß die alten Tragiker alle dieselben historischen Mythen bearbeitet haben, und Shakespear theils die Englische und Römische Geschichte, theils vorhandene Novellen zum Stoff seiner Darstellungen genommen hat.

Es ist anerkannt, daß der Gipfel der Dichtkunst das *Trauerspiel* ist, sowohl in Hinsicht auf die Größe der Wirkung, als auf die Schwierigkeit der Leistung. Nun ist hier wohl zu beachten und es ist für das Ganze unsrer gesammten Ansicht der Welt von der höchsten Bedeutsamkeit, daß der Zweck dieser höchsten poetischen Leistung, nichts anderes ist als die *Darstellung der schrecklichen Seite des Lebens*. Nämlich jener Widerstreit des Willens gegen sich selbst, in allen seinen Erscheinungen, den ich schon nachwies auf den niedrigsten Stufen seiner Objektivation, der tritt endlich hier, auf der höchsten Stufe der Objektivation des Willens, im Daseyn des Menschen, am vollständigsten entfaltet, mit furchtbarer Deutlichkeit hervor. Er wird hier sichtbar am Leiden der Menschheit: dieses Leiden wird herbeigeführt theils durch Zufall und Irrthum. Diese treten auf als Beherrscher der Welt und wegen ihrer bis zum Schein der Absichtlichkeit gehenden Tücke, werden sie personifizirt als *Schicksal*. Außerdem geht jenes Leiden der Menschheit, das hier das Thema der Darstellung ist, hervor aus dem Innern der Menschheit selbst, durch die einander kreuzenden Willensbestrebungen der Individuen, durch die Bosheit und Verkehrtheit der Meisten. In ihnen allen ist das Erscheinende der *eine* und *selbe* Wille, aber seine Erscheinungen bekämpfen einander, zerfleischen sich untereinander. Das Leiden der Menschheit, wie es aus beiden Quellen hervorgeht, stellt nun das Trauerspiel dar: ist die erste Quelle mehr benutzt, so ist es Schicksalstragödie: ist es die zweite, so ist es Karaktertragödie. Der Wille, der in allen Individuen lebt, tritt in *einem* Individuo gewaltig hervor, in einem andern schwächer: er ist hier mehr, dort minder zur Besinnung gebracht durch das Licht der Erkenntniß; seine Aeußerungen werden dadurch gemildert: endlich wird uns gezeigt, daß in einzelnen Individuen diese Erkenntniß, durch das Leiden selbst, so geläutert und gesteigert werden kann, daß sie den Punkt erreicht, wo eine plötzliche Veränderung der ganzen Erkenntnißweise vorgeht, wo das Ganze der Erscheinung nicht mehr täuscht, wo die Form der Erscheinung, das *principium individuationis*, durchschaut wird: diese Veränderung in der Erkenntniß werden wir erst in der Ethik genauer kennen lernen: ich muß hier anticipiren, daß die Steigerung der Erkenntniß bis zu dem Punkt, wo das *principium individuationis* durchschaut wird, den Egoismus des Individuums aufhebt, weil alsdann dasselbe sein inneres Wesen, den Willen als Ding an sich wiederkennt auch in allen Individuen außer ihm: indem dadurch der Egoismus erstirbt, verlieren die Motive, die vorhin so gewaltig das Individuum bewegten, jetzt alle Macht über dasselbe; und statt der *Motive*, entsteht in dem durch das eigne Leiden auf diesen Punkt Gebrachten aus dem Wiedererkennen des eignen wahren Wesens in allen fremden Individuen, und aus der Erkenntniß der Richtigkeit der Erscheinung als solcher, ein *Quietiv* alles Wollens: dieses führt vollkommne Resignation herbei, d. h. der Wille zum Leben überhaupt erlischt, wird aufgegeben, nicht bloß das individuelle Leben. Daher ist die Entwickelung des Trauerspiels im Ganzen genommen immer diese, daß der Edelste Karakter, der Held, nach dem langen Kampf und Leiden, worin er im Stücke selbst bis dahin begriffen war, jetzt da das Leiden den höchsten Punkt erreicht, willig die Zwecke aufgibt, die er bis dahin so heftig verfolgt hatte, entweder allen Genüssen des Lebens auf immer entsagt und fortlebt ohne ferner etwas zu wollen, oder, was häufiger ist, sein Leben selbst endet, entweder durch eigne oder durch fremde Hand, immer aber willig und freudig: nehmen Sie als Beispiele den Standhaften Prinzen [des] Kalderon; Gretchen im

Faust; den Hamlet, der deutlich ausspricht, wie gerne er die Welt verläßt und das Bleiben in ihr dem Horatio als eine schwere Pflicht auflegt; – Jungfrau von Orleans; Braut von Messina: – sie alle sterben, die Welt mit ganz andern Augen ansehend als bis dahin: sie sind durch ihr Leiden geläutert, so daß sie sterben nachdem der Wille zum Leben überhaupt schon zuvor in ihnen erstorben ist; die Schlußworte im Mahomet von Voltäre sprechen dies wörtlich aus: »Die Welt ist für Tyrannen, lebe Du!« So sehn wir in den meisten Trauerspielen den Helden zuletzt den Uebergang machen vom heftigsten Wollen und gewaltigsten Streben zur Resignation, d. i. dem gänzlichen Nichtwollen: weil nämlich durch alles Leiden welches er im Stücke zu durchgehn hatte, eine neue Erkenntniß, eine andre Ansicht des Daseyns in ihm aufgegangen ist, die zuletzt, wo das Leiden den Gipfel erreicht, endlich zum Durchbruch kommt. Aber auch in den Trauerspielen, wo diese endliche wahre Apotheose oder Transfiguration des Helden uns nicht vor die Augen gebracht wird; sondern wir eben nur die Edelsten und Besten leiden und untergehn sehn, überwältigt vom Schicksal oder von den Schlechtesten und Bösen (wie im Lear); da wird doch, durch diese ganze Darstellung selbst, der Zuschauer hingedeutet auf die Resignation, er wird aufgefordert abzulassen vom Wollen einer Welt, die so schrecklich ist, in der Zufall, Irrthum und Bosheit so schalten und walten: die ganze tragische Darstellung ist für den Zuschauer ein Aufruf zur Resignation, zur freien Verneinung des Willens zum Leben. Die Ethik kann dies alles erst ganz verständlich machen.

Der Eindruck des Trauerspiels gehört eigentlich dem *Erhabenen* an und zwar mehr als irgend etwas Anderes. Wir wenden uns nicht nur vom Interesse des Willens ab, um uns rein beschaulich zu verhalten: sondern wir fühlen uns aufgefordert alles Wollen für immer aufzugeben.

Ueber die Behandlungsart des Trauerspiels habe ich folgende Bemerkung mitzutheilen. Das Wesen des Trauerspiels besteht in der Darstellung eines großen Unglücks. Dies nun kann auf mancherlei Wegen und Weisen herbeigeführt werden: doch [lassen] sich diese unter drei Artbegriffe bringen. 1) Das Unglück entsteht allein durch die Bosheit eines Karakters, welche daher dann eine ganz außerordentliche, an die äußersten Gränzen der Möglichkeit streifende Bosheit ist, dieser Karakter allein wird Urheber des ganzen Unglücks: Beispiele dieser Art (finden sich wohl nicht bei den Alten (Atreus und Thyestes?)) sind: Richard III.; Jago im Othello; Shylok; Franz Moor u. a. m. 2) Das Unglück kann herbeigeführt werden durch blindes Schicksal, d. h. durch Zufall und Irrthum; diesen Weg haben meistens die Alten Tragiker gewählt, es sind die eigentlichen Schicksals-Tragödien: ein vollkommnes Muster dieser Art ist der König Oedipus von Sophokles: Beispiele dieser Art unter den Neuern sind Romeo und Juliet; Tankred von Voltaire; die Braut von Messina. 3) Das Unglück wird herbeigeführt durch die bloße Stellung der Personen gegen einander, durch die Kombination ihrer Verhältnisse zu einander, so daß es weder eines ungeheuren Irrthums, noch eines unerhörten Zufalls, noch auch eines übermäßig bösen, die Gränzen der Menschheit im Bösen erreichenden Karakters bedarf; sondern hier werden nur Karaktere aufgestellt, wie sie in moralischer Hinsicht gewöhnlich sind; es werden nur Umstände gesetzt, wie sie häufig eintreten; aber die Personen sind so gegen einander gestellt, daß eben ihre Lage sie zwingt, einander gegenseitig, wissend und sehend, das größte Unheil zu bereiten, ohne daß dabei das Unrecht auf irgend einer Seite ganz allein sei. Diese letztere Art nun scheint mir den beiden andern weit vorzuziehn, indem wir auf diesem Wege lebhafter und näher ergriffen werden. Nämlich bei dieser Behandlung stellt sich nicht, wie bei den andern beiden, das große Unglück uns dar als eine bloße Ausnahme im menschlichen Schicksal, nicht als etwas, das nur durch seltene Vorfälle und Umstände oder durch monströse Karaktere herbeigeführt werden konnte; sondern als etwas, das aus dem Thun und den Karakteren der Menschen leicht und von selbst, fast als wesentlich und unvermeidlich hervorgeht: dadurch nun eben wird das große Unglück furchtbar nahe an uns herangeführt. In den beiden ersten Behandlungsarten sehn wir das ungeheure Schicksal und die entsetzliche Bosheit zwar als schreckliche Mächte, die aber nur aus großer Ferne drohen, daher wir selbst wohl hoffen dürften ihnen zu entgehn, [ohne] nöthig zu haben zur Entsagung zu flüchten: hingegen bei der letzten Gattung der Behandlungsweisen erscheinen jene Glück und Leben zerstörenden Mächte in der Gestalt in welcher auch zu uns ihnen der Weg jeden Augenblick offen steht: denn das größte Leiden sehn wir hier herbeigeführt durch Verflechtungen, deren Wesentliches auch wohl unser eignes Schicksal annehmen könnte, oder durch Handlungen der Art wie auch wir selbst sie zu begehn vielleicht fähig wären und also nicht, wenn Andre dergleichen thun, über Unrecht klagen dürften: durch dieses Nahebringen der Möglichkeit des Unglücks fühlen wir dann schaudernd uns gleichsam schon mitten in der Hölle. – Darum gebe ich dieser Behandlungsart den Vorzug: allein die Ausführung derselben hat auch grade die größten Schwierigkeiten; weil hier mit dem geringsten Aufwande von Mitteln und Bewegungsursachen, bloß durch ihre Stellung und Vertheilung, die größte Wirkung hervorgebracht werden soll: daher ist in den meisten, selbst unter den besten Trauerspielen, dieser schwierige Weg nicht erwählt worden. Ein vollkommnes Musterstück dieser Art ist Klavigo; obgleich es in andrer Hinsicht von andern Trauerspielen Göthe's weit übertroffen wird. Sodann der Cid von Corneille. – Auch ist Hamlet gewissermaaßen dieser Art, wenn man nämlich bloß auf sein Verhältniß zum Laertes und zur Ophelia sieht. Auch hat Wallenstein diesen Vorzug. Faust ist ganz dieser Art wenn man bloß die Begebenheit mit dem Gretchen und ihrem Bruder als die Haupthandlung betrachtet.

Der gegebenen Ansicht zufolge hat also das Trauerspiel die Tendenz durch Darstellung der schrecklichen Seite des Menschenlebens mittelst Schilderung des größten Unglücks den Zuschauer hinzuweisen auf die Resignation, das Aufgeben, das Verneinen des Willens zum Leben: zu welchem Ziel entweder die Darstellung selbst nur hindeutet, den Geist des Zuschauers durch den Eindruck den er erhält dahin richtet, oder auch unmittelbar den Helden zu diesem Ziel gelangen läßt, ihn selbst darstellt als umgewandelt zur gänzlichen Resignation und deshalb meistens willig den Tod als eine Erlösung empfangend. Also die Tendenz des Trauerspiels ist hinzudeuten auf die Verneinung des Willens zum Leben. Es frägt sich was dagegen die Tendenz des *Lustspiels* sei, des offenbaren Widerspiels der Tragödie? – Keine andre als grade die entgegengesetzte, eben das Hindeuten, das Aufmuntern zur fortgesetzten Bejahung des Willens zum Leben. – Freilich muß auch das Lustspiel *Leiden* zu Markte tragen:

denn aus Gründen, die wir in der Ethik kennen lernen werden, ist es gar nicht möglich eine Darstellung des Menschenlebens zu geben, ohne Leiden einzumischen, weil nur dadurch das Streben angeregt wird, das dem Leben wesentlich ist. Aber nun zeigt das Lustspiel die Leiden, ohne die es nicht auskommen könnte, theils als nur vorübergehend und sich auflösend in Freuden, zu denen die Leiden nur den Weg bahnten, theils auch zeigt es die Leiden vermischt mit Freuden, das Mislingen abwechselnd mit dem Gelingen, die Furcht aufgewogen durch die Hoffnung, den Kampf belohnt durch den Sieg; es zeigt ferner die Freuden im Ganzen als überwiegend, und endlich zeigt es daß das Ganze des Lebens, ja die Leiden selbst die darein geflochten sind, stets gar vielen Spaß und Stoff zum Lachen enthalten, welchen Stoff wir nur herauszufinden brauchen um unter allen Umständen Ursach zu haben bei guter Laune zu bleiben. In dieser Absicht stellt das Lustspiel selbst die gehässigen Karaktere und die widerwärtigen Begebenheiten immer mehr von der lächerlichen Seite dar. Das Lustspiel als Gegensatz des Trauerspiels besagt also in seinen mannigfaltigen Gestalten dieses, daß das Leben im Ganzen genommen recht gut, und vorzüglich durchweg kurzweilig ist.

In einer Welt, die, wie wir wissen, nur die Erscheinung des Willens zum Leben ist, muß jene letztere Ansicht desselben den Meisten völlig angemessen seyn: daher sind mehr aufrichtige Liebhaber des Lustspiels als des Trauerspiels, und unsre Stimmung öfter zu jenem als zu diesem aufgelegt.

Weil durch den Lauf der Zeit die Bejahung des Willens zum Leben sich in der Regel mehr und mehr befestigt; so sind alte Leute dem Lustspiel günstiger und vom Trauerspiel meistens abgeneigt: hingegen junge Leute meistens umgekehrt. [Schopenhauer verweist hier auf seinen Exkurs, vgl. HN III, Foliant I, S. 61–68: Ueber das Interessante.] [Außerdem die mit Tinte geschriebene Randbemerkung: Bodmers kritische Bemerkungen über die Gemählde der Dichter 1741. – Engels Theorie der Dichtungsarten [Berlin und Stettin 1783]]

Cap. 17.
Von der Musik.

Wir sind alle Künste durchgegangen: fiengen an mit der Baukunst, deren Zweck, als schöne Kunst sich fand als Verdeutlichung der Objektität des Willens auf der niedrigsten Stufe seiner Sichtbarkeit, wo er sich zeigte als dumpfes, erkenntnißloses gesetzmäßiges Streben der Masse, und doch schon Selbstentzweiung offenbarte, nämlich im Kampf zwischen Schwere und Starrheit: wir endigten mit dem Trauerspiel, welches auf der höchsten Stufe der Objektität des Willens eben jenen seinen Zwiespalt in sich selbst in furchtbarer Größe vor die Augen brachte.

Wir finden nun daß eine schöne Kunst von unsrer Betrachtung ausgeschlossen geblieben ist und bleiben mußte, weil im systematischen Zusammenhang unsrer Darstellung gar keine Stelle für sie passend war: es ist die Musik. Sie steht ganz abgesondert von allen andern: wir erkennen in ihr nicht die Nachbildung, Wiederholung irgend einer Idee der Dinge in der Welt. Dennoch ist sie eine große und überaus herrliche Kunst, wirkt mächtiger als irgend eine andre auf das Innerste des Menschen, wird dort ganz, tief und innig verstanden, als eine ganz allgemeine Sprache, deren Verständniß angeboren ist und deren Deutlichkeit sogar die der anschaulichen Welt selbst übertrifft. Sie ist daher einer philosophischen Untersuchung sehr würdig. Wir werden aber diese tiefer verfolgen als Leibnitz that: er erklärte die Musik als ein *exercitium arithmeticae occultum nescientis se numerare animi* [eine unbewußte Übung in der Arithmetik, bei der der Geist nicht weiß, daß er zählt (Leibnitii epistolae, collectio Kortholti: ep. 154, vol. I, 241)]: auf seinem Standpunkt hatte er Recht: denn er betrachtete nur die ganz unmittelbare und eigentlich nur äußere Bedeutung der Musik, eigentlich ihre Schaale. Und da ist dies wahr (*illustr.*). Auf unserm Standpunkt aber ist unser Augenmerk die ästhetische Wirkung der Musik: und sobald wir auf die Größe und Macht dieser Wirkung nur einen Blick werfen, müssen wir annehmen daß die Musik wohl noch etwas ganz anderes ausdrücken müsse als bloße Zahlenverhältnisse, daß sie noch eine ganz andre viel ernstere und tiefere Bedeutung haben muß, eine Bedeutung in Hinsicht auf welche die Zahlenverhältnisse in die die Musik sich auflösen läßt, sich nicht verhalten als das Bezeichnete, sondern selbst erst als das Zeichen. Diese Bedeutung also suchen wir. Aus der Analogie mit den übrigen Künsten können wir schließen, daß auch sie, in irgend einem Sinn sich zur Welt verhalten muß, wie *Darstellung* zum *Dargestellten*, *Nachbild* zum *Vorbild*. Denn ihre Wirkung ist im Ganzen mit der der übrigen Künste gleichartig, nur stärker, schneller, nothwendiger, unfehlbarer. Auch muß jene ihre nachbildliche Beziehung zur Welt eine sehr innige, unendlich wahre und richtig treffende seyn, weil sie von Jedem augenblicklich verstanden wird und eine gewisse *Unfehlbarkeit* zu erkennen giebt, dadurch, daß ihre Form sich auf ganz bestimmte in *Zahlen* auszudrückende *Regeln* zurückführen läßt, von denen sie gar nicht abweichen kann, ohne gänzlich aufzuhören Musik zu seyn. – Dennoch liegt der *Vergleichungspunkt* zwischen der Musik und der Welt, die Hinsicht, in welcher die Musik zur Welt im Verhältniß der Nachbildung oder Wiederholung steht, sehr tief verborgen. Man hat zu allen Zeiten Musik geübt, ohne hierüber sich Rechenschaft geben zu können: man war zufrieden sie unmittelbar zu verstehn und that Verzicht auf ein abstraktes Begreifen dieses Verstehns selbst.

Ueber das nachbildliche Verhältniß welches die Musik zur vorhandnen Welt, zufolge der Analogie der übrigen Künste haben mußte, habe nun ich einen Aufschluß gefunden, der mit der ganzen Ihnen dargelegten Metaphysik genau zusammenhängt und sich auch durch sehr viele Anwendungen bestätigt: allein dieser Aufschluß ist von der Art, daß er nie bewiesen werden kann, weil er ein Verhältniß annimmt und feststellt zwischen der Musik, die doch immer im Gebiete der Vorstellung liegt und dem was wesentlich nie Vorstellung werden kann, dem Ding an sich selbst, dem Willen selbst: sonach stellt mein Aufschluß die Musik dar als Nachbild eines Vorbildes, welches selbst nie vor die Vorstellung gebracht werden kann. Ich kann also diesen Aufschluß, so überzeugend er auch für mich ist, Ihnen doch nur als eine Hypothese vortragen, welcher beizustimmen oder sie zu verwerfen einem Jeden selbst anheim gestellt wird: denn es hängt zuletzt davon ab wie tief er selbst das eigentliche Wesen der Musik versteht, ferner wie tief er eingedrungen ist in meinen Gedankengang über das Wesen der Welt und wie viel Ueberzeugung er davon gewonnen hat. Ueberdies noch kann mein Aufschluß über die innre Bedeutung der Musik nur dann vollständig verstanden werden, wenn man oft mit anhaltender Reflexion auf denselben der Musik zugehört hat: und um dies zu können muß Einem meine ganze Metaphysik schon sehr geläufig seyn. Inzwischen den Aufschluß selbst. –

Die adäquate Objektität des Willens sind die Ideen: die Erkenntniß dieser durch Darstellung einzelner Dinge anzuregen ist der Zweck aller andern Künste. Sie alle objektiviren also den Willen nur mittelbar, nämlich mittelst der Ideen: – und da unsre Welt nichts ist, als die Erscheinung der Ideen in der Vielheit, mittelst Eingang in das *principium individuationis* (Form der Erkenntniß des Individuums), so ist die Musik, da sie die Ideen übergeht, auch von der erscheinenden Welt ganz unabhängig, ignorirt sie schlechthin, könnte gleichsam auch wenn die Welt garnicht wäre, doch bestehn: was von den andern Künsten sich nicht sagen läßt. Die Musik ist nämlich eine so *unmittelbare* Objektität und Abbild des ganzen Willens als die Welt selbst es ist, ja als die Ideen es sind, deren vervielfältigte Erscheinung die Welt der einzelnen Dinge ausmacht. Die Musik ist also keineswegs, gleich den andern Künsten, das Abbild der *Ideen;* sondern Abbild des Willens selbst, dessen Objektität auch die Ideen sind. Da es nun doch derselbe Wille ist, der sich sowohl in den Ideen als in der Musik, nur in jedem von beiden auf ganz verschiedene Art objektivirt; so ist zwar zwischen diesen beiden Objektivationsweisen nicht eine Aehnlichkeit vorauszusetzen; jedoch ein *Parallelismus*, eine *Analogie* muß zwischen ihnen seyn und sich nachweisen lassen, also zwischen der Musik und den Ideen, deren Erscheinung in der Vielheit und Unvollkommenheit die sichtbare Welt ist. Diesen Parallelismus, Analogie will ich nachweisen, zur Erleichterung des Verständnisses dieser schwierigen

Erklärung. Die tiefsten Töne der Harmonie, der Grundbaß, sind in der Musik das, was in der erscheinenden Welt die niedrigsten Stufen der Objektität des Willens, die unorganische Natur, die Masse des Planeten. – Nämlich alle die hohen Töne, leicht beweglich und schnell verklingend, sind bekanntlich anzusehn, als entstanden durch die Nebenschwingungen des tiefen Grundtons, bei dessen Anklang sie immer zugleich leise mit erklingen: und es ist Gesetz der Harmonie, daß auf eine Baßnote, nur diejenigen hohen Töne treffen dürfen, die wirklich schon von selbst mit ihr zugleich ertönen (ihre *sons harmoniques* [Obertöne]) durch die Nebenschwingungen.

(Illustr. – Citata:
Sulzer, Theorie der schönen Künste [Leipzig ⁹1786].
Chladni, Akustik [Leipzig 1802].
Raimond.) [Mit *»Raimond«* ist vielleicht gemeint: *Georges Marie Raymond, Lettre à M. Villoteau touchant ses vues sur la possibilité et l'utilité d'une théorie exacte de la musique, 1811.* Oder von demselben: *Essai sur la détermination des bases physico-mathématiques de l'art musical, Paris 1813.]*)

Dieses ist nun dem analog, daß, wie wir annehmen müssen, die gesammten Körper und Organisationen in der Natur entstanden sind durch stufenweise Entwickelung aus der Masse des Planeten: diese ist ihre Quelle, und zugleich ihr Träger. Dasselbe Verhältniß also haben die höhern Töne zum Grundbaß. – Die Tiefe hat eine Grenze über welche hinaus kein Ton mehr hörbar ist: dies entspricht dem, daß keine Materie ohne Form und Qualität wahrnehmbar ist, d. h. ohne Aeußerung einer nicht weiter erklärbaren Kraft, die eben Erscheinung einer Idee ist; eigentlicher zu reden, daß keine Materie ganz ohne eine Willensäußerung seyn kann. Also wie vom Ton ein gewisser Grad der Höhe unzertrennlich ist, so von der Materie ein gewisser Grad der Willensäußerung: Der Grundbaß ist uns also in der Harmonie, was in der Welt die unorganische Natur, die roheste Masse, auf der Alles ruht und aus der sich alles erhebt und entwickelt. – Nun ferner die gesammten Ripienstimmen, welche die ganze Harmonie ausfüllen und zwischen dem Grundbaß und der leitenden, die Melodie singenden Stimme liegen, diese sind in der Musik das, was in der anschaulichen Welt die Stufenfolge der Ideen ist, in denen der Wille sich objektivirt. Die dem Baß näher liegenden Stimmen entsprechen den niedrigeren jener Stufen, den noch unorganischen, aber schon mehrfach sich äußernden Körpern: die höhern jener Stimmen repräsentiren die Pflanzen- und Thierwelt. –

Die bestimmten Intervalle der Tonleiter sind parallel den bestimmten Stufen der Objektität des Willens, den bestimmten Species in der Natur. Das *Abweichen* von der arithmetischen Richtigkeit der Intervalle, durch irgend eine *Temperatur*, oder herbeigeführt durch die gewählte Tonart, ist analog dem Abweichen des Individuums vom Typus der Species. Ja die unreinen *Mistöne*, die kein bestimmtes Intervall geben, lassen sich vergleichen den monstrosen *Misgeburten* zwischen zwei Thierspecies oder zwischen Mensch und Thier. –

Allen diesen Baß- und Ripienstimmen, welche die *Harmonie* ausmachen, fehlt nun aber jener *Zusammenhang* in der Fortschreitung, den allein die obre die *Melodie* singende Stimme hat, welche auch allein sich schnell und leicht in Modulationen und Läufen bewegt, während jene alle nur eine langsame Bewegung, ohne einen in jeder für sich bestehenden Zusammenhang haben. Am schwerfälligsten bewegt sich der tiefe Baß, der Repräsentant der rohesten Masse: diese langsame Bewegung ist ihm wesentlich: ein schneller Lauf oder Triller in der Tiefe läßt sich nicht einmal imaginiren. Schneller, jedoch ohne melodischen Zusammenhang und sinnvolle Fortschreitung, bewegen sich die höheren Ripienstimmen, welche der Thierwelt parallel laufen. Der *unzusammenhängende* Gang und die gesetzmäßige Bestimmung aller Ripienstimmen ist dem analog, daß in der ganzen unvernünftigen Welt, vom Krystall bis zum vollkommensten Thier, kein Wesen eine *Succession* geistiger Entwickelungen hat, keines durch Bildung sich vervollkommnet, keines einen zusammenhängenden irgend planvollen Lebenslauf vollbringt; sondern Alles gleichmäßig zu aller Zeit dasteht, wie es seiner Art nach ist, durch festes Gesetz bestimmt. – Endlich in der *Melodie*, in der hohen, singenden, das Ganze leitenden, in ununterbrochnem, bedeutungsvollem Zusammenhang *eines* Gedankens vom

SERIE PIPER

Michel Albert Herausforderung Europa. SP 384
Fritz René Allemann 26mal die Schweiz. SP 5106
Klaus Allerbeck/Wendy Hoag Jugend ohne Zukunft? SP 433
Franz Alt Frieden ist möglich. SP 284
Franz Alt Liebe ist möglich. SP 429
Altes Testament Hrsg. von Hanns-Martin Lutz/Hermann Timm/ Eike Christian Hirsch. SP 347
Jorge Amado Nächte in Bahia. SP 411
Jürg Amann Ach, diese Wege sind sehr dunkel. SP 398
Jürg Amann Die Baumschule. SP 342
Jürg Amann Franz Kafka. SP 260
Stefan Andres Positano. SP 315
Stefan Andres Wir sind Utopia. SP 95
Ernest Ansermet Die Grundlagen der Musik. SP 388
Ernest Ansermet/J.-Claude Piguet Gespräche über Musik. SP 74
Hannah Arendt Macht und Gewalt. SP 1
Hannah Arendt Rahel Varnhagen. SP 230
Hannah Arendt Über die Revolution. SP 76
Hannah Arendt Vita activa oder Vom tätigen Leben. SP 217
Hannah Arendt Walter Benjamin/Bertolt Brecht. SP 12
Birgitta Arens Katzengold. SP 276
Atomkraft – ein Weg der Vernunft? Hrsg. v. Philipp Kreuzer/ Peter Koslowski/Reinhard Löw. SP 238
Ingeborg Bachmann Anrufung des Großen Bären. SP 307
Ingeborg Bachmann Frankfurter Vorlesungen: Probleme zeitgenössischer Dichtung. SP 205
Ingeborg Bachmann Die gestundete Zeit. SP 306
Ingeborg Bachmann Die Hörspiele. SP 139
Ingeborg Bachmann Das Honditschkreuz. SP 295
Ingeborg Bachmann Liebe: Dunkler Erdteil. SP 330
Ingeborg Bachmann Die Wahrheit ist dem Menschen zumutbar. SP 218
Ernst Barlach Drei Dramen. SP 163
Michael Bauer Christian Morgensterns Leben und Werk. SP 421
Giorgio Bassani Die Brille mit dem Goldrand. SP 417
Giorgio Bassani Die Gärten der Finzi-Contini. SP 314
Werner Becker Der Streit um den Frieden. SP 354
Mathilde Q. Beckmann Mein Leben mit Max Beckmann. SP 436
Max Beckmann Briefe im Kriege. SP 286
Max Beckmann Leben in Berlin. SP 325
Hans Bender Telepathie, Hellsehen und Psychokinese. SP 31

Serie Piper

Hans Bender   Verborgene Wirklichkeit. SP 177
Hans Bender   Zukunftsvisionen, Kriegsprophezeiungen, Sterbeerlebnisse. SP 246
Bruno Bettelheim   Gespräche mit Müttern. SP 155
Bruno Bettelheim/Daniel Karlin   Liebe als Therapie. SP 257
Klaus von Beyme   Interessengruppen in der Demokratie. SP 202
Klaus von Beyme   Parteien in westlichen Demokratien. SP 245
Klaus von Beyme   Das politische System der Bundesrepublik Deutschland. SP 186
Klaus von Beyme   Die politischen Theorien der Gegenwart. SP 211
Harald Bilger   111mal Südafrika. SP 5102
Der Blaue Reiter   Hrsg. von Wassily Kandinsky und Franz Marc. SP 300
Norbert Blüm   Die Arbeit geht weiter. SP 327
Jurij Bondarew   Die Zwei. SP 334
Tadeusz Borowski   Bei uns in Auschwitz. SP 258
Margret Boveri   Tage des Überlebens. SP 395
John Bowle   Geschichte Europas. SP 424
Karl Dietrich Bracher   Zeitgeschichtliche Kontroversen. SP 353
Lily Braun   Memoiren einer Sozialistin. SP 444
Alfred Brendel   Nachdenken über Musik. SP 265
Raymond Cartier   50mal Amerika. SP 5101
Raymond Cartier   Der Zweite Weltkrieg. Band I SP 281, Band II SP 282, Band III SP 283
Wolfgang Clemen   Shakespeares Monologe. SP 399
Horst Cotta   Der Mensch ist so jung wie seine Gelenke. SP 275
Carl Dahlhaus   Musikalischer Realismus. SP 239
Gerhard Dambmann   25mal Japan. SP 5104
Denkanstöße '85. SP 371
Georg Denzler   Widerstand oder Anpassung? SP 294
Dhammapadam – Der Wahrheitpfad. SP 317
Ulrich Dibelius   Moderne Musik I 1945–1965. SP 363
Hilde Domin   Von der Natur nicht vorgesehen. SP 90
Hilde Domin   Wozu Lyrik heute. SP 65
Fjodor M. Dostojewski   Die Dämonen. SP 403
Fjodor M. Dostojewski   Der Idiot. SP 400
Fjodor M. Dostojewski   Rodion Raskolnikoff. SP 401
Fjodor M. Dostojewski   Sämtliche Erzählungen. SP 338
Hans Heinrich Eggebrecht   Bachs Kunst der Fuge. SP 367
Hans Eggers   Deutsche Sprache im 20. Jahrhundert. SP 61
Irenäus Eibl-Eibesfeldt   Liebe und Haß. SP 113

SERIE PIPER

Irenäus Eibl-Eibesfeldt   Krieg und Frieden. SP 329
Manfred Eigen/Ruthild Winkler   Das Spiel. SP 410
Einführung in pädagogisches Sehen und Denken   Hrsg. von
   Andreas Flitner/Hans Scheuerl. SP 222
Erasmus von Rotterdam   Die Klage des Friedens. SP 380
Die erfundene Wirklichkeit   Hrsg. von Paul Watzlawick. SP 373
Erziehung in früher Kindheit   Hrsg. von Günther Bittner/Edda Harms. SP 426
Theodor Eschenburg   Die Republik von Weimar. SP 356
Jürg Federspiel   Museum des Hasses. SP 220
Joachim C. Fest   Das Gesicht des Dritten Reiches. SP 199
Iring Fetscher   Karl Marx und der Marxismus. SP 374
Iring Fetscher   Der Marxismus. SP 296
Iring Fetscher   Überlebensbedingungen der Menschheit. SP 204
Andreas Flitner   Konrad, sprach die Frau Mama ... SP 357
Andreas Flitner   Spielen – Lernen. SP 22
Fortschritt ohne Maß?   Hrsg. von Reinhard Löw/Peter Koslowski/
   Philipp Kreuzer. SP 235
Viktor E. Frankl   Der Mensch vor der Frage nach dem Sinn. SP 289
Viktor E. Frankl   Die Sinnfrage in der Psychotherapie. SP 214
Richard Friedenthal   Diderot. SP 316
Richard Friedenthal   Das Erbe des Kolumbus. SP 355
Richard Friedenthal   Goethe. SP 248
Richard Friedenthal   Jan Hus. SP 331
Richard Friedenthal   Leonardo. SP 299
Richard Friedenthal   Luther. SP 259
Harald Fritzsch   Quarks. SP 332
Carlo Emilio Gadda   Die Erkenntnis des Schmerzes. SP 376
Romain Gary   Die Wurzeln des Himmels. SP 412
Walther Gerlach/Martha List   Johannes Kepler. SP 201
Jewgenia Ginsburg   Gratwanderung. SP 293
Albert Görres   Kennt die Religion den Menschen? SP 318
Goethe – ein Denkmal wird lebendig   Hrsg. von Harald Eggebrecht. SP 247
Erving Goffman   Wir alle spielen Theater. SP 312
Helmut Gollwitzer   Was ist Religion? SP 197
Tony Gray   5mal Irland. SP 5105
Norbert Greinacher   Die Kirche der Armen. SP 196
Heinz Griesinger   Überrollt uns die Technik? SP 413
Albert Paris Gütersloh   Der Lügner unter Bürgern. SP 335
Albert Paris Gütersloh   Reden und Schriften zur bildenden Kunst. SP 427
Albert Paris Gütersloh   Eine sagenhafte Figur. SP 372
Albert Paris Gütersloh   Sonne und Mond. SP 305

SERIE PIPER

Olaf Gulbransson Es war einmal. SP 266
Olaf Gulbransson Und so weiter. SP 267
Hildegard Hamm-Brücher Gerechtigkeit erhöht ein Volk. SP 346
Hildegard Hamm-Brücher Der Politiker und sein Gewissen. SP 269
Lukas Hartmann Gebrochenes Eis. SP 397
Harald Hartung Deutsche Lyrik seit 1965. SP 447
Bernhard Hassenstein Instinkt Lernen Spielen Einsicht. SP 193
Bernhard und Helma Hassenstein Was Kindern zusteht. SP 169
Elisabeth Heisenberg Das politische Leben eines Unpolitischen. SP 279
Werner Heisenberg Schritte über Grenzen. SP 336
Jeanne Hersch Karl Jaspers. SP 195
Werner Hilgemann Atlas zur deutschen Zeitgeschichte. SP 328
Elfriede Höhn Der schlechte Schüler. SP 206
Peter Hoffmann Widerstand gegen Hitler. SP 190
Peter Hoffmann Widerstand – Staatsstreich – Attentat. SP 418
Peter Huchel Die Sternenreuse. SP 221
Aldous Huxley Affe und Wesen. SP 337
Aldous Huxley Eiland. SP 358
Aldous Huxley Glücklich bis ans Ende ihrer Tage. SP 423
Aldous Huxley Die Kunst des Sehens. SP 216
Aldous Huxley Moksha. SP 287
Aldous Huxley Narrenreigen. SP 310
Aldous Huxley Die Pforten der Wahrnehmung/Himmel und Hölle. SP 6
François Jacob Das Spiel der Möglichkeiten. SP 249
Karl Jaspers Die Atombombe und die Zukunft des Menschen. SP 237
Karl Jaspers Augustin. SP 143
Karl Jaspers Chiffren der Transzendenz. SP 7
Karl Jaspers Einführung in die Philosophie. SP 13
Karl Jaspers Kant. SP 124
Karl Jaspers Kleine Schule des philosophischen Denkens. SP 54
Karl Jaspers Die maßgebenden Menschen. SP 126
Karl Jaspers Nietzsche und das Christentum. SP 378
Karl Jaspers Philosophische Autobiographie. SP 150
Karl Jaspers Der philosophische Glaube. SP 69
Karl Jaspers Plato. SP 147
Karl Jaspers Psychologie der Weltanschauungen. SP 393
Karl Jaspers Die Schuldfrage/Für Völkermord gibt es keine Verjährung. SP 191
Karl Jaspers Spinoza. SP 172
Karl Jaspers Vernunft und Existenz. SP 57
Karl Jaspers Vom Ursprung und Ziel der Geschichte. SP 298
Karl Jaspers Wahrheit und Bewährung. SP 268

Serie Piper

Karl Jaspers/Rudolf Bultmann Die Frage der Entmythologisierung. SP 207
Tilman Jens Unterwegs an den Ort wo die Toten sind. SP 390
Walter Jens Fernsehen – Themen und Tabus. SP 51
Walter Jens Momos am Bildschirm 1973–1983. SP 304
Walter Jens Die Verschwörung/Der tödliche Schlag. SP 111
Walter Jens Von deutscher Rede. SP 277
Louise J. Kaplan Die zweite Geburt. SP 324
Friedrich Kassebeer Die Tränen der Hoffnung. SP 392
Wilhelm Kempff Was ich hörte, was ich sah. SP 391
Rudolf Kippenhahn Hundert Milliarden Sonnen. SP 343
Michael Köhlmeier Der Peverl Toni. SP 381
Leszek Kolakowski Die Gegenwärtigkeit des Mythos. SP 149
Leszek Kolakowski Der Himmelsschlüssel. SP 232
Leszek Kolakowski Der Mensch ohne Alternative. SP 140
Wilhelm Korff Wie kann der Mensch glücken? SP 394
Christian Graf von Krockow Gewalt für den Frieden? SP 323
Hans Küng Ewiges Leben? SP 364
Hans Küng Die Kirche. SP 161
Hans Küng 20 Thesen zum Christsein. SP 100
Hans Küng 24 Thesen zur Gottesfrage. SP 171
Karl-Josef Kuschel Weil wir uns auf dieser Erde nicht ganz zu Hause fühlen. SP 414
Dr. med. Lucienne Lanson Ich bin eine Frau. SP 419
Anne Morrow Lindbergh Muscheln in meiner Hand. SP 425
Konrad Lorenz Die acht Todsünden der zivilisierten Menschheit. SP 50
Konrad Lorenz Über tierisches und menschliches Verhalten. Bd. I SP 360
Konrad Lorenz Über tierisches und menschliches Verhalten. Bd. II SP 361
Konrad Lorenz Das Wirkungsgefüge der Natur und das Schicksal des Menschen. SP 309
Konrad Lorenz/Franz Kreuzer Leben ist Lernen. SP 223
Lust am Denken Hrsg. von Klaus Piper. SP 250
Lust am Lesen Hrsg. von Ernst Reinhard Piper. SP 450
Lust an der Musik Hrsg. von Klaus Stadler. SP 350
Lust und Liebe Hrsg. von Christoph Wulf. SP 383
Franz Marc Briefe aus dem Feld. Neu hrsg. von Klaus Lankheit/Uwe Steffen. SP 233
Yehudi Menuhin Ich bin fasziniert von allem Menschlichen. SP 263
Yehudi Menuhin Variationen. SP 369
Christa Meves Verhaltensstörungen bei Kindern. SP 20
Alexander Mitscherlich Auf dem Weg zur vaterlosen Gesellschaft. SP 45
Alexander Mitscherlich Der Kampf um die Erinnerung. SP 303

Serie Piper

Alexander und Margarete Mitscherlich   Eine deutsche Art zu lieben. SP 2
Alexander und Margarete Mitscherlich   Die Unfähigkeit zu trauern. SP 168
Margarete Mitscherlich   Das Ende der Vorbilder. SP 183
Christian Morgenstern   Galgenlieder. SP 291
Christian Morgenstern   Palmström. SP 375
Christian Morgenstern   Werke in vier Bänden. Band I SP 271, Band III SP 273, Band IV SP 274
Neues Testament   Hrsg. von Gerhard Iber. SP 348
Robert Neumann   Die Kinder von Wien. SP 382
Ernst Nolte   Der Faschismus in seiner Epoche. SP 365
Ernst Nolte   Der Weltkonflikt in Deutschland. SP 222
Pier Paolo Pasolini   Accattone. SP 344
Pier Paolo Pasolini   Gramsci's Asche. SP 313
Pier Paolo Pasolini   Mamma Roma. SP 302
Pier Paolo Pasolini   Teorema oder Die nackten Füße. SP 200
Pier Paolo Pasolini   Vita Violenta. SP 240
P.E.N.-Schriftstellerlexikon   Hrsg. von Martin Gregor-Dellin/Elisabeth Endres. SP 243
Karl R. Popper/Konrad Lorenz   Die Zukunft ist offen. SP 340
Ludwig Rausch   Strahlenrisiko!? SP 194
Fritz Redl/David Wineman   Kinder, die hassen. SP 333
Fritz Redl/David Wineman   Steuerung des aggressiven Verhaltens beim Kind. SP 129
Willi Reich   Alban Berg. SP 288
Rupert Riedl   Evolution und Erkenntnis. SP 378
Rupert Riedl   Die Strategie der Genesis. SP 290
Roland Röhl   Natur als Waffe. SP 445
Romain Rolland   Georg Friedrich Händel. SP 359
Jörg Kaspar Roth   Hilfe für Helfer: Balint-Gruppen. SP 389
Ivan D. Rožanskij   Geschichte der antiken Wissenschaft. SP 292
Hans Schaefer   Plädoyer für eine neue Medizin. SP 225
Robert F. Schmidt/Albrecht Struppler   Der Schmerz. SP 241
Arthur Schopenhauer   Metaphysik der Natur. SP 362
Arthur Schopenhauer   Methaphysik des Schönen. SP 415
Schwabing   Hrsg. von Oda Schaefer. SP 366
Hannes Schwenger   Im Jahr des Großen Bruders. SP 326
Gerd Seitz   Erklär mir den Fußball. SP 5002
Kurt Sontheimer   Grundzüge des politischen Systems der Bundesrepublik Deutschland. SP 351
Hans Peter Thiel   Erklär mir die Erde. SP 5003

Karl Jaspers

Vernunft und Existenz
Fünf Vorlesungen. 3. Aufl., 20. Tsd. 1984. 127 Seiten. SP 57

Von der Wahrheit
Philosophische Logik. Erster Band. 3. Aufl., 13. Tsd. 1983.
XXIII, 1103 Seiten. Leinen

Wahrheit und Bewährung
Philosophieren für die Praxis. 1983. 216 Seiten. SP 268

Weltgeschichte der Philosophie
Einleitung. Aus dem Nachlaß herausgegeben von Hans Saner.
1982. 192 Seiten. Leinen

Karl Jaspers/Rudolf Bultmann
Die Frage der Entmythologisierung
1981. 143 Seiten. SP 207

Erinnerungen an Karl Jaspers
Hrsg. von Klaus Piper/Hans Saner.
1974. 333 Seiten. 2 Fotos. Geb.

PIPER

Karl Jaspers

Kleine Schule des philosophischen Denkens
9. Aufl., 60. Tsd. 1983. 183 Seiten. SP 54

Die maßgebenden Menschen
Sokrates, Buddha, Konfuzius, Jesus. 8. Aufl., 44. Tsd. 1984. 210 Seiten. SP 126

Nietzsche und das Christentum
3. Aufl., 14. Tsd. 1985. 73 Seiten. SP 278

Notizen zu Martin Heidegger
Hrsg. von Hans Saner. 2. Aufl., 7. Tsd. 1978. 342 Seiten und 7 Abbildungen. Geb.

Philosophische Autobiographie
2. Aufl., 10. Tsd. 1984. 136 Seiten. SP 150

Der philosophische Glaube angesichts der Offenbarung
3. Aufl., 18. Tsd. 1984. 576 Seiten. Leinen

Plato
1976. 96 Seiten. SP 147

Die Schuldfrage – Für Völkermord gibt es keine Verjährung
1979. 203 Seiten. SP 191

Spinoza
1978. 154 Seiten. SP 172

Vom Ursprung und Ziel der Geschichte
8. Aufl., 39. Tsd. 1983. 349 Seiten. SP 298

P̄IPER

Karl Jaspers

Die Atombombe und die Zukunft des Menschen
Politisches Bewußtsein in unserer Zeit. 7. Aufl., 58. Tsd. 1983. 505 Seiten. SP 237

Augustin
2. Aufl., 8. Tsd. 1985. 86 Seiten. SP 143

Chiffren der Transzendenz
Hrsg. von Hans Saner. 4. Aufl., 16. Tsd. 1984. 111 Seiten. SP 7

Denkwege
Ein Lesebuch. Auswahl und Zusammenstellung der Texte von Hans Saner.
1983. 157 Seiten. Geb.

Einführung in die Philosophie
Zwölf Radiovorträge. 24. Aufl., 216. Tsd. 1985. 128 Seiten. SP 13

Die großen Philosophen
Erster Band
Die maßgebenden Menschen – Die fortzeugenden Gründer des Philosophierens –
Aus dem Ursprung denkender Metaphysiker. 3. Aufl., 14. Tsd. 1981.
968 Seiten. Leinen

Die großen Philosophen
Nachlaß 1
Darstellungen und Fragmente. Hrsg. von Hans Saner. 1981. 679 Seiten. Leinen

Die großen Philosophen
Nachlaß 2
Fragmente, Anmerkungen, Inventar. Hrsg. von Hans Saner. 1981. 560 Seiten. Leinen

Die großen Philosophen
Erster Band und Nachlaß 1 und 2
3 Bde. 1981. Zus. 2204 Seiten. Leinen i. Schuber

Kant
Leben, Werk, Wirkung. 2. Aufl., 10. Tsd. 1983. 230 Seiten. SP 124

PIPER

Philosophie bei Piper (Auswahl)

Jeanne Hersch
Das philosophische Staunen
Einblicke in die Geschichte des Denkens. Aus dem Franz. von Frieda Fischer
und Cajetan Freund. 2. Aufl., 8. Tsd. 1983. 354 Seiten. Geb.

Leszek Kolakowski
Die Gegenwärtigkeit des Mythos
Aus dem Poln. von Peter Lachmann. 2. revidierte Aufl.,
11. Tsd. 1974. 169 Seiten. SP 49

Leszek Kolakowski
Der Mensch ohne Alternative
Von der Möglichkeit und Unmöglichkeit, Marxist zu sein.
Deutsch von Wanda Bronska-Pampuch und Leonard Reinisch.
1976. 312 Seiten. SP 140

Leszek Kolakowski
Falls es keinen Gott gibt
Aus dem Engl. von Friedrich Griese. 1982. 220 Seiten. Geb.

Karl R. Popper
Auf der Suche nach einer besseren Welt
Vorträge und Aufsätze aus dreißig Jahren. 1984. 282 Seiten. Leinen

Karl R. Popper/Konrad Lorenz
Die Zukunft ist offen
Das Altenberger Gespräch. Mit Texten des Wiener Popper-Symposiums.
Hrsg. von Franz Kreuzer. 1985. 143 Seiten. SP 340

Robert Spaemann/Reinhard Löw
Die Frage Wozu?
Geschichte und Wiederentdeckung des theologischen Denkens.
1981. 320 Seiten. Geb.

PIPER

Philosophie bei Piper (Auswahl)

Hannah Arendt
Macht und Gewalt
Von der Verfasserin durchgesehen. Aus dem Engl. von Gisela Uellenberg.
Interview von Adelbert Reif. 5. Aufl., 21. Tsd. 1985. 136 Seiten. Serie Piper 1

Hannah Arendt
Vom Leben des Geistes
Band 1: Das Denken
Band 2: Das Wollen
1979. Zus. 511 Seiten, 2 Frontispize. Leinen

Hannah Arendt
Das Urteilen
Texte zu Kants politischer Philosophie. Hrsg. und mit einem Essay von Ronald Beiner.
Aus dem Amerik. von Ursula Ludz. 1985. 218 Seiten. Leinen

Hannah Arendt
Über die Revolution
2. Aufl., 13. Tsd. 1974. 426 Seiten. SP 76

Hannah Arendt
Vita activa oder Vom tätigen Leben
3. Aufl., 14. Tsd. 1981. 375 Seiten. SP 217

Jeanne Hersch
Die Ideologie und die Wirklichkeit
Versuch einer politischen Orientierung. Aus dem Franz. von Ernst Schenk.
3. Aufl., 8. Tsd. 1976. 376 Seiten. Geb.

Jeanne Hersch
Karl Jaspers
Eine Einführung in sein Werk. Aus dem Franz. von Friedrich Griese.
1980. 149 Seiten. SP 159

Piper

Literatur

(Verzeichnis der Siglen s. o., S. 30)

Zu den Vorlesungen

Deussen, Paul und Mockrauer, Franz: Vorrede der Herausgeber (der Vorlesungen). In: Arthur Schopenhauers sämtliche Werke. Hrsg. von Dr. Paul Deussen, Bd. IX. München 1913, S. V–XXXII.
Hasse, Heinrich: Rezension. In: Kant-Studien 19 (1914), S. 270–272.
Hübscher, Arthur: Schopenhauers Declamatio in laudem philosophiae, 32. Jb. 1945–1948, S. 3–14.
Hübscher, Arthur: Schopenhauer als Hochschullehrer, 39. Jb. 1958, S. 172–175.
Levi, Salomon: Das Verhältnis der »Vorlesungen« Schopenhauers zu der »Welt als Wille und Vorstellung« (1. Auflage). Gießen bzw. Ladenburg 1922 (von dieser Dissertation gibt es zwei Fassungen: das mit der Maschine geschriebene Original und die 15seitige gedruckte Kurzfassung).
Mockrauer, Franz: Nachtrag zur Vorrede. In: Arthur Schopenhauers sämtliche Werke. Hrsg. von Dr. Paul Deussen, Bd. X. München 1913, S. 621–646.
Spierling, Volker: Zur Neuausgabe. In: VN II, S. 11–17.

Weiterführende Literatur

Hübscher, Arthur: Schopenhauer-Bibliographie. Stuttgart-Bad Cannstatt 1981.
Spierling, Volker (Hrsg.): Materialien zu Schopenhauers »Die Welt als Wille und Vorstellung«. Frankfurt am Main 1984.

Musik sehr viel Bildung: Eben weil nur allmälig und durch Uebung der Geist so viele und mannigfaltige Töne zugleich und schnell nacheinander fassen und kombiniren lernt. Wenn daher Einer meint, mit all der bunten Musik wäre es für ihn nichts, er könne bloß Tanzmusik oder ein Lied zur Chitarre genießen; so ist dies eben Mangel an Bildung. Sie haben hier zu dieser Bildung und diesem Genuß die schönste Gelegenheit. Leider fehlt Kirchenmusik; die zur Grundlage der Einsicht in das Wesen der Musik und zur Grundlage der musikalischen Bildung das beste ist. – Auch eignes Musiziren trägt viel bei zum Verständniß der Musik.

Hören und Spielen sei Ihnen auf jede Weise empfohlen, als Theilnahme an dieser heilsamen Kunst. Wer sich der Wissenschaft ergiebt muß seinen Geist im Ganzen veredeln; das fließt auf Alles ein. Ein Musensohn, aus dem das Salz der Erde werden soll, muß auch in seinen Vergnügungen den Musen angehören und nur edle geistige Belustigungen suchen. – Spielen, Trinken u. dgl. überlassen Sie den Philistern. Wenden Sie lieber Geld und Zeit daran in die Oper und ins Konzert zu gehn. Es ist doch ungleich edler und geziemender wenn vier sich setzen zu einem Quartett als zu einer Parthie Wist.

gewisses Sichanpassen und Bequemen zu einander zwischen allen Stufen der Erscheinungen des Willens Statt findet, welches eben den Stoff zur teleologischen Betrachtung der Natur giebt, daß aber dieses sich eigentlich nur auf die Gattungen der Wesen erstreckt, und dabei dennoch ein nicht aufzuhebender Widerstreit zwischen den Individuen jener Gattungen bleibt, auf allen Stufen der Objektivation, wodurch die Welt zum beständigen Kampfplatz, aller jener mannigfaltigen Erscheinungen desselben Willens wird, wodurch eben der innre Widerstreit jenes Willens gegen sich selbst zur Offenbarung kommt. Auch hiezu sogar giebt es ein Analogon in der Musik: nämlich die wesentliche und unauflösliche Irrationalität des gesammten Tonsystems, d. h. sein wesentlicher Widerspruch mit sich selbst. Nämlich ein vollkommen reines harmonisches System der Töne ist nicht nur physisch unmöglich, sonder sogar arithmetisch unmöglich. *(Illustr.)* Die Zahlen selbst, durch welche die Töne sich ausdrücken lassen, haben unauflösbare Irrationalitäten. Daher läßt eine vollkommen richtige Musik sich nicht einmal denken, geschweige ausführen. Deshalb weicht jede mögliche Musik von der vollkommnen Reinheit ab und sie kann bloß die ihr wesentlichen Dissonanzen möglichst verstecken durch Vertheilung derselben an alle Töne, was man die *Temperatur* nennt. (Siehe Chladni, Akustik [Leipzig 1802] *p. 38ff.*)

(Finale.) [Vgl. WI, § 52, S. 314–316 [371 f.]]

Nach dieser langen Betrachtung über das Wesen der Musik, empfehle ich Ihnen den Genuß dieser Kunst vor allen andern. Keine Kunst wirkt auf den Menschen so unmittelbar und so tief ein, als diese: eben weil keine uns das wahre Wesen der Welt so tief und unmittelbar erkennen läßt als diese. Das Anhören einer großen vollstimmigen und schönen Musik ist gleichsam ein Bad des Geistes: es spühlt alles Unreine, alles Kleinliche, alles Schlechte weg; stimmt Jeden hinauf auf die höchste geistige Stufe, die seine Natur zuläßt: und während des Anhörens einer großen Musik fühlt Jeder deutlich was er im Ganzen werth ist, oder vielmehr was er werth seyn könnte. – Freilich verlangt jede Kunst, daß [man] die Empfänglichkeit für sie durch Bildung stärke: denn selbst das Ziel, die Absicht der Kunst lernt man erst kennen dadurch daß man sie erreichen sehe. So fordert auch die *philosophie:* dergleichen die des Pythagoras und auch die der Chinesen im Y-king war: und so bekommt auch für uns jener Grund-Spruch der Pythagoreer einen Sinn: τῷ αριϑμῷ δε τα παντα επεοικεν, *Sext. Emp. – Hyp. adv. Math. 104* [Der Zahl passen sich alle Dinge an. Sextus Empiricus, Adversus Mathematicos, L. VII, § 94]. Endlich, bringen wir nun diese Ansicht an unsre obige Deutung der Harmonie und Melodie: so finden wir daß eine bloße Moralphilosophie, ohne Erklärung der Natur, wie sie Socrates einführen wollte, analog ist einer Melodie ohne Harmonie [Schopenhauer schrieb hier versehentlich: Harmonie ohne Melodie] die Rousseau ausschließlich wollte: im Gegensatz hievon ist bloße Naturphilosophie, bloße Physik und Metaphysik ohne damit zusammenhängende Ethik, analog einer bloßen Harmonie ohne Melodie. –

An diese Betrachtungen knüpfe ich noch einige Analogien der Musik mit der erscheinenden Welt. In der Metaphysik haben wir erkannt, wie bei der gesammten Objektivation des Willens, die höchste Stufe derselben, obgleich sie den Willen am vollkommensten objektivirt, doch nicht allein hinreichend war, also nicht allein und abgerissen erscheinen konnte, sondern die Idee des Menschen die niedrigeren Stufen der Objektivation voraussetzte und jede von diesen immer wieder die tieferen. Eben so nun kann die Musik welche ja eben wie die reale Welt ein unmittelbares Abbild des Willens ist, ihre Wirkung nicht allein durch die bloße *Melodie* der obern Stimme hervorbringen; sondern sie ist erst vollkommen in der vollständigen *Harmonie*. Die hohe leitende Stimme der Melodie, welche das zusammenhängende Streben des Menschen abbildet, bedarf, um ihren ganzen Eindruck zu machen, der Begleitung aller andern Stimmen, abwärts bis zum tiefsten Baß, welcher als der Ursprung aller anzusehn ist. Die Melodie greift selbst als integrirender Theil in die Harmonie ein, wie auch diese wieder in jene: also, wie nur so, im vollstimmigen Ganzen, die Musik ausspricht, was sie auszusprechen bezweckt; eben so findet der eine und außerzeitliche Willen seine vollkommne Objektivation nur in der vollständigen Vereinigung aller der Stufen, welche in unzähligen Graden immer größerer Deutlichkeit sein Wesen offenbaren. – Eine andre Analogie ist diese. – Wir fanden in der Metaphysik, daß zwar ein

kommne Abbild des Willens, aber der Wille selbst, also das eigentlich Reale bleibt davon fern, und mit diesem auch alle *Quaal*, die ja nur in ihm liegen kann. Daher der Kontrast zwischen dem so genau verständlichen und doch so fremden und fremdseligen Wesen der Musik.

Fassen Sie nun Folgendes zusammen: 1) unsrer Darstellung zufolge ist die Musik die Darstellung des *innern Wesens*, des Ansich der *Welt*, welches wir, nach seiner deutlichsten Aeußerung, durch den Begriff Willen denken, dessen Darstellung in einem einartigen Stoff, nämlich bloßen Tönen, und mit der größten Bestimmtheit und Wahrheit. 2) Die Philosophie ist nichts andres als eine vollständige und richtige Wiederholung und Aussprechung eben jenes Wesens der Welt in sehr allgemeinen Begriffen, da nur in solchen eine überall ausreichende und anwendbare Uebersicht jenes ganzen Wesens möglich ist: – daher treffen Musik und Philosophie im Thema ganz zusammen: – sagen dasselbe in zwei verschiednen Sprachen, und deshalb könnte man, wenn es auch paradox klingt, behaupten, daß wenn es gelänge eine vollkommen richtige, vollständige und in das Einzelne gehende Erklärung der Musik zu geben, also das was sie in Tönen ausspricht, in Begriffen auszudrücken; so würde damit sofort auch eine genügende Wiederholung und Erklärung der Welt selbst in Begriffen gegeben seyn, also die wahre Philosophie. Daher können wir von dieser Ansicht aus, den Ausspruch des Leibniz, der auf einem niedrigeren Standpunkt ganz wahr ist, so parodiren: *musica est exercitium philosophiae occultum nescientis se philosophari animi.* [Die Musik ist eine unbewußte Übung in der Philosophie, bei der der Geist nicht weiß, daß er philosophiert.] – *Scire* – Wissen.

Nun aber erwägen Sie noch dieses. Die Musik ist, abgesehn von ihrer ästhetischen und innern Bedeutsamkeit und bloß äußerlich und rein empirisch betrachtet, nichts anderes, als das Mittel größere Zahlen und zusammengesetztere Zahlenverhältnisse, die wir sonst nur mittelbar, durch das Medium der Begriffe, *in abstracto* auffassen können, unmittelbar und *in concreto* aufzufassen. Vereinigen wir nun diese beiden verschiedenen und doch beide richtigen Ansichten der Musik; so können wir uns einen Begriff machen von der Möglichkeit einer *Zahlen-*

mit der Musik, also von Worten mit der Musik, müssen die Worte ganz und gar der Musik *untergeordnet* bleiben, wie es eben beim Gesange geschieht. Denn die Musik ist ungleich mächtiger als die Sprache, hat eine unendlich koncentrirtere und augenblicklichere Wirksamkeit als Worte: daher müssen die Worte der Musik einverleibt, mit ihr verschmolzen seyn und so ganz und gar die untergeordnete Stelle einnehmen und sich nach der Musik fügen. Das Gegentheil geschieht im Melodrama, wohin auch alles jetzt so häufig vorkommende Deklamiren zur Musik gehört: da will das Wort mit der Musik streiten, tönt ganz fremd dazwischen: das ist das Geschmackloseste ja Abgeschmackteste was heut zu Tage in den Künsten geduldet wird. Das Bewußtsein des Hörers wird zerrissen: will er auf die Worte hören, so ist ihm die Musik nur ein störendes Geräusch: will er hingegen sich der Musik hingeben; so sind ihm die Worte nur eine impertinente Unterbrechung derselben. Wer an so etwas Vergnügen findet, muß weder Gedanken für die Poesie, noch Gefühle für die Musik haben.

Das unaussprechlich Innige aller Musik, und der ihr wesentliche Ernst, welcher das Lächerliche aus ihrem unmittelbar eignen Gebiet ganz ausschließt, kommt daher, daß ihr Objekt nicht die Vorstellung ist, in Hinsicht auf welche Täuschung und Lächerlichkeit allein möglich sind; sondern ihr Objekt unmittelbar der Wille ist und dieser ist wesentlich das Allerernsteste, als wovon alles abhängt. Es ist sehr eigen, wie die Musik uns einerseits so innig vertraut und andrerseits wieder ohne Verständniß für uns ist, zugleich uns so nahe kommt und doch wieder ewig ferne bleibt, daß sie uns zwar unmittelbar und innerlich vollkommen verständlich ist, und doch wieder äußerlich so grundverschieden ist von unserm Wesen und der uns umgebenden Welt, so daß keine Brücke zwischen beiden ist. Dies kommt nun aber eben daher, daß das, was sie ausdrückt, die innersten Regungen unsers Willens, d. h. unsers Wesens sind und daß sie diese genauer und engangepaßter ausdrückt und reiner wiedergiebt als irgend eine andre Kunst; daß sie aber dabei doch wieder, eben wie auch jede andre Kunst sich hält auf dem Gebiete der bloßen Vorstellung, welches *toto genere* [gänzlich] verschieden ist vom Gebiete des Willens als vom Wesen selbst: auf jenem Gebiete bloßer reiner Vorstellung giebt nun zwar die Musik das ganze und voll-

len in der Bestimmtheit der Wirklichkeit dasjenige dar, was die Musik in der Allgemeinheit bloßer Form aussagt. Umgekehrt aber giebt die Musik über das innere und eigentliche Wesen der Handlungen und Begebenheiten, welche die Oper ausmachen, den tiefsten und geheimsten Aufschluß: als fortlaufender Kommentar alles dessen was auf der Bühne sich darstellt, enthüllt sie gleichsam dessen innerste Seele. Dem stets allgemeinen Sinn der jedesmaligen Melodie könnten auch noch andere eben so beliebig gewählte Beispiele in gleichem Grade entsprechen: denn sie spricht immer nur das innere Wesen der Erscheinung aus, welches das Gleiche seyn kann, bei verschiednen Erscheinungen: daher taugt dieselbe Komposition für viele Strophen: daher auch das Vaudeville. Daß aber überhaupt eine Beziehung möglich ist, zwischen einer Komposition und einer Dichtung oder anschaulichen dramatischen Darstellung, dies beruht, wie gesagt, darauf, daß beide nur verschiedne Ausdrücke desselben innern Wesens der Welt sind. Wann nun im einzelnen gegebnen Fall eine solche Beziehung wirklich vorhanden ist, also der Komponist die Willensregungen, welche den Kern einer Begebenheit ausmachen, in der allgemeinen Sprache der Musik auszusprechen gewußt hat; dann ist die Melodie des Liedes, die Musik der Oper ausdrucksvoll. Die vom Komponisten aufgefundene Analogie zwischen jenen beiden muß aber aus der unmittelbaren Erkenntniß des Wesens der Welt, seiner Vernunft unbewußt, hervorgegangen seyn und darf nicht mit bewußter Absichtlichkeit durch Begriffe vermittelte Nachahmung seyn: sonst spricht die Musik nicht das innre Wesen der Erscheinung, den Willen selbst aus; sondern ahmt nur seiner *Erscheinung* ungenügend nach: dies thut alle eigentlich nachbildende, mahlende Musik: z. B. alle Bataillenstücke, die Jahreszeiten von Haydn, auch die Schöpfung an manchen Stellen, – – – – ganz verwerflich.

Daß aber Gesang mit verständlichen Worten uns so besonders erfreut, kommt daher, daß darin unsre unmittelbarste und unsre mittelbarste Erkenntniß zugleich und im Verein beschäftigt ist: die unmittelbarste ist die der Sprache der Musik selbst; die mittelbarste das Verständniß der Begriffe, welche die Worte bezeichnen.

Uebrigens bei dieser Vereinigung von Sprache als Dichtung

den Zahlen, welche als die *allgemeinen* Formen aller möglichen Objekte der Erfahrung und auf *alle apriori* anwendbar, doch nicht abstrakt, sondern anschaulich und durchgängig bestimmt sind. Alle möglichen Bestrebungen, Anregungen, Aeußerungen des Willens, alle jene Vorgänge im Innern des Menschen, welche die Vernunft in den weiten negativen Begriff Gefühl wirft, sind durch die unendlich vielen möglichen Melodien auszudrücken, aber immer in der Allgemeinheit bloßer Form ohne den Stoff, immer nur nach dem Ansich, nicht nach der Erscheinung, gleichsam die innerste Seele derselben, ohne den Körper. Die Musik ist, wie gesagt, darin von allen andern Künsten verschieden, daß sie nicht Abbild der Erscheinung, oder richtiger Abbild der adäquaten Objektität des Willens, sondern unmittelbar Abbild des Willens selbst ist. Man könnte demnach die Welt eben so gut verkörperte Musik als verkörperten Willen nennen. Hieraus ist erklärlich, warum Musik jedes Gemälde, ja jede Scene des wirklichen Lebens und der Welt, sogleich in erhöhter Bedeutsamkeit hervortreten läßt; freilich um so mehr je analoger die Melodie der gegebenen Erscheinung ist. Aber Musik paßt zu allen Dingen; – bei allen Darstellungen wird sie angebracht; – fremd kann ihr nichts seyn: denn sie spricht ja das Wesen aller Dinge aus. – Wenn zu irgend einer Scene des menschlichen Lebens oder der erkenntnißlosen Natur, zu irgend einer Handlung, Vorgang, Umgebung, zu irgend einem Bilde eine anpassende Musik ertönt; so eröffnet sie den geheimsten Sinn jener Scene und ist ihr richtigster und deutlichster Kommentar. Freilich aber dafür daß sie große Aufschlüsse giebt, so viele Räthsel löst, giebt sie auch wieder ein neues Räthsel auf: nämlich das Verhältniß ihrer Sprache zu der der Vernunft. –

Sich populär ausdrückend könnte man sagen: die Musik im Ganzen ist die Melodie zu der die Welt der Text ist.

Hierauf beruht es, daß man ein Gedicht als Gesang, oder eine anschauliche Darstellung als Pantomime, oder beides im Verein als Oper, der Musik unterlegen kann. Solche einzelne Bilder des Menschenlebens der allgemeinen Sprache der Musik untergelegt, sind nie mit durchgängiger Nothwendigkeit ihr verbunden oder entsprechend; sondern sie stehn zu ihr nur im Verhältniß eines beliebigen Beispiels zu einem allgemeinen Begriff: sie stel-

bens, welches alles kleinliche Glück verschmäht. Höchst wundervoll ist die Wirkung von Mol und Dur. Es ist erstaunlich, daß der Wechsel eines halben Tons, der Eintritt der kleinen Terz statt der großen, uns sogleich und unausbleiblich ein banges, peinliches Gefühl aufdringt, von welchem uns das Dur wieder eben so augenblicklich erlöst. Das Adagio erlangt im Mol den Ausdruck des höchsten Schmerzes, wird zur erschütterndesten Wehklage. Tanzmusik in Mol scheint das Verfehlen des kleinlichen Glücks, das man lieber verschmähen sollte, zu bezeichnen, oder scheint vom Erreichen eines niedrigen Zwecks unter Mühseligkeiten und Plackereien zu reden. So drückt also die Musik von allen möglichen menschlichen Bestrebungen und Stimmungen das wahre Wesen, gleichsam die innerste Seele aus. – Die Unerschöpflichkeit möglicher Melodien entspricht der Unerschöpflichkeit der Natur an Verschiedenheit der Individuen, Physionomien und Lebensläufen. Der Uebergang aus einer Tonart in eine andre könnte vielleicht dem Tode verglichen werden, sofern in ihm das Individuum endet, also hier der Zusammenhang mit dem folgenden abbricht, aber der Wille der im Individuo erschien ist nach wie vor da, erscheint in andern Individuen, deren Bewußtsein jedoch mit dem des erstern keinen Zusammenhang hat.

Man darf jedoch bei Nachweisung aller dieser vorgeführten Analogien, nie vergessen, daß die Musik zu ihnen kein direktes Verhältniß hat, sondern nur ein mittelbares: da sie nie die Erscheinung abbildet oder ausdrückt, sondern allein das innre Wesen, das Ansich aller Erscheinung, den Willen selbst. Die erscheinende Welt, oder die Natur, und die Musik, sind anzusehn als zwei verschiedne Ausdrücke derselben Sache. Diese Sache selbst, der Wille, ist daher das allein *Vermittelnde der Analogie* beider, das *tertium comparationis*, dessen Erkenntniß erfordert wird, um jene Analogie einzusehn. Die Musik ist daher, wenn als Ausdruck der Welt angesehn, eine im höchsten Grad allgemeine Sprache, die sich sogar zur Allgemeinheit der Begriffe ungefähr [verhält] wie diese zu den einzelnen Dingen. Ihre Allgemeinheit ist aber keineswegs jene leere Allgemeinheit der Abstraktion, sondern ganz andrer Art, ist verbunden mit durchgängiger deutlicher Bestimmtheit. Sie gleicht hierin den geometrischen Figuren und

vom Grundton auf tausend Wegen, nicht nur zu den harmonischen Stufen, zur Terz und Dominante, sondern zu jedem Ton, zur dissonanten Septime und zu den übermäßigen Stufen, aber immer folgt ein endliches Zurückkehren zum Grundton. Auf allen jenen Wegen drückt die Melodie das vielgestaltete Streben des Willens aus, aber immer auch durch das endliche Wiederfinden einer harmonischen Stufe und noch mehr des Grundtons, die Befriedigung.

Die Erfindung der Melodie, die Aufdeckung aller tiefsten Geheimnisse des menschlichen Wollens und Empfindens in ihr, ist das Werk des Genies, dessen Wirken hier augenscheinlicher als irgendwo, fern von aller Reflexion und bewußter Absichtlichkeit liegt, und eine Inspiration heißen könnte. Der Begriff ist hier, wie überall in der Kunst, unfruchtbar. Der Komponist offenbart das innerste Wesen der Welt und spricht die tiefste Weisheit aus, in einer Sprache die seine Vernunft nicht versteht: wie eine magnetische Somnambüle Aufschlüsse giebt über Dinge, von denen sie wachend keinen Begriff hat. Daher ist im Komponisten, mehr als in irgend einem andern Künstler, der Mensch vom Künstler ganz getrennt und verschieden. – Sogar [»Sogar« bis »Schranken« mit Bleistift durchgestrichen] bei der Erklärung dieser wunderbaren Kunst zeigt der Begriff seine Schranken. –

Wie nun schneller Uebergang vom Wunsch zur Befriedigung Glück und Wohlsein ist; so sind rasche Melodien, ohne große Abirrungen, fröhlich; langsame, auf schmerzliche Dissonanzen gerathende und erst durch viele Töne sich wieder zum Grundton zurückwindende sind traurig, als analog der erschwerten verzögerten Befriedigung. Die Verzögerung der neuen Willensregung, der *languor,* würde keinen andern Ausdruck haben können, als den angehaltenen Grundton, dessen Wirkung bald unerträglich wäre: diesem nähern sich schon sehr monotone, nichtssagende Melodien. Tanzmusik, bestehend aus kurzen, faßlichen Sätzen, in rascher Bewegung, scheint das leicht zu erreichende, gemeine Glück auszusprechen: dagegen bezeichnet das Allegro maestoso, in großen Sätzen, langen Gängen, weiten Abirrungen vom Grundton, ein größeres, edleres Streben, nach einem fernen Ziel und dessen endliche Erreichung. Das Adagio spricht vom Leiden eines großen und edlen Stre-

Anfang bis zum Ende fortschreitenden, ein Ganzes darstellenden *Hauptstimme*, erkennen wir die höchste Stufe der Objektität des Willens wieder, das besonnene Leben und Streben des Menschen. Wie er allein, weil er vernunftbegabt ist, stets vor und rückwärts sieht auf den Weg seiner Wirklichkeit und der unzähligen Möglichkeiten und so einen besonnenen und dadurch als Ganzes zusammenhängenden Lebenslauf vollbringt; – dem also entsprechend hat die Melodie allein bedeutungsvollen, absichtsvollen Zusammenhang, von Anfang bis zu Ende. [Fußnote: Wie die Thiere im Wesentlichen dasselbe wollen, was der Mensch, nur auf eine viel einfachere Weise, ihr Grundwollen dasselbe ist als das des Menschen, nur nicht so vielfach und mannigfaltig gestaltet wie in ihm; so singen auch alle Ripienstimmen sammt dem Baß gewissermaaßen die Melodie mit, nur auf eine noch ganz rohe, unbeholfne Weise: sie bewegen sich langsam und schwerfällig von einer melodischen Stufe zur andern, in nothdürftigem, halbem Zusammenhang, während die obere Hauptstimme in bedeutenden Modulationen und künstlichen Läufen das feine Wesen, das eigentlich Individuelle des Musikstücks ausspricht. Daher kann auch dieselbe Begleitung zu allen Variationen dienen. Auch wird dies recht verständlich, wenn das Thema zur Begleitung einer Variation dient.] Sie erzählt folglich die Geschichte des von der Besonnenheit beleuchteten Willens, dessen Abdruck in der Wirklichkeit die Reihe seiner Thaten ist: aber sie sagt mehr: sie erzählt seine geheimste Geschichte, mahlt jede Regung, jedes Streben, jede Bewegung des Willens, alles das was die Vernunft unter den weiten und negativen Begriff *Gefühl* zusammenfaßt, weil sie es nicht weiter in ihre Abstraktionen aufnehmen kann. Daher hat man auch immer gesagt, die Musik sei die Sprache des Gefühls und der Leidenschaft, so wie Worte die Sprache der Vernunft.

Nun besteht das Wesen des Menschen darin, daß sein Wille strebt, befriedigt wird und von Neuem strebt, und so immerfort ja sein Glück und Wohlsein ist nur dieses, daß jener Uebergang vom Wunsch zur Befriedigung und von dieser zum neuen Wunsch rasch vorwärts geht: denn das Ausbleiben der Befriedigung ist Leiden; das Ausbleiben des neuen Wunsches ist leeres Sehnen, *languor*, Langeweile: Eben so nun ist, dem entsprechend, das Wesen der Melodie ein stetes Abweichen, Abirren